我国面向西南开放的图书馆联盟战略研究

Strategic Research on China's Library Alliances Open to the Southwest

赵益民 著

图书在版编目（CIP）数据

我国面向西南开放的图书馆联盟战略研究/赵益民著. —北京：经济管理出版社，2018.12
ISBN 978-7-5096-6161-1

Ⅰ.①我… Ⅱ.①赵… Ⅲ.①图书馆事业—研究—西南地区 Ⅳ.①G259.277

中国版本图书馆CIP数据核字（2018）第267194号

组稿编辑：宋　娜
责任编辑：梁植睿
责任印制：黄章平
责任校对：赵天宇

出版发行：经济管理出版社
　　　　　（北京市海淀区北蜂窝8号中雅大厦A座11层　100038）
网　　址：www.E-mp.com.cn
电　　话：（010）51915602
印　　刷：三河市延风印装有限公司
经　　销：新华书店
开　　本：720mm×1000mm/16
印　　张：20.25
字　　数：332千字
版　　次：2019年3月第1版　2019年3月第1次印刷
书　　号：ISBN 978-7-5096-6161-1
定　　价：98.00元

·版权所有　翻印必究·
凡购本社图书，如有印装错误，由本社读者服务部负责调换。
联系地址：北京阜外月坛北小街2号
电　话：（010）68022974　邮编：100836

第七批《中国社会科学博士后文库》编委会及编辑部成员名单

（一）编委会

主　任：王京清

副主任：马　援　张冠梓　高京斋　俞家栋　夏文峰

秘书长：邱春雷　张国春

成　员（按姓氏笔划排序）：

　　　　卜宪群　王建朗　方　勇　邓纯东　史　丹　朱恒鹏　刘丹青
　　　　刘玉宏　刘跃进　孙壮志　孙海泉　李　平　李向阳　李国强
　　　　李新烽　杨世伟　吴白乙　何德旭　汪朝光　张　翼　张车伟
　　　　张宇燕　张星星　陈　甦　陈众议　陈星灿　卓新平　房　宁
　　　　赵天晓　赵剑英　胡　滨　袁东振　黄　平　朝戈金　谢寿光
　　　　潘家华　冀祥德　穆林霞　魏后凯

（二）编辑部（按姓氏笔划排序）：

主　任：高京斋

副主任：曲建君　李晓琳　陈　颖　薛万里

成　员：王　芳　王　琪　刘　杰　孙大伟　宋　娜　陈　效
　　　　苑淑娅　姚冬梅　梅　玫　黎　元

序　言

　　博士后制度在我国落地生根已逾30年，已经成为国家人才体系建设中的重要一环。30多年来，博士后制度对推动我国人事人才体制机制改革、促进科技创新和经济社会发展发挥了重要的作用，也培养了一批国家急需的高层次创新型人才。

　　自1986年1月开始招收第一名博士后研究人员起，截至目前，国家已累计招收14万余名博士后研究人员，已经出站的博士后大多成为各领域的科研骨干和学术带头人。其中，已有50余位博士后当选两院院士；众多博士后入选各类人才计划，其中，国家百千万人才工程年入选率达34.36%，国家杰出青年科学基金入选率平均达21.04%，教育部"长江学者"入选率平均达10%左右。

　　2015年底，国务院办公厅出台《关于改革完善博士后制度的意见》，要求各地各部门各设站单位按照党中央、国务院决策部署，牢固树立并切实贯彻创新、协调、绿色、开放、共享的发展理念，深入实施创新驱动发展战略和人才优先发展战略，完善体制机制，健全服务体系，推动博士后事业科学发展。这为我国博士后事业的进一步发展指明了方向，也为哲学社会科学领域博士后工作提出了新的研究方向。

　　习近平总书记在2016年5月17日全国哲学社会科学工作座谈会上发表重要讲话指出：一个国家的发展水平，既取决于自然科学发展水平，也取决于哲学社会科学发展水平。一个没有发达的自然科学的国家不可能走在世界前列，一个没有繁荣的哲学社

我国面向西南开放的图书馆联盟战略研究

会科学的国家也不可能走在世界前列。坚持和发展中国特色社会主义，需要不断在实践中和理论上进行探索、用发展着的理论指导发展着的实践。在这个过程中，哲学社会科学具有不可替代的重要地位，哲学社会科学工作者具有不可替代的重要作用。这是党和国家领导人对包括哲学社会科学博士后在内的所有哲学社会科学领域的研究者、工作者提出的殷切希望！

中国社会科学院是中央直属的国家哲学社会科学研究机构，在哲学社会科学博士后工作领域处于领军地位。为充分调动哲学社会科学博士后研究人员科研创新的积极性，展示哲学社会科学领域博士后的优秀成果，提高我国哲学社会科学发展的整体水平，中国社会科学院和全国博士后管理委员会于2012年联合推出了《中国社会科学博士后文库》（以下简称《文库》），每年在全国范围内择优出版博士后成果。经过多年的发展，《文库》已经成为集中、系统、全面反映我国哲学社会科学博士后优秀成果的高端学术平台，学术影响力和社会影响力逐年提高。

下一步，做好哲学社会科学博士后工作，做好《文库》工作，要认真学习领会习近平总书记系列重要讲话精神，自觉肩负起新的时代使命，锐意创新、发奋进取。为此，需做到：

第一，始终坚持马克思主义的指导地位。哲学社会科学研究离不开正确的世界观、方法论的指导。习近平总书记深刻指出：坚持以马克思主义为指导，是当代中国哲学社会科学区别于其他哲学社会科学的根本标志，必须旗帜鲜明加以坚持。马克思主义揭示了事物的本质、内在联系及发展规律，是"伟大的认识工具"，是人们观察世界、分析问题的有力思想武器。马克思主义尽管诞生在一个半多世纪之前，但在当今时代，马克思主义与新的时代实践结合起来，越来越显示出更加强大的生命力。哲学社会科学博士后研究人员应该更加自觉地坚持马克思主义在科研工作中的指导地位，继续推进马克思主义中国化、时代化、大众化，继续发展21世纪马克思主义、当代中国马克思主义。要继续把《文库》建设成为马克思主义中国化最新理论成果宣传、展示、交流的平台,为中国特色社会主义建设提供强有力的理论支撑。

第二,逐步树立智库意识和品牌意识。哲学社会科学肩负着回答时代命题、规划未来道路的使命。当前中央对哲学社会科学愈加重视,尤其是提出要发挥哲学社会科学在治国理政、提高改革决策水平、推进国家治理体系和治理能力现代化中的作用。从2015年开始,中央已启动了国家高端智库的建设,这对哲学社会科学博士后工作提出了更高的针对性要求,也为哲学社会科学博士后研究提供了更为广阔的应用空间。《文库》依托中国社会科学院,面向全国哲学社会科学领域博士后科研流动站、工作站的博士后征集优秀成果,入选出版的著作也代表了哲学社会科学博士后最高的学术研究水平。因此,要善于把中国社会科学院服务党和国家决策的大智库功能与《文库》的小智库功能结合起来,进而以智库意识推动品牌意识建设,最终树立《文库》的智库意识和品牌意识。

第三,积极推动中国特色哲学社会科学学术体系和话语体系建设。改革开放30多年来,我国在经济建设、政治建设、文化建设、社会建设、生态文明建设和党的建设各个领域都取得了举世瞩目的成就,比历史上任何时期都更接近中华民族伟大复兴的目标。但正如习近平总书记所指出的那样:在解读中国实践、构建中国理论上,我们应该最有发言权,但实际上我国哲学社会科学在国际上的声音还比较小,还处于"有理说不出、说了传不开"的境地。这里问题的实质,就是中国特色、中国特质的哲学社会科学学术体系和话语体系的缺失和建设问题。具有中国特色、中国特质的学术体系和话语体系必然是由具有中国特色、中国特质的概念、范畴和学科等组成。这一切不是凭空想象得来的,而是在中国化的马克思主义指导下,在参考我们民族特质、历史智慧的基础上再创造出来的。在这一过程中,积极吸纳儒、释、道、墨、名、法、农、杂、兵等各家学说的精髓,无疑是保持中国特色、中国特质的重要保证。换言之,不能站在历史、文化虚无主义立场搞研究。要通过《文库》积极引导哲学社会科学博士后研究人员:一方面,要积极吸收古今中外各种学术资源,坚持古为今用、洋为中用。另一方面,要以中国自己的实践为研究定位,围绕中国自己的问题,坚持问题导向,努力探索具备中国特色、中国特质的概念、范畴与理论体系,在体现继承性和民族性、体现原创性和时代性、体现系统性和专业性方面,不断加强和深化中国特色学术体系和话语体系建设。

新形势下,我国哲学社会科学地位更加重要、任务更加繁重。衷心希望广大哲学社会科学博士后工作者和博士后们,以《文库》系列著作的出版为契机,以习近平总书记在全国哲学社会科学座谈会上的讲话为根本遵循,将自身的研究工作与时代的需求结合起来,将自身的研究工作与国家和人民的召唤结合起来,以深厚的学识修养赢得尊重,以高尚的人格魅力引领风气,在为祖国、为人民立德立功立言中,在实现中华民族伟大复兴中国梦的征程中,成就自我、实现价值。

是为序。

王京清

中国社会科学院副院长

中国社会科学院博士后管理委员会主任

2016年12月1日

摘 要

全球经济一体化的进程不断加快，对外开放成为国家繁荣发展的必由之路。在这一发展道路中，文化构成了软实力的核心内容，文化战略也成为国际战略体系中的重要组成部分。对外文化战略的实施能够提高我国的文化影响力与竞争力，确保国家文化安全，为我国的和平发展创造一个良好的国际环境。

随着"冷战"的结束，世界政治呈现出多极化、区域化的特征。提高本国综合国力成为亚洲各国首要的战略发展目标，协调与合作成为国际关系的主流。在我国的国际关系格局中，在南亚、东南亚地区有着举足轻重的地位。中国与南亚、东南亚各国地理上邻近，历史文化渊源深厚，为社会人文交流与合作提供了良好的基础。

在全球图书情报事业发展的潮流中，传统的资源建设和信息服务模式正在发生重大的变革。很多国家就强化图书馆的国际关系取得共识，图书馆界的交流与合作也随之向纵深拓展。遵循"一带一路"倡议的构想，我国图书馆事业迎来了辐射南亚、东南亚的协同发展契机，以跨境联盟的形式探索共建共赢的路径，促进文献信息传播，推动民族文化融通，助力国际关系稳定，保障多元社会和谐。

本书旨在响应我国对外开放的发展战略，系统回答我国面向西南开放的图书馆联盟建设中的战略性问题。研究内容如下：一是梳理国内外图书馆联盟研究的相关成果；二是考察我国及南亚、东南亚各国的图书馆联盟发展历程；三是剖析我国面向西南开放的图书馆联盟战略环境；四是在理论分析和现状考察的基础上，提出我国面向西南开放的图书馆联盟的战略组织体系、战略规划体系和战略实施体系，为联盟建设提供全局性的解决方案。

鉴于各国复杂的历史文化背景和现实国情，课题组通过广泛的网络调查和亲赴泰国、老挝、越南、新加坡、马来西亚、斯里兰卡等国的实地考察，收集了超过200家图书馆及行业组织的资料。同时，通过网络发放问卷478份，覆盖了南亚及东南亚地区所有18个国家的70余个图书馆，对各国图书馆界与我国组建跨境图书馆联盟的意愿进行了深入调查。在第一手资料和实证数据的基础上，结合各国图书馆事业的发展状况，提出以下对策建议：一是加强跨境图书馆联盟的战略性研究；二是与南亚、东南亚各国共建图书馆联盟；三是确立严谨高效的图书馆联盟战略组织体系，四是确立科学合理的图书馆联盟战略规划体系；五是确立切实可行的图书馆联盟战略实施体系。

针对图书馆联盟战略组织体系，本书提出了通过对国内外图书馆及相关公共文化服务机构的资源整合与协同、业务交流与合作，构建、优化创新型的知识共同体，为跨国、跨行业的图书馆战略发展提供组织建制方案。

针对图书馆联盟战略规划体系，本书提出了涵盖愿景、使命、总目标、分目标的战略目标体系；提出了战略资源评价、战略模式定位和联盟决策模式；提出了开展国际性跨行业协作、构建华文信息资源保障体系、促进多元文化交流、推动"一带一路"倡议等战略实施方案。

针对图书馆联盟战略实施体系，本书从资源建设、信息服务和交流合作等方面讨论了战略联盟的制度建设，从联盟管理、合作、服务、评估等方面探讨了战略联盟的运行机制，从制度保障、组织管理、服务保障、资源保障和战略发展等方面讨论了战略联盟的保障策略，对联盟的战略实施提出比较完整的解决方案。

后续的研究方向包括：丰富战略管理的理论基础，加强新技术的应用研究，考察战略管理中的隐性知识与非理性因素，开展战略环境监测系统研究，加强跨境联盟战略实施绩效评估研究，加强图书馆联盟参与智库建设的研究。

关键词：图书馆联盟；战略管理；对外开放；南亚；东南亚

Abstract

With the accelerating process of global economic integration, opening to the outside world has become the indispensable way for the prosperity and development of a country. In this development road, culture constitutes the core content of soft power, and cultural strategy has also become an important part of the international strategic system. The implementation of foreign cultural strategy can improve our cultural influence and competitiveness, ensure national cultural safety, and create a good international environment for China's peaceful development.

With the end of the cold war, world politics has been characterized by multi polarization and regionalization. Improving the overall national strength of the country has become the primary strategic development target of Asian countries. Coordination and cooperation have become the mainstream of international relations. In the pattern of international relations in China, South and Southeast Asia have a very important position. China, with the geographical proximity of South and Southeast Asia, has a profound historical and cultural origin, which provides a good foundation for social and cultural exchanges and cooperation.

In the development trend of the global librarianship, the traditional resource construction and information service mode are undergoing major changes. Many countries have made a consensus on the strengthening of the international relations of the library, and the exchange and cooperation of the library circles have also expanded in depth. Follow the conception of "The Belt and Road", libraries in China have received the opportunity of the coordinated development of radiation in South and Southeast Asia. Cross-border alliance can be used to explore the path to build a win-win situation, promote the dissemination of literature information, promote national culture exchange, boost international relations, safeguard social harmony and diversity.

The purpose of this book is to respond to the strategy of China's opening to the outside world, and systematically answer the strategic problems in the construction of China's Library Alliances open to the Southwest. There have some research contents. The one is the reviewing the results of research at home and abroad of library consortia. The two is the investigation of library alliances development in China, South Asia and Southeast Asia. The three is the analysis of strategic environment of library alliances of China's open to the Southwest. The four is the strategic alliance organization system, strategic planning system and strategy implementation system of library alliances of China's open to the Southwest based on theoretical analysis and present situation investigation.

In view of the complicated historical and cultural background and realistic national conditions, research group has collected the information about more than 200 libraries and industry organizations through wide network survey and on-the-spot investigation to Thailand, Laos, Vietnam, Singapore, Malaysia, Sri Lanka. Meanwhile, 478 questionnaires were distributed through the Internet, covering over 70 libraries in all 18 countries in South Asia and Southeast Asia. The intention to establish cross border library alliances between China and these countries was investigated thoroughly. Based on the first-hand materials and empirical data, combined with the development status of national library, the report put forward the following suggestions: The one is to strengthen the strategic research of cross-border library consortia, the two is to establish library alliances between China and South and Southeast Asian countries, the three is to establish strict and efficient strategy organization system of library alliances, the four is to establish scientific and reasonable strategic planning system of library alliances, the five is to establish feasible strategy implementation system of library alliances.

Abstract

According to the system of strategic organization of library alliances, this book put forward to build and improve the innovative knowledge community, provide the organization scheme for the library strategic development of transnational and trans industry by business exchanges and cooperation, resources coordination and integration of domestic and foreign libraries and related public cultural services.

According to the strategic planning system of library alliances, this book proposes a strategic target system that includes vision, mission, goals, objectives; put forward the strategic resources evaluation, strategic positioning mode and alliance decision-making model; put forward to carry out international cooperation crossing industry, build Chinese information resources guarantee system, promote cultural exchanges and promote "The Belt and Road" construction strategy implementation plan.

According to the strategy implementation system of library alliances, this book has discussed the system construction of the strategic alliance from the resource construction and information services and exchanges and cooperation and other aspects, the operation mechanism of strategic alliance from the alliance cooperation, service, management, evaluation and other aspects, the security strategy of strategic alliance from the system guarantee, organization management, service guarantee, resource protection and strategic development, putting forward a more complete solution to the strategic alliance.

The subsequent research includes: To enrich the theory of strategic management, to strengthen the application of new technology, to study tacit knowledge and non rational factors in strategic management, to carry out the research on strategic environmental monitoring system, to strengthen the research on cross-border strategic alliance performance evaluation, and to strengthen the research of library alliances joining in the construction of tanks.

Key Words: Library Alliance; Strategic Management; Opening to the Outside World; South Asia; Southeast Asia

目 录

导　言 ·· 1

第一章　绪　论 ·· 7

第一节　研究背景与意义 ······································ 7
　　一、研究背景 ··· 7
　　二、研究意义 ·· 11

第二节　研究目标与内容 ····································· 12
　　一、研究目标 ·· 12
　　二、研究内容 ·· 13

第三节　研究思路、方法与主要创新点 ··············· 14
　　一、研究思路与方法 ······································· 14
　　二、主要创新点 ·· 14

第四节　基础理论 ·· 15
　　一、战略管理理论 ·· 15
　　二、文化交互理论 ·· 16
　　三、协同机制理论 ·· 17

第二章　国内外图书馆联盟研究 ······················ 19

第一节　国外图书馆联盟研究 ···························· 19
　　一、基础理论 ··· 19
　　二、资源建设 ··· 21
　　三、管理机制 ··· 24
　　四、服务机制 ··· 26

第二节　国内图书馆联盟研究 ···························· 28
　　一、相关文献概况 ·· 28

二、图书馆联盟基础理论研究 …………………………………… 30
　　三、图书馆联盟实践研究 ………………………………………… 34
第三节　图书馆联盟研究的特点、不足与展望 ……………………… 36
　　一、研究特点 ……………………………………………………… 36
　　二、研究不足 ……………………………………………………… 38
　　三、研究展望 ……………………………………………………… 40

第三章　我国及南亚、东南亚各国的图书馆联盟发展
　　　　历程 ………………………………………………………… 41
第一节　我国图书馆联盟的历史与现状 ……………………………… 41
　　一、联盟建设与发展的历程 ……………………………………… 41
　　二、联盟建设与发展的现状 ……………………………………… 43
　　三、联盟建设与发展的特点 ……………………………………… 49
第二节　南亚、东南亚各国图书馆联盟的发展历史与现状 ………… 50
　　一、南亚、东南亚各国图书馆联盟的发展历程 ………………… 50
　　二、南亚、东南亚各国图书馆联盟的特点 ……………………… 58
第三节　各国图书馆联盟的实践问题分析 …………………………… 59
　　一、缺乏均衡发展 ………………………………………………… 59
　　二、缺乏创新意识 ………………………………………………… 61
　　三、缺乏运行经费 ………………………………………………… 61
　　四、缺乏行业标准 ………………………………………………… 62
　　五、缺乏规模效应 ………………………………………………… 63
　　六、缺乏对外合作 ………………………………………………… 63

第四章　我国面向西南开放的图书馆联盟战略环境 ………………… 65
第一节　南亚、东南亚各国图书馆联盟发展的影响因素 …………… 65
　　一、南亚各国图书馆联盟发展的影响因素 ……………………… 65
　　二、东南亚各国图书馆联盟发展的影响因素 …………………… 72
第二节　我国图书馆联盟发展的影响因素 …………………………… 84
　　一、外部影响因素 ………………………………………………… 84
　　二、内部影响因素 ………………………………………………… 90

第三节　影响图书馆联盟建设的国家战略 …………………… 94
　　一、文化战略 ………………………………………………… 94
　　二、外交战略 ………………………………………………… 95
　　三、经济战略 ………………………………………………… 97
　　四、教育战略 ………………………………………………… 99
第四节　建设我国面向西南开放的图书馆联盟的必要性和
　　　　可行性 …………………………………………………… 101
　　一、建设我国面向西南开放的图书馆联盟的必要性 …… 101
　　二、建设我国面向西南开放的图书馆联盟的可行性 …… 106

第五章　我国面向西南开放的图书馆联盟战略组织体系 …… 111

第一节　图书馆联盟的构建原则 ……………………………… 111
　　一、一般性原则 …………………………………………… 111
　　二、特殊性原则 …………………………………………… 114
第二节　图书馆联盟的组织架构 ……………………………… 117
　　一、联盟类型 ……………………………………………… 117
　　二、联盟的决策机构 ……………………………………… 121
　　三、联盟的执行机构 ……………………………………… 124
　　四、联盟的监督机构 ……………………………………… 125
第三节　图书馆联盟的系统功能 ……………………………… 128
　　一、图书馆联盟的系统形式 ……………………………… 128
　　二、图书馆联盟的功能 …………………………………… 130
　　三、图书馆联盟的社会职能 ……………………………… 131

第六章　我国面向西南开放的图书馆联盟战略规划体系 …… 135

第一节　图书馆联盟的战略目标 ……………………………… 135
　　一、愿景 …………………………………………………… 135
　　二、使命 …………………………………………………… 136
　　三、总目标 ………………………………………………… 136
　　四、分目标 ………………………………………………… 138
第二节　图书馆联盟的战略定位 ……………………………… 140
　　一、战略资源评价 ………………………………………… 140

二、战略模式定位 …………………………………… 143
　　三、联盟战略决策 …………………………………… 146
第三节　图书馆联盟的战略方案 ……………………………… 148
　　一、开展国际性跨行业协作 ………………………… 150
　　二、构建华文信息资源保障体系 …………………… 153
　　三、促进多元文化交流 ……………………………… 159
　　四、推动"一带一路"倡议建设 …………………… 161

第七章　我国面向西南开放的图书馆联盟战略实施体系 …… 167
第一节　图书馆联盟的制度建设 ……………………………… 167
　　一、组织管理制度 …………………………………… 168
　　二、资源建设制度 …………………………………… 170
　　三、信息服务制度 …………………………………… 173
　　四、交流合作制度 …………………………………… 175
第二节　图书馆联盟的运行机制 ……………………………… 176
　　一、合作机制 ………………………………………… 179
　　二、服务机制 ………………………………………… 185
　　三、管理机制 ………………………………………… 189
　　四、评估机制 ………………………………………… 192
　　五、创新机制 ………………………………………… 195
第三节　图书馆联盟的保障策略 ……………………………… 198
　　一、制度保障策略 …………………………………… 198
　　二、组织管理策略 …………………………………… 204
　　三、服务保障策略 …………………………………… 206
　　四、资源保障策略 …………………………………… 212
　　五、战略发展策略 …………………………………… 216

第八章　研究结论与展望 ……………………………………… 221
第一节　主要研究结论 ………………………………………… 221
　　一、应加强跨境图书馆联盟的战略性研究 ………… 221
　　二、我国和南亚、东南亚各国图书馆需要共同发展 … 222

三、我国迫切需要建设面向南亚、东南亚开放的
   图书馆联盟 ·· 222
四、图书馆联盟应确立严谨高效的战略组织体系 ········ 222
五、图书馆联盟应确立科学合理的战略规划体系 ········ 223
六、图书馆联盟应确立切实可行的战略实施体系 ········ 223
  第二节 研究局限 ·· 224
  第三节 研究展望 ·· 225

结 语 ·· 229

附 录 ·· 231
  附录1 南亚、东南亚各国主要图书馆及相关组织 ········ 231
  附录2 针对南亚、东南亚各国的调查问卷 ·············· 248
  附录3 主要阶段性研究成果 ···························· 255

参考文献 ·· 257

索 引 ·· 273

后 记 ·· 283

专家推荐表 ·· 287

Contents

Preface ··· 1

1 Introduction ·· 7
   1.1 Research Background and Significance ································ 7
      1.1.1 Research Background ··· 7
      1.1.2 Research Significance ·· 11
   1.2 Research Goals and Contents ·· 12
      1.2.1 Research Goals ·· 12
      1.2.2 Research Contents ·· 13
   1.3 Research Ideas, Methods and Main Innovation Points ········ 14
      1.3.1 Research Ideas and Methods ································· 14
      1.3.2 Main Innovation Points ·· 14
   1.4 Basic Theory ··· 15
      1.4.1 Strategic Management Theory ································ 15
      1.4.2 Cultural Interaction Theory ····································· 16
      1.4.3 Theory of Synergy Mechanism ······························· 17

2 The Research on Library Alliances at Home and Abroad ·········· 19
   2.1 The Study of Foreign Library Alliances ······························ 19
      2.1.1 Basic Theory ·· 19
      2.1.2 Resource Construction ·· 21
      2.1.3 Management Mechanism ······································· 24
      2.1.4 Service Mechanism ··· 26
   2.2 The study of Domestic Library Alliances ··························· 28
      2.2.1 General Survey of Related Literature ····················· 28

		2.2.2 Research on the Basic Theory of Library Alliances …… 30
		2.2.3 Research on the Practice of Library Alliances ………… 34
	2.3	The Characteristics, Deficiencies and Prospects of the Research on the Library Alliances …………………………… 36
		2.3.1 The Characteristics of The Research ………………… 36
		2.3.2 The Deficiencies of the Research …………………… 38
		2.3.3 The Prospects of the Research ……………………… 40

3 The Development of Library Alliances in China and Countries in South Asia and Southeast Asia …………………………………… 41

    3.1 The History and Present Situation of Library Alliances in China ………………………………………………………… 41

        3.1.1 The Course of the Construction and Development of Alliances ……………………………………………… 41

        3.1.2 The Status of the Construction and Development of Alliances ……………………………………………… 43

        3.1.3 The Characteristics of the Construction and Development of Alliances ……………………………………………… 49

    3.2 The History and Present Situation of Library Alliances in Countries in South Asia and Southeast Asia ……………… 50

        3.2.1 The Course of the Development of Library Alliances in South Asia and Southeast Asia ……………………… 50

        3.2.2 The Characteristics of Library Alliances in South Asia and Southeast Asia …………………………………… 58

    3.3 The Problems in Practice of Library Alliances ……………… 59

        3.3.1 Lack of Balanced Development ……………………… 59

        3.3.2 Lack of Awareness of Innovation …………………… 61

        3.3.3 Lack of Operating Funds …………………………… 61

        3.3.4 Lack of Industry Standard …………………………… 62

        3.3.5 Lack of Scale Effect ………………………………… 63

        3.3.6 Lack of Foreign Cooperation ………………………… 63

Contents

4 The Strategic Environment of China's Library Alliances Open to the Southwest 65

    4.1 The Factors Affecting the Development of Library Alliances in South Asia and Southeast Asia 65

        4.1.1 The Factors Affecting the Development of Library Alliances in South Asia 65

        4.1.2 The Factors Affecting the Development of Library Alliances in Southeast Asia 72

    4.2 The Factors Affecting the Development of Library Alliances in China 84

        4.2.1 External Factors 84

        4.2.2 Internal Factors 90

    4.3 The National Strategies that Affect the Construction of the Library Alliances 94

        4.3.1 Cultural Strategy 94

        4.3.2 Diplomatic Strategy 95

        4.3.3 Economic Strategy 97

        4.3.4 Education Strategy 99

    4.4 The Necessity and Feasibility of Building China's Library Alliances Open to the Southwest 101

        4.4.1 The Necessity of Building China's Library Alliances Open to the Southwest 101

        4.4.2 The Feasibility of Building China's Library Alliances Open to the Southwest 106

5 The Strategic Organization System of China's Library Alliances Open to the Southwest 111

    5.1 The Construction Principles of Library Alliances 111

        5.1.1 General Principles 111

        5.1.2 Particular Principles 114

	5.2	The Organizational Structure of the Library Alliances	117
		5.2.1 The Type of Alliances	117
		5.2.2 The Decision-making Body of Alliances	121
		5.2.3 The Executive Agency of Alliances	124
		5.2.4 The Supervisory Authority of Alliances	125
	5.3	The System Function of Library Alliances	128
		5.3.1 The System form of Library Alliances	128
		5.3.2 The Function of the Strategic Alliance	130
		5.3.3 The social Function of the Library Alliances	131
6	The Strategic Planning System of China's Library Alliances Open to the Southwest		135
	6.1	The Strategic Goals of Library Alliances	135
		6.1.1 Vision	135
		6.1.2 Mission	136
		6.1.3 Total Goals	136
		6.1.4 Partial Objectives	138
	6.2	The Strategic Orientation of Library Alliances	140
		6.2.1 The Evaluation of Strategic Resources	140
		6.2.2 The Positioning of Strategic Model	143
		6.2.3 The Decision of Library Alliances	146
	6.3	The Strategic Plan of the Library Alliances	148
		6.3.1 To carry Out International Cross Industry Cooperation	150
		6.3.2 To Set Up Chinese Information Resources Guarantee System	153
		6.3.3 To Promote Multicultural Exchanges	159
		6.3.4 To Promote the Construction of "The Belt and Road"	161

Contents

7		Strategy Implementation System of China's Library Alliances Open to the Southwest	167
	7.1	The System Construction of Library Alliances	167
		7.1.1 Organizational Management System	168
		7.1.2 Resource Construction System	170
		7.1.3 Information Service System	173
		7.1.4 Exchange and Cooperation System	175
	7.2	The Operation Mechanism of Library Alliances	176
		7.2.1 Cooperative Mechanism	179
		7.2.2 Service Mechanism	185
		7.2.3 Management Mechanism	189
		7.2.4 Evaluation Mechanism	192
		7.2.5 Innovation Mechanism	195
	7.3	The Guarantee Strategy of Library Alliances	198
		7.3.1 System Guarantee Strategy	198
		7.3.2 Organizational Management Strategy	204
		7.3.3 Service Guarantee Strategy	206
		7.3.4 Resource Guarantee Strategy	212
		7.3.5 Strategic Development Strategy	216
8		Research Conclusions and Prospects	221
	8.1	The Main Research Conclusions	221
		8.1.1 The Strategic Study of the Cross-border Library Alliances Should Be Strengthened	221
		8.1.2 Libraries in China, South Asia and Southeast Asia Need to Be Developed Together	222
		8.1.3 China Urgently Needs to Build Library Alliances Open to South Asia and Southeast Asia	222
		8.1.4 Library Alliances Should Establish a Strict and Efficient Strategic Organization System	222

        8.1.5　Library Alliances Should Establish a Scientific and Rational Strategic Planning System ⋯⋯⋯⋯⋯⋯ 223
        8.1.6　Library Alliances Should Establish a Practical and Feasible Strategic Implementation System ⋯⋯⋯⋯ 223
    8.2　Research Limitations ⋯⋯⋯⋯⋯⋯⋯⋯⋯⋯⋯⋯⋯⋯⋯⋯ 224
    8.3　Research Prospects ⋯⋯⋯⋯⋯⋯⋯⋯⋯⋯⋯⋯⋯⋯⋯⋯⋯ 225

Conclusion ⋯⋯⋯⋯⋯⋯⋯⋯⋯⋯⋯⋯⋯⋯⋯⋯⋯⋯⋯⋯⋯⋯⋯⋯ 229

Appendix ⋯⋯⋯⋯⋯⋯⋯⋯⋯⋯⋯⋯⋯⋯⋯⋯⋯⋯⋯⋯⋯⋯⋯⋯⋯ 231

    Appendix 1　Major Libraries and Related Organizations in South Asia and Southeat Asia ⋯⋯⋯⋯⋯⋯⋯⋯ 231
    Appendix 2　A Questionnaire for Countries in South Asia and Southeast Asia ⋯⋯⋯⋯⋯⋯⋯⋯⋯⋯⋯⋯⋯⋯ 248
    Appendix 3　Main Stage Research Results ⋯⋯⋯⋯⋯⋯⋯⋯⋯ 255

References ⋯⋯⋯⋯⋯⋯⋯⋯⋯⋯⋯⋯⋯⋯⋯⋯⋯⋯⋯⋯⋯⋯⋯⋯ 257

Index ⋯⋯⋯⋯⋯⋯⋯⋯⋯⋯⋯⋯⋯⋯⋯⋯⋯⋯⋯⋯⋯⋯⋯⋯⋯⋯ 273

Acknowledgements ⋯⋯⋯⋯⋯⋯⋯⋯⋯⋯⋯⋯⋯⋯⋯⋯⋯⋯⋯⋯ 283

Recommendations ⋯⋯⋯⋯⋯⋯⋯⋯⋯⋯⋯⋯⋯⋯⋯⋯⋯⋯⋯⋯⋯ 287

导　言

在全球经济一体化的进程中，各国各民族的文化既有交织融合，又有固守传承。多元的文化发展格局体现着国家的战略意志，也作用于诸多的国际事务。40年来，我国改革开放的步伐持续推进，对外交流合作的空间日益扩大。"十二五"期间，互利共赢的对外开放水平不断提升，沿海、内陆、沿边的优势互补、分工协作、均衡协调的开放格局逐渐形成。进入"十三五"时期，由于发展中国家群体力量持续增强，国际外交格局逐步趋向平衡，很多国家先后走上开放型的发展之路。我国以"一带一路"倡议为统领，坚持共商、共建、共享和亲诚惠容原则，开展与有关国家和地区多领域的务实合作，拓展文化交流与合作空间，共创开放包容的人文交流新局面。

对外开放是国家繁荣发展的必由之路。为打造符合国际惯例和国别特征、具有我国文化特色的话语体系，我国政府秉持和平合作、开放包容、互学互鉴、互利共赢的理念，运用生动多样的表达方式，增强文化传播亲和力，打造政治互信、经济融合、文化包容的利益共同体、命运共同体和责任共同体。文化是软实力的核心内容，文化战略是国际战略体系中的重要组成部分，对外文化战略的实施能够提高我国的文化影响力与竞争力，确保国家文化安全，为我国的和平发展创造一个良好的国际环境。广泛开展人文交流，将为深化双边多边合作奠定坚实的民意基础，实现文化复兴，促进全面崛起。

在我国的国际关系格局中，南亚、东南亚地区有着举足轻重的地位。南亚指位于亚洲南部的喜马拉雅山脉中、西段以南及印度洋之间的广大地区，包括巴基斯坦、不丹、马尔代夫、孟加拉国、尼泊尔、斯里兰卡、印度七个国家。南亚既是世界四大文明发源地之一，又是佛教、印度教等宗教的发源地。东南亚涵盖亚洲东南部的马来群岛和中南半岛，包括东帝汶、菲律宾、柬埔寨、老挝、马来西亚、缅甸、泰国、文莱、新加坡、印度尼西亚、越南11个国家。东南亚地区处于连接大洋洲和亚洲、太平洋和印度洋的枢纽位置，具有重要的战略地位。该地区人种以黄色人种为主，是世界上外籍华人和华侨最集中的地区之一。

随着"冷战"的结束，世界政治多极化、区域化，以及全球经济一体化进程不断加快，提高本国综合国力成为亚洲各国首要的战略发展目标，协调与合作成为国际关系的主流。针对东南亚国家，通过建立"面向和平与繁荣的战略伙伴关系"，中国与各国的关系得到了全面恢复与发展。针对南亚国家，中国因势利导地调整外交政策，改变支持巴基斯坦对抗印度的态度，主张通过对话和谈判解决两国的分歧与争端，缓和了原先激烈的地区矛盾。同时，我国在维护与其他南亚国家的传统友谊的基础上，也不断改善和发展同印度的关系。目前，除了印度、不丹，中国已与12个陆上邻国解决了边界问题，未划定的中印和中不边界地区也总体保持和平和稳定，即使偶有争端，也能得到妥善解决。经过多方努力，中国边境地区的整体状况已处于历史最好时期，主要邻国与中国加强合作的意愿普遍上升，中国面向西南（本书专指南亚、东南亚地区）开放的外交格局正迎来最佳的战略机遇。

南亚、东南亚地区由于独特的地理区位和地形构造，不同大陆的不同人种在此交汇，进而带动不同文化圈的交错重叠，呈现出千姿百态、错综复杂的多元文化现象。西方宗教文化、印度文化、阿拉伯文化、中国文化和本土少数民族文化在此不断交织融合、更迭演进。山川地形的阻隔造成了民族文化的差异性，长期交流与融合则构成了民族文化的相似性。数百个民族的绚丽文化既交织互生，又各具特色，形成整个地区多元化的文化格局。中国与南亚、东南亚地区地理上邻近，历史文化渊源深厚，与一些国家文脉相通、文化相近；与一些国家在核心价值观和信仰层面一致，共同拥有稻作文化、水文化等文化形态；与一些国家的伙伴关系经受住了时间和国际风云变幻的考验，这些都为中国与这些不同文化背景和政治制度的国家开展社会人文交流与合作打下了"天时、地利、人和"的良好基础。在各国文化的发展过程中，华夏文明以儒、释、道文化为核心，不同程度地影响着南亚、东南亚各国，对中国发展多边关系的文化认同具有积极的意义。

从中国和南亚、东南亚各国的社会发展历程来看，历史文化和优秀传统是社会文明的组成部分，也是民族精神的集中体现。在漫长的国际交往中,文化交流始终是重要的内驱动力。与政治、经济关系一样,文化关系也是协调国际关系的重要因素,很多时候能直接起到关键性的作用,对政治、经济、教育、军事等层面的交流与合作产生着积极的影响。良好的文化关系,能够促进各国的相互了解,实现文化传播,也丰富和发展本民族的文化,还能增进民众间的友谊,进而推动国际关系的发展。经过上千年的文化交往,中国与南亚、东南亚各国拥有共同的泛亚意识,也体现出多样性的亚洲精神,产生出顺应时代的文明融合的发展需要。

20世纪80年代初期,南亚区域合作联盟(South Asian Association for Regional Cooperation,SAARC)成立。20世纪90年代后期,环印度洋区域合作联盟(The Indian Ocean Rim-Association for Regional Cooperation,IOR-ARC)成立。南亚各国认识到人文合作的重要性,提出包括建立南亚大学的加强人文合作的各项措施,力图通过文化交流实现信息均衡,消除误解和猜疑,达成更广泛的共识。在合作共赢、共同发展的道路上,东南亚国家的步伐更加坚实和迅速。成立于20世纪60年代的东盟(Association of Southeast Asian Nations,ASEAN)致力于打造涵盖安全、经济和社会—文化等层面的"东盟共同体",不断由较松散的以进行经济合作为主体的合作组织转变为关系更加密切的、合作领域更广泛的区域性组织。各国努力培养地区认同感,构建区域意识,增进民族间的相互理解,接受共同规范,分享共同的价值观。

出于经贸及地缘政治发展的需求,南亚、东南亚各国不断放宽对中华文化的限制,华文教育得以推广,中国典籍得以传播,儒学被越来越多的国家视为促进社会安定、经济发展的积极因素。2003年10月,时任国务院总理的温家宝出席第7次中国东盟"10+1"峰会,提出"睦邻""安邻""富邻"的主张,并与与会的东盟十国领导人共同签署了《中华人民共和国与东盟国家领导人联合宣言》,自此,中国和东盟正式建立"面向和平与繁荣的战略伙伴关系",中国也成为了东盟的第一个战略伙伴国。各国对华友好协会相继创立,中国相应的对外友好协会也随之成立,广泛而深入的合作交流活动在各个领域不断开展。近年来,南亚、东南亚各国与中国的关系发展势头强劲,不仅表现在政治和外交战略的协调,更生动地体现在经贸、科技、军事、文化教育、医药卫生和体育等领域的交流与合作上。通过更广泛的接触,中国与各国扩大文化交流,以求同存异、相互理解的原则面对文化差异,从不同渠道增进民众间的文化认知,促进深层次的精神融合。通过强化传统友谊,使各自的民族文化得到不断的丰富和发展。同时,为了维护文化的多样性和社会的和谐,文化的交流和合作需要探索新的模式,这对中国的开放和南亚、东南亚地区的和平发展提出了更高的要求。

图书情报事业是公共文化服务体系的重要组成部分。在全球图书情报事业发展潮流中,传统的资源建设和信息服务模式正在发生重大的变革。国际图书馆协会联合会(简称国际图联)在其2016~2021年的战略规划中倡议各地区各国家和各级各类组织共同合作,建立一个长期可持续的信息环境,以实现任何形式、任何地点的信息与知识的平等获取。① 在2016年的趋势报告中,国际图联号召关注区域、国家和国际层面的图书馆利益相关者之间的战略愿景和合作需求。很多国家就强化图书馆的国际关系达成共识,认为图书馆作为跨国机构有效地共同工作,应该在国家、地区和国际层面展开图书馆间的政策、信息技术服务和基础设施等方面的跨境合作;同时,从国家层面为图书馆员创造更多的交流和协作机会,在隐私、版权、言论自由和信息的免费获取等方面开展国际合作。②

我国图书馆之间的合作和交流可追溯到20世纪50年代,至80年代后期,各种图书馆协作网络联盟有近百个,包括全国性、地区性和行业系统性的各类联盟(黄长著等,2002)。在历史发展过程中,对外交流对我国近代图书馆事业的演进起到了极大的推动作用。改革开放以来,中外图书馆的交流合作已形成多层次、多渠道、多形式的局面(胡俊荣、胡岷,2005),尤其是作为实现资源共享、利益互惠的行业联合体的图书馆联盟(Library Consortium),更是为我国图书馆界的外向型发展做出了很大贡献。在众多的学术成果中,针对图书馆联盟的研究已涉及文献实体共享、书目资源共享、资源协调共享、信息服务共享、人力资源共享、管理资源共享等主要领域。除了常规的业务考察,前沿的研究视野还涵盖了图书馆联盟的信息生态系统(董永梅,2011)、道德风险控制(周奇志、孔繁超,2011)、移动网络服务(任岩等,2011)、知识转移制度(李伟超,2011)

---

① 国际图联管理委员会:《国际图联战略计划2016~2021》,http://www.ifla.org/files/assets/hq/gb/strategic-plan/2016-2021-zh.pdf,2017年7月28日。
② 国际图联:《国际图联趋势报告——2016新进展》,http://trends.ifla.org/files/trends/assets/trend-report-2016-update-zh.pdf,2017年8月1日。

等。在对外开放的思想指导下，印度等南亚国家的图书馆联盟建设（夏亚云，2010），东南亚国家的图书馆员大会（CONSAL）（赵虹，2002），以及我国与东盟各国图书馆交流合作关系的探究（阮小妹，2009）等问题也受到广泛关注。

迄今为止，国际图书馆联盟（International Coalition of Library Consortia）已拥有近200个共享联盟组织。实证研究显示，东南亚地区图书馆联盟构建之初的国家间馆际互借的效果并不理想（Wijasuriya，1981），但通过协同实践的探索，各国的图书馆联盟在多元文化合作项目中的积极作用日益凸显（Warwick，2001）。印度图书馆网络的案例研究（Sangeeta，2010），孟加拉国的高校图书馆系统服务绩效考察（Zahid，2011），新加坡国家联合书目的历程剖析（Bruce，1987），泰国的数字化方案在政府图书馆系统的应用（Wichada，2008）等问题受到学界关注，各国图书馆联盟的战略合作趋势、原则、模式及风险管理也得到深入探究（Gary，2000）。

在外交壁垒不断消除的今天，各国经贸活动频繁，文化交往密切，图书馆界的交流与合作也随之向纵深拓展。遵循"一带一路"倡议的构想，我国图书馆事业迎来了辐射南亚、东南亚的协同发展契机，以跨境联盟的形式探索共建共赢的路径，促进文献信息传播，推动民族文化融通，助力国际关系稳定，保障多元社会和谐。

正如党的十九大报告所指出的，文化自信是一个国家、一个民族发展中更基本、更深沉、更持久的力量。文化兴，国运兴；文化强，民族强。没有高度的文化自信、没有文化的繁荣兴盛，就没有中华民族的伟大复兴。总结历史性的变革与成就，我国的文化自信已得到彰显，国家文化软实力和中华文化影响力已大幅提升。在推动中华优秀传统文化创造性转化、创新性发展的过程中，应该不忘本来、吸收外来、面向未来，以典籍传承为根基，以知识信息服务为导向，通过联盟协作的战略模式，为中华文化与其他国家的优秀文化构建一条共同繁荣发展的康庄大道。

第一章 绪 论

第一节 研究背景与意义

与20世纪相比,我国加大了针对图书馆联盟研究的扶持力度,图书馆联盟的绩效评估、建设机制等问题先后得到国家社会科学基金的立项支持。本书以我国面向南亚、东南亚开放的图书馆联盟为研究对象,对联盟的战略发展环境、战略组织体系、战略规划体系和战略实施体系等建设方案进行系统的探讨,也获得了国家社科基金的大力资助。研究团队试图从一个外向型事业发展的角度,谋求我国图书馆联盟新的战略定位,尤其是在各民族文化共同繁荣视域中的建设路径。

一、研究背景

1. 对外开放国家战略为跨境图书馆联盟建设带来重要契机

根据《中华人民共和国国民经济和社会发展第十二个五年规划纲要》的精神,完善区域开放格局、加快沿边开放已成为我国的重要发展战略。2011年,国务院颁发《国务院关于支持云南省加快建设面向西南开放重要桥头堡的意见》(国发〔2011〕11号),强调在完善区域开放格局的基础上,进一步明确将云南作为我国面向西南开放重要桥头堡的战略部署。[①] 随着桥头堡战略的推进,云南省提出,要努力建成一批文化交流合作的重

---

① 国务院办公厅:《国务院关于支持云南省加快建设面向西南开放重要桥头堡的意见》,http://www.gov.cn/zwgk/2011-11/03/content_1985444.htm,2016年6月1日。

大项目、重要基地和知名品牌,把云南打造成中国面向西南文化交流的重要窗口、文化贸易的重要通道、文化合作的重要平台、文化信息的媒介中心。同时,广西也以建设中国—东盟自由贸易区为契机,将南宁建设为中国与东盟十国的区域经贸中心。①2011年10月,新知图书金边华文书局在柬埔寨首都金边开业,此举标志着我国出版集团首次在海外开设华文书局,标志着文化"走出去"得到进一步延伸。②2012年东盟文化论坛在南宁举办,首次聚焦亚洲图书馆的资源共享与合作发展,为推进区域图书馆事业发展起到了积极作用。自2004年以来,孔子学院和孔子课堂在世界各地兴起,已逐渐成为世界各国人民学习汉语和了解中华文化的园地,成为加强中国人民与世界各国人民友谊合作的桥梁,受到广泛欢迎。区域经济文化交流深化和教育出版行业的海外拓展,为图书馆事业"走出去"创造了重要的契机,作为文化事业基础支撑和重要媒介的图书馆,应把握机遇,积极探索缔结面向西南开放图书馆战略联盟的可行纲要,着力推进我国面向西南开放的图书馆联盟建设。2013年,我国提出"一带一路"合作发展理念和倡议,旨在利用双多边机制,借助行之有效的区域合作平台,携手包括南亚、东南亚国家在内的世界各国,共同打造政治互信、经济融合、文化包容的利益、命运和责任共同体。在这样的战略发展背景下,各国图书馆及其联盟将迎来全面深化交流合作的发展新常态。

2. 多元文化的交流需求提出跨境图书馆联盟建设的外在要求

近年来,随着经济的飞速发展,国际地位的提高,中国在世界范围的影响力也越来越大。与中国的强势发展相呼应,在全球,"汉语热"也不断升温,逐渐成为重要的文化资源。根据《中国语言文字事业发展报告(2017)》公布的数据,截至2016年,全球140个国家建立了511所孔子学院和1073个中小学孔子课堂,以及近2万所传播中华文化的中文学校。③许多欧美国家已将汉语列入高考外语考试任选科目之中,很多国家的高校已开设有中文系(所),中学也纷纷开设中文课。目前,东南亚许多国家都号召在全国的中小学普遍开设汉语课程,印度尼西亚教育部2004~2007

---

① 郑盛丰、庞革平:《中国—东盟自由贸易区正式启动》,《人民日报》2010年1月1日第2版。
② 史广林:《助力文化走出去,云南首次在海外开设华文书局》,http://www.chinanews.com/qxcz/2011/10-25/3413679.shtml,2016年6月1日。
③ 国家语言文字工作委员会:《中国语言文字事业发展报告(2017)》,商务印书馆2016年版,第85页。

年在全国8039所中学逐步开设中文课程，在一些地区，人们甚至提出了"汉语学习要从娃娃抓起"的口号，泰国、缅甸、柬埔寨等国家也将汉语学习作为重要的教学资源。① 随着中国区域格局战略的推进和面向西南开放的桥头堡战略的推进，中国与南亚、东南亚各国经济、社会交流将更频繁，由此带来的文化交融诉求将对图书馆等公共文化服务机构提出更高要求。随着中国国际影响力的提高，海外的华侨、华人向心力进一步提升，精神溯源和文化寻根情结日益凸显。党中央和国务院重视中华优秀传统文化的传承与发展，明确提出，要加强对外文化交流合作，创新人文交流方式，丰富文化交流内容，不断提高文化交流水平。② 构建面向西南开放的图书馆联盟是推动中外文化交流互鉴，探索中华文化国际传播与交流新模式的有益尝试，无疑能传播好中国声音、阐释好中国特色、展示好中国形象，打造出中华文化传播的新格局。图书馆作为社会文化中心之一，承担着积累社会记忆、传承人类文化的重要职责，面对跨区域交流带来的用户多元文化诉求，我国图书馆和南亚、东南亚各国图书馆立足多元资源优势互补，探寻跨境图书馆联盟建设的机制，就成为以满足当下多元化的用户诉求的必然选择。

3. 规模效应与特色互补成为跨境图书馆联盟发展的内驱动力

近年来，中国—东盟自由贸易区、泛亚博览会等合作平台机制的建立，对于促进亚洲地区的和平、稳定与繁荣发展发挥了重要作用，在亚洲乃至世界都产生了深远影响。随着2006年中国—东盟文化产业论坛的启动，中国与东盟地区的合作已经逐渐从经济领域拓展到文化领域，开创了世界范围内区域多边合作的新局面，2012年中国—东盟文化论坛首次聚焦图书馆领域，就亚洲地区图书馆的交流合作进行深入研讨，为构建跨境图书馆联盟奠定了良好的基础。目前，我国和南亚、东南亚各国内部的图书馆网络协作和资源共享业务都取得了一定成效，区域图书馆联盟如东盟大学联盟、南亚发展管理协会等协作机构，在区域图书馆交流协作和资源共享事务中发挥了良好的作用。随着我国对外开放战略的推进，我国与南亚、东南亚各国间的区域交流更加频繁，广泛的交流与合作对于促进图书

---

① 邱荣芬：《2013年〈文化蓝皮书〉发布会在京举行》，《出版参考》2013年第10期。
② 中共中央办公厅、国务院办公厅：《关于实施中华优秀传统文化传承发展工程的意见》，http://news.xinhuanet.com/politics/2017-01/25/c_1120383155.htm，2017年9月20日。

馆事业发展具有重要意义。当前,在我国与南亚、东南亚各国间尚没有有效的区域图书馆协作机构,因此我国图书馆应顺势而为,探索建立面向南亚、东南亚开放的图书馆联盟,构建我国与南亚、东南亚各国的文化信息资源集散中心,搭建区域间的文化交流平台,发挥区域联盟协作的规模效应和影响力,既可使图书馆有效承担起文化交流传承的重要职责,也便于探索跨境、跨区域图书馆联盟的运营和创新模式。如东盟大学联盟(ASEAN University Netuork,AUN)在1995年成立之初,仅有来自印度尼西亚、马来西亚、菲律宾、新加坡、泰国和文莱的11所成员大学,随着合作交流和区域影响力的日益扩大,截至目前其成员涵盖了东盟十国最好的26所高校,资源共享水平显著提升,在区域文化交流中发挥着重要的作用。此外,东南亚有着"文化博物馆"的美称,各国丰富多彩、独具特色的多元文化在各个国家的图书馆馆藏中都得以体现,我国也历来重视古籍典藏和特色资源的建设以及对区域特色信息库的建设,如厦门大学建设了东南亚特色数据库研究索引,对东南亚语言文化及侨民信息资源进行整合研究。广西民族大学建立"东盟文献全文数据库",用以收藏相关东盟文献信息。暨南大学图书馆"华侨华人文献信息中心",主要从事华侨华人特色文献的收集整理及华侨华人文献的电子化整合等工作。在区域交流协作的背景下,我国图书馆积极"走出去",构建面向南亚、东南亚开放的跨境图书馆联盟,对研究区域民族交流融合,促进经济文化交流具有积极的意义。通过构建跨境图书馆联盟,可以使各国的特色资源为区域所共享,更能凸显各个民族的特色,更能体现出文献资源的社会价值,图书馆也可在全球化的文明体系中体现出自身的文化传承的组织价值。

4. 科学技术的发展为跨境图书馆联盟建设提供了必要支撑

2006年,亚马逊正式推出弹性计算云(EC2)服务,使中小型企业能够按照各自的需要购买数据中心的计算能力,开启了云计算时代的序幕。2009年4月23日,联机计算机图书馆中心(Online Computer Library Center, Inc., OCLC)正式宣布将向它的会员图书馆提供"基于云的"、WEB规模的协作式图书馆管理服务,标志着图书馆的IT应用进入了云时代。[①] 在我国,数字图书馆的迅速发展使图书馆信息资源整合效率大幅提升,信息传

---

① OCLC Research Headquarters, "OCLC Announces Strategy to Move Library Management Services to Web Scale", http://www.oclc.org/us/en/news/releases/200927.htm, 2009-08.

递速度加快,资源的可获取性增强,跨区域的信息资源共建共享成为现实。作为"数字图书馆推广工程"支撑的国家数字图书馆经过多年建设已取得了阶段性成果,截至2011年底,国家数字图书馆数字资源总量已达561.3TB,主要来源为外购数据库71TB、馆藏特色资源数字化466.8TB、网络导航和网络资源采集19.2TB等几个部分(不含接受缴送的光盘)。其内容单元主要包含:电子图书142.7万种/185.3万册,电子期刊约5.3万种,电子报纸约0.37万种,学位论文约353.7万篇,会议论文约308.1万篇,音频资料约101.6万首,视频资料约8.9万小时,庞大的数据资源对加强全国各级公共图书馆的资源共享推广与合作共建形成有效的资源支撑。[①] 截至2016年,数字图书馆推广工程已拥有超过655万个实名用户,各服务系统年均点击总量超过12亿次。[②] 江苏省高等教育文献保障系统(Jiangsu Academic Library Information System,JALIS)以特色资源库建设为重点,通过OAL、METS方式对江苏省特色数据资源元数据、全文进行整合,导入特色资源中心库。特色资源中心通过统一检索、学科导航、特色数据库列表、特色库还原等方式,向用户提供资源使用参考、评论、RSS订阅等服务。[③] 在信息时代,高新技术在图书馆的应用已成为促进图书馆联盟发展的强大动力,对于我国建设面向西南开放的跨境图书馆联盟而言,数字图书馆的普及和云时代的到来,将进一步增强各国图书馆联盟的共享理念和合作精神,降低图书馆联盟的成本,并为联盟发展提供了更广阔的合作平台和技术支撑。

二、研究意义

在现有的研究中,相关成果表现出较为鲜明的研究特点:一是介绍图书馆联盟的运作经验较多,深入探究合作机制较少,尤其是大型研究非常薄弱,我国近20年来相关的国家社科基金课题仅有"图书馆联盟资源共享绩效评估研究"(屈宝强,2009)、"西北欠发达地区图书馆联盟建设机制

[①] 国家图书馆:《国家数字图书馆资源建设概况》,http://www.ndlib.cn/szzyjs2012/201201/t20120113_57990.htm,2017年9月20日。
[②] 周玮:《互联网飘书香图书馆进口袋——数字图书馆推广工程建设五年间》,http://news.xinhuanet.com/newmedia/2016-01/19/c_1117826097.htm,2017年7月15日。
[③] 何继红、周建屏:《JALIS特色资源整合平台建设研究》,《图书馆学研究》2011年第20期。

与模式研究"（吴新年，2010）等极少的几项。二是关注国内图书馆之间的联盟较多，关注开放式图书馆的联盟较少，不同发展水平国家之间的合作与交流更缺乏经验的总结和理论的提炼。三是尽管实践中的图书馆联盟已将业务拓展到储存空间合作、联合开发馆藏、共建管理系统等方面，但相应理论研究却没有跟上，尤其是跨国合作机理、跨社会系统协同等问题亟待深入探讨。四是现有成果较多关注图书馆联盟的业务管理，较少涉及更具全局性和深远影响的战略管理，图书馆联盟战略发展问题的探究有待加强。

本书旨在针对国内外相关研究的不足，通过实证研究，探寻我国与南亚、东南亚各国图书馆的战略合作路径，构建适合我国国情、面向西南开放的图书馆联盟战略发展模式。研究意义体现在理论与实践两个层面：①理论层面，在国际大视野下，拓展图书馆战略研究领域，丰富和深化研究内容，为应用研究奠定思想基础；为构建我国面向西南开放的图书馆联盟战略研究，以及更大范围的国际图书馆联盟建设的战略研究提供理论参考。②实践层面，立足战略高度，促使我国面向西南开放的图书馆联盟建设更好地体现国家战略目标；明确我国及相关各国在国际图书馆交流与合作中的战略定位，为我国图书馆的开放式发展提供具有科学性、针对性、适用性的战略方案和切实可行的操作模式；提供战略思想和战略目标的指导，推动我国图书馆联盟高效地增强竞争优势，实现社会效益。通过图书馆事业的外向型发展，助力我国全方位对外开放新格局，推动跨境文化交流，增进共识，减少误解，维护国际关系的和平与稳定。

第二节　研究目标与内容

一、研究目标

本书旨在响应我国对外开放的发展战略，系统回答我国面向西南开放的图书馆联盟建设中的战略性问题。具体而言：一是梳理国内外图书馆联盟研究的相关成果；二是考察我国及东南亚、南亚各国的图书馆联盟发展历程；三是剖析我国面向西南开放的图书馆联盟战略环境；四是在理论分析和现状考察的基础上，提出我国面向西南开放的图书馆联盟的战略组织体系、战略规划体系和战略实施体系，为联盟建设提供全局性的解决方案。

二、研究内容

在国际化视野下，以面向西南开放的国家战略目标为宗旨，研究我国图书馆联盟的全局性组织架构、战略体系、开放路径等战略发展问题。从图书馆联盟的结构、管理和效益实现等方面构建本书的多维度的立体研究框架。

一是联盟组织架构维度，研究我国面向西南开放的图书馆联盟的组织结构与系统职能。在剖析相关社会机构的知识分工、协同发展基础上，探寻国内外图书馆战略合作的科学建制，揭示我国与南亚、东南亚各国构建图书馆战略联盟的组织原则、系统功能和运行机制。

二是联盟战略管理维度，研究我国面向西南开放的图书馆联盟的战略规划体系。从战略的顶层设计，到战略的着力方向，再到战略的实施方案，为我国面向西南开放的图书馆联盟规划出完整的目标体系、定位逻辑和路径措施。通过战略目标、战略定位、战略方案等层面组成的规划设计，从前瞻性和全局性的角度构建图书馆联盟的管理体系，确保战略思想的落实和战略绩效的体现。

三是联盟开放路径维度，研究我国面向西南开放的图书馆联盟的开放模式与策略。从国内外图书馆对信息、人力、技术、设施等资源的开发与合作，到缔结跨境图书馆战略联盟，并与国内外相关公共文化服务机构共建华文信息资源保障体系，再到我国与南亚、东南亚各国的多元文化交流，践行"一带一路"倡议的构想，拓展多元的开放领域，探索优化的开放路径，提出科学的保障策略。

第三节 研究思路、方法与主要创新点

一、研究思路与方法

本书遵循从现状分析到预期规范，从基础理论到应用实践的基本思路，在各研究阶段有针对性地运用定性与定量相结合的实证研究方法。

第一阶段，相关文献调研与理论分析。通过对图书馆联盟、战略管理、文化竞争力等领域的文献进行收集与整理，梳理研究成果，创新理论体系，探寻图书馆联盟战略发展模式和战略管理体系的核心理论依据。

第二阶段，针对事业现状的网络调查。通过南亚、东南亚各国的图书馆网站，全面考察图书馆及其行业协会、联盟的发展现状，收集时间序列上的数据，结合我国国情，探寻图书馆联盟构建的实践依据。本书考察的南亚、东南亚各国主要图书馆及相关组织超过200个，清单详见附录1。

第三阶段，针对境外相关机构的问卷调查。选择南亚、东南亚各国有代表性的个体图书馆、图书馆协会及联盟组织，通过各国来华留学生、驻华政府和民间组织，我国外派访问学者、驻外政府和民间组织，就图书馆联盟的支撑条件、合作领域、开放运作机制、可行性路径等问题开展问卷调查。2016年1~6月，通过网络发放问卷478份，回收120份，覆盖了南亚及东南亚地区所有18个国家的70余个图书馆。接受调查的机构详见附录1（名称带星号者），调查问卷详见附录2。

二、主要创新点

本书执两个基本观点（研究假设）：一是我国图书馆应该，并且能够在对外开放的战略思想指导下，在国内外缔结行业联盟，与南亚、东南亚各国图书馆建立战略合作关系，谋求共赢式的长足发展。二是面向西南开放的图书馆联盟能够在科学的战略管理框架下，构建跨国的知识共同体（华文信息资源保障体系），促进多民族文化交流，提升我国的文化生产力、传播力和创造力。

创新点主要体现在三个方面:

第一,设计内外结合、横向发展的开放式图书馆联盟组织架构。通过对国内外图书馆及相关公共文化服务机构的资源整合与协同、业务交流与合作,构建、优化创新型的知识共同体,为跨国、跨行业的图书馆战略发展提供组织建制方案。

第二,构建我国面向西南开放的图书馆联盟战略规划体系。提出涵盖愿景、使命、总目标、分目标的战略目标体系;提出战略资源评价、战略模式定位和联盟决策模式;提出开展国际性跨行业协作、构建华文信息资源保障体系、促进多元文化交流、推动"一带一路"倡议等战略实施方案。

第三,构建我国面向西南开放的图书馆联盟战略实施体系。从资源建设、信息服务和交流合作等方面讨论战略联盟的制度建设,从联盟管理、合作、服务、评估等方面讨论战略联盟的运行机制,从制度保障、组织管理、服务保障、资源保障和战略发展等方面讨论战略联盟的保障策略,对联盟的战略实施提出比较完整的解决方案。

第四节 基础理论

一、战略管理理论

战略管理理论最初形成于现代企业管理,目前广泛应用于政府、公共组织和其他领域。直观来讲,战略管理理论就是指对战略管理的制定、实施、控制和修正进行管理。目前的战略管理,从内容上包括战略制定与战略实施两个部分,从过程上包括战略设计、战略实施和战略评估三个阶段。从要素上包括战略定位、战略选择和战略实施三大因素。[①] 在我国对外开放的战略格局下,以战略管理理论指导我国面向西南开放的跨境图书

---

① [英] 格里·约翰逊 (Gerry Johnson)、凯万·斯科尔斯 (Kevan Scholes):《战略管理》,王军等译,人民邮电出版社2004年版,第537—541页。

馆战略联盟建设,应在明确联盟建设的战略目标基础上,准确把握联盟的战略定位,提出切实可行的战略方案。战略目标确定应在明确图书馆作为社会公共文化服务机构属性的基础上,较好地体现国家促进对外文化交流和文化认同的战略指向;战略定位应明确我国及相关各国在国际图书馆交流与合作中的战略定位,为我国图书馆开放式的发展提供具有科学性、针对性、适用性的战略方案和切实可行的操作模式;在战略实施过程中,要协调出版发行、教育科研、文化艺术、影视娱乐等相关公共文化产业,共同构建知识共同体,以形成跨境图书馆联盟建设的战略保障。总体而言,我国面向西南开放的跨境图书馆联盟建设,既要把握跨境图书馆联盟整体战略规划的制定与实施,还应注意图书馆联盟具体实施和发挥协同效用的战略管理。

二、文化交互理论

文化交互性是在哲学意义上,针对文化的态度、观点和洞识的名称。这种哲学的态度、观点和洞识不是哲学领域的专有概念,而是在所有文化的发展历程中,确保避免使用偏颇、僵化的态度对待特定文化现象的基本理念。[①] 我国与南亚、东南亚各国同处"东方文化圈",在文化上有诸多的"亲缘关系",历史上华人作为中国与东亚、东南亚各国文化联系的纽带,在区域社会、文化交流中发挥重要作用。如越南深受中国文化影响,儒学、道教、汉传佛教等对越南经济社会影响深远,不丹、尼泊尔、斯里兰卡等国深受佛教文化影响,而马来西亚、印度尼西亚等国则多以伊斯兰教为信仰,菲律宾居民则都信奉天主教,而印度更是伊斯兰教、印度教、佛教同时存在。从国际文化交流的视野来看,我国建设面向西南开放的跨境图书馆战略联盟,应当以探寻不同文化中的共性理念为核心,构建跨境图书馆战略联盟的价值认同,并在价值认同的基础上,与国内外相关公共文化服务机构共同建立知识共同体,以资源为纽带,促进与南亚、东南亚各

---

① 朱晓文、张明亮、朱红:"临近交互作用模型的跨文化性",Paper Delivered to Proceedings of 2010 International Conference on Psychology, Psychological Sciences and Computer Science (PPSCS 2010), sponsored by International Science and Engineering Center, Hong Kong, Huazhong University of Science & Technology, China, Howard University, 2010.

国的多元文化交流。

三、协同机制理论

协同机制是以系统整体优化为目标，以现代信息技术为依托，综合运用现代管理理论和方法对整个系统进行规范、组织、协调、控制，加强系统各要素的协同管理，使系统产生整体效用大于各要素作用力之和的系统管理方法。[1] 协同机制理论将图书馆联盟视作一个整体系统，既强调联盟系统内各子系统、单元、元素之间的内部协同，又强调系统与周围环境相互作用的外部协同。以协同机制理论指导区域图书馆联盟建设，就要充分利用网络，使其既要成为信息资源和服务平台，实现图书馆与用户的交互，又要成为管理和战略平台，实现管理者与图书馆员工的交互。[2] 同时，注重图书馆联盟与其他社会公共文化机构的协同，寻求图书馆联盟在社会文化服务中的生存和发展模式。跨境图书馆联盟建设是一项系统工程，作为跨境文化交流的重要载体，单从联盟的服务内容和服务方式来讲，图书馆联盟在承载文化交流的职能方面仍显得势单力薄。因此，我国建设面向西南开放的跨境图书馆战略联盟，需在区域图书馆协作的基础上，协调出版、教育科研、文化艺术、影视娱乐等社会公共文化服务机构，协同构建知识共同体，彰显文化的竞争力和影响力，进而促进跨境多元文化的交流。[3]

---

[1] 唐虹、朱云芝：《网络环境下图书馆联盟协同管理研究》，《图书馆工作与研究》2012 年第 11 期。
[2] 柯平：《图书馆战略规划研究的时代背景与理论视角》，《图书馆工作与研究》2010 年第 2 期。
[3] 赵益民、陈志亭：《跨境图书馆联盟建设的创新路径与理论视角》，《图书馆理论与实践》2015 年第 6 期。

第二章　国内外图书馆联盟研究

国外的图书馆联盟建设起步早、发展快，已经有很多成功的联盟建设案例，积累了很多研究成果。相比之下，我国对图书馆联盟的研究起步较晚，但也奠定了一定的理论基础，并从资源建设、管理机制、服务机制等方面探索实践规律。未来的研究，将从图书馆联盟的组织文化、绩效评估、知识产权、跨境合作等方向进行拓展。

第一节　国外图书馆联盟研究

长期以来，图书馆联盟建设都是图书馆界关注的热点问题，随着事业的发展和环境的变化，研究不断深入，观点层出不穷。进入21世纪以来，国外图书馆联盟实践活跃，研究成果的内容和形式日益丰富。本节主要考察国外学者从2000年至今的相关观点，检索范围涵盖Emerald、Elsevier、Springer、Web of Science等数据库，以"library consortium""library alliance"为关键词进行主题检索或摘要检索，去掉中国作者在国外发表的关于图书馆联盟的英文论文和内容不太相关的论文，最后筛选出168篇比较相关的英文文献。

一、基础理论

图书馆联盟的基础理论研究涉及联盟概念、类型和发展周期等方面。

图书馆联盟是指通过协作互助，在图书馆之间形成的行业性组织。虽然不同的联盟管理机构存在一定的差异，但通常都会制定出针对成员馆数量、服务区域、文献资源、需求响应等内容的章程，在成员馆之间实现资源共建、共享,并在相关领域进行交流、合作。

"图书馆联盟"不是一个新的概念。从20世纪60年代末起,包括俄亥俄州立大学图书馆在内的OCLC就利用区域计算机系统为54个成员馆共享资源和降低成本,类似的联盟还包括伯明翰图书馆合作机械化项目(Birmingham Libraries Co-operative Mechanisation Project,BLCMP)。高校图书馆之间的合作成为联盟发展的主要推动力,出版物数量的增加、出版物成本的上升以及图书馆预算的下降等因素也促进了联盟的发展,其他影响因素还包括20世纪80年代以来的更多大学生的出现,以及对图书馆服务需求的不断增加。①

Shaorn L. Bostick认为,图书馆联盟是由多个图书馆为了响应共同或相似的需求,如降低成本、共享资源,签订合作协议,从而建立起来的联合体。② David A. Wright认为,加入联盟对于每个图书馆是非常有价值和必要的,对图书馆的未来发展起着很大的决定作用。③ 图书馆联盟出现和普及的基础是文献信息资源共享,合作平台是知识资源共建,制度保证是联盟管理制度,动力支撑是信息技术发展,最终目的是促进知识创新。

图书馆联盟的类型多种多样,受地域环境、社会环境、学术环境等多种因素影响。虽然图书馆联盟的类型众多,但发展过程相似,如同人类的生长过程。P. Shachaf结合生命发展周期,使用六项标准对国外几大全国性图书馆联盟进行比较分析,提出联盟发展的生命周期模型,其中包括胚胎、早期发育、发育、成熟和消亡五个阶段。④

从各位学者对相关基础理论的研究中不难发现,在当今这个以知识信息为基础的社会中,图书馆联盟无疑是分析、整合和控制信息资源的有效方式,它能将形式不同、来源不同、接口不同的各类数据库整合在一个平台上,通过协同运作,为用户提供更普及、更高效的服务。

---

① Golnessa Galyani Moghaddam, V. G. Talawar., "Library Consortia in Developing Countries: An Overview", Program, Vol.43, No.1, 2009, pp.94-104.
② Bostick S. L., "The History and Development of Academic Library Consortia in the United States: An Overview", The Journal of Academic Librarianship, Vol.27, No.1, 2001, pp.128-130.
③ David A. Wright, "Library Consortia: Do the Models Work", Resource Sharing & Information Networks, Vol.8, No.1/2, 2005, pp.49-60.
④ Shachaf, P., "Nationwide Library Consortia Life Cycle" LIBRI, Vol.53, No.2, 2003, pp.94-102.

二、资源建设

资源共享是图书馆联盟的主要建设目的,对资源共享的评估绩效是联盟成功与否的重要指标。欧洲的发达国家通过图书馆联盟的建设较好地实现了资源共享,如西欧和北欧的一些国家。大洋洲和亚洲的发达国家,如澳大利亚、新西兰、日本等国也先后开辟了各自的资源共建共享道路。紧跟发达国家的步伐,巴西、印度等国也已相继开展了针对发展中国家的资源共享研究。与个体图书馆的绩效评估相比,针对图书馆联盟的资源共建共享绩效评估的研究相对滞后和缓慢。经过近几十年的实践,学界建立起了一些评估模型。Marisa Scigliano 研究了安大略大学图书馆理事会在服务中实施的一个评估工具——MINES for Libraries。这项研究有两方面的贡献,一是讨论了在学术联盟内部创建同行群体的目的;二是使用回归分析法探讨了图书馆纸质馆藏、收购预算和赞助资金收入三个独立变量之间的相关性。[①]

图书馆联盟的资源建设涉及人才资源、设备资源、纸质资源、电子资源等。在现有的研究成果中文献信息资源占较大比例,因此本节将联盟资源分为纸质信息资源、电子信息资源和其他资源三类。最初的图书馆合作发端于图书馆之间的联合目录,并在联合目录的基础上开展基于印本文献的馆际互借和文献传递等服务。发展至今,对电子资源的集团采购和授权使用成为图书馆联盟的主要活动之一,联盟正朝着促进信息资源优化配置和合理使用的方向发展。

1. 纸质信息资源建设

相对于图书馆联盟的创建,纸质文献的共享活动在更早的时候就开始出现,并一直扮演着图书馆界交流合作的重要角色。当前,各图书馆联盟的共享对象大多都是普通图书,而少数珍贵图书,尤其是珍本,往往不能实现馆际互借。过刊合订本大多都在共享范围内,但现刊则仅限馆内阅览。三角研究图书馆网络(Triangle Research Library Network, TRLN)被视为最早的大学图书馆联盟,该联盟的一个重要合作领域就是纸质文献的共

---

① Marisa Scigliano, "Measuring the Use of Networked Electronic Journals in an Academic Library Consortium: Moving beyond MINES for Libraries® in Ontario Scholars Portal", Serials Review, Vol.36, No.2, 2010, pp.72–78.

享，文献类型涵盖学术资料、期刊、报纸、政府文件等。联盟成员馆在文献收藏方面也有所分工，各自负责一个或多个研究领域的相关文献，如杜克大学图书馆主攻非洲、拉丁美洲、中东、东亚、英联邦等地区的文献，其中以英联邦的相关文献最为丰富。① Rob Kairis 提到美国的俄亥俄州图书馆联盟正在努力寻求纸质资源合作共享，它们提出了一个可以在各个图书馆内实现共享的解决方案，这个方案倡议以联机计算机图书馆中心（OCLC）为基础建立财务承诺和资料所有权共享。Rob Kairis 认为虽然这个方案目前无法实施，但是仍然具有一定的研究价值。②

2. 电子信息资源建设

随着电子信息资源成为当今学术界越来越重要的参考文献来源，国外学者在电子资源的购买、利用和资源共享等方面都进行了深入研究。Melih Kirlidog 和 Didar Bayir 分析了土耳其图书馆联盟中电子资源的影响力，结果显示土耳其的出版物在过去的几年里急剧增加。③ 建立图书馆联盟具有重大意义，对于用户来说，可以获得更多、更有效的文献。电子资源是图书馆联盟中主要的共享资源，然而电子资源的购买成本也是较高的。David Ball 认为，面对非常昂贵的电子资源，购买者在与数据库商谈判时没有任何优势。采购的电子资源很难复制，也很难分开购买。对于购买电子资源的许可条款和定价模式也是混乱的。④ Moghaddam 和 Talawar 认为，图书馆联盟旨在确立图书馆之间的合作与协调，以便共享信息资源。发展中国家由于技术和通信基础设施匮乏，以及经济、文化和社会背景的限制，导致图书馆联盟发展受到阻碍。⑤ Olorunsola 和 Adeleke 建议尼日利亚图书馆联盟应针对电子期刊的信息格式、馆藏建设，以及图书馆及科研机构的管理问题，制定独立发展政策。这些政策应该适应当地文化，并具备

---

① "Triangle Research Libraries Network Cooperative Collections", http://www.trln.org/coop.html#general, 2012-09.
② Rob Kairis, "A Subject-based Shared Approval Plan for Consortia Purchasing of U.S. University Press Books", Library Collections, Acquisitions, and Technical Services, Vol.36, No.1/2, 2012, pp.30-38.
③ Melih Kirlidog, Didar Bayir, "The Effects of Electronic Access to Scientific Literature in the Consortium of Turkish University Libraries", The Electronic Library, Vol.25, No.1, 2007, pp.102-113.
④ David Ball, "Public Libraries and the Consortium Purchase of Electronic Resource", The Electronic Library, Vol.21, No.4, 2002, pp.301-309.
⑤ Golnessa Galyani Moghaddam, V. G. Talawar, "Library Consortia in Developing Countries: An Overview", Program, Vol.43, No.1, 2009, pp.94-104.

一定的灵活性。①部分图书馆联盟尽管采取了电子资源优先发展战略，但传统的纸质资源与电子资源在馆藏建设中并不矛盾。

Mustafa H. Ahmed 和 Raid Jameel Suleiman 分析了约旦高校图书馆的现实情况，约旦高校图书馆联盟通过共享机制丰富了数字政府大学图书馆网络（The Digital Government University Libraries Network）的信息来源。这个机制可以协调联盟与数据库之间的交易，为联盟订阅信息资源节省认购成本。②

Jagdish Arora 概述了印度工程技术国家数字图书馆（Indian National Digital Library in Engineering Science and Technology）为购买电子资源库、实现资源共享做出了努力，该联盟受到印度政府的人力资源发展部、信息技术部和生物技术部的支持。③

面对评估和责任制的要求，图书馆在测量其网络电子服务影响时受到了越来越大的压力，电子资源的使用率成为联盟有效性的一个重要评估指标。

3. 其他资源建设

图书馆联盟的资源形式多种多样，除了文献信息资源，还有其他众多资源，例如人力资源和书目信息等方面，在此合并综述。

人力资源是图书馆的核心资源之一，加强图书馆人力资源的管理，已被公认为是提高图书馆业务水平和服务效率的主要途径之一。Albee Barbara 和 Chen Hsin-Liang 探讨了公共图书馆员工对开源图书馆系统的感知价值与满意度。④无论在什么行业，人才都是最核心的竞争力，图书馆行业也不例外。当今的图书馆员已经不仅是人们印象中做整理和借还工作的劳动力，而是需要具备专业技能和综合素质的服务人员，图书馆也越来越重视专业人才的培养。同样，图书馆联盟利用馆员的工作经验与专业技能，以及分享专家智囊等人力资源，促进交流与合作。一个有代表性的例子是坦

---

① Olorunsola A., Adeleke A. A., "Electronic Journals in Nigerian University Libraries: The Present Situation and Future Possibilities", Library Review, Vol.60, No.7, 2011, pp.588-598.
② Ahmed M. H., Suleiman R. J., "Academic Library Consortium in Jordan: An Evaluation Study", Journal of Academic Librarianship, Vol.39, No.2, 2013, pp.138-143.
③ Jagdish Arora, "Indian National Digital Library in Engineering Science and Technology (INDEST): A Proposal for Strategic Cooperation for Consortia-based Access to Electronic Resources", The International Information & Library Review, Vol.35, No.1, 2003, pp.1-17.
④ Albee Barbara, Chen Hsin-Liang, "Public Library Staff's Perceived Value and Satisfaction of an Open Source Library System", The Electronic Library, Vol.32, 2014, pp.390-402.

帕湾图书馆联盟（Tampa Bay Library Consortium，TBLC），其为佛罗里达州的馆员提供的在线创新培训，仅 2010 年就有 3000 多人参加，教育课时长达 409 小时。

书目信息的构建是馆藏建设的一项基础工作，建立联合目录是实现图书馆联盟馆藏资源共享的坚实基础。Carrie A. Prestonk 考察了电子图书编目项目的创建、发展，以及不断变化的环境，并对当前做法的挑战进行了讨论，为其他图书馆和联盟合作编目项目提供建议。① 全球信息大爆炸，无论是传统的出版，还是电子信息或互联网资源。图书馆管理者认识到，图书馆应该努力满足读者所需的各种材料。实现图书馆之间的资源共享是满足这种需求的一种重要方式。

除了人力资源和书目信息，缩微胶卷胶片、视听磁带磁盘和光盘等也属于共享内容。随着信息技术的不断进步，文献信息逐渐被数字化，传统载体的利用率已越来越低。互联网的普及为电子资源的共建共享创造了有利条件。

三、管理机制

现今图书馆面临着越来越多的服务需求与竞争挑战，如信息资源数量增加，运行成本增长，用户数量减少、期望值提高，预算削减等。图书馆必须面对变化寻求解决方案，与其他图书馆结成战略性的行业联盟就是一种有效的解决方案。图书馆联盟以更低的价格购买联合访问权限，扩大印刷品使用权限和电子馆藏量，以及开发新的服务去满足用户需求。但是，一些障碍仍然存在，如技术和通信基础设施落后，财政投入有限，文化背景薄弱，发展中国家对联盟的态度和努力不够积极。②

鉴于各个国家发展背景及经济水平的差异，图书馆联盟发展状况及侧重方向均各不相同。例如，美国图书馆联盟高度发达，功能齐全，拥有众

---

① Preston，Carrie A.，"Cooperative e-Book Cataloging in the OhioLINK Library Consortium"，Cataloging & Classification Quarterly，Vol.49，No.4，2011，pp.257-276.
② Golnessa Galyani Moghaddam，V. G. Talawar，"Library Consortia in Developing Countries: An Overview" Program，Vol.43，No.1，2009，pp.94-104.

第二章 国内外图书馆联盟研究

多的小型、中型和大型图书馆成员,是其他国家学习的优良典范。①昆士兰政府图书馆联盟是澳大利亚一个比较成功的特殊图书馆联盟,有 14 个开展稳定服务的核心成员,在 2002~2003 财政年度和昆士兰政府共同存储将近百万美元。②匈牙利图书馆联盟运作良好,主要原因是政府部门参与了一个基于国家许可的图书馆联盟的融资。③网上数据库的订阅是马来西亚的学术图书馆联盟提供服务的重点。④加拿大图书馆联盟因战略规划、领导政策、资金支持、技术支持、交流合作、员工培训与沟通七项因素取得了馆际互借的成功。⑤Richard Sayers 以澳大利亚的昆士兰州政府图书馆联盟为例,认为图书馆联盟具有共同管理模式和单个分布式管理模式,指出单个分布式管理模式虽然可以将联盟成员馆的职责分配得更加合理,但由于不能把联盟重构为独立的法律实体或经济实体,所以无法产生良好的实践运行效果。⑥联盟的基本特征是管理规划,集合资源促进发展和共享成员之间的责任,这意味着无论是组织还是资源,只有合作才能达到预期目的。⑦

从上述国家图书馆联盟的例子中,我们可以看到,成功的联盟不再局限于为其成员提供价格合适的电子资源,为成员在战略层面上的合作提供支持也成为工作的重点。联盟取得成功的关键在于与成员形成共同的价值观,其中包括:①各成员均应对联盟有贡献,不论成员居于何种地位、自身能力如何;②平等民主的氛围,全体成员都应积极参与到联盟活动中;

---

① Saal-Baridi (Al-Baridi, Saleh A. U.), "Survey of Selected US Academic Library Consortia: A Descriptive Study", Electronic Library, Vol.34, No.1, 2016, pp.24-41.
② Richard Sayers, "A Smart Place in the Sun: Future-proofing the Queensland Government Libraries Consortium", Library Management, Vol.25, No.6/7, 2004, pp.283-292.
③ Edit Csajók, Péter Szluka, Lívia Vasas, "Library Consortia in Hungary", The Journal of Academic Librarianship, Vol.38, No.6, 2012, pp.335-339.
④ Hafsah Mohd, Rosnah Yusof, Rohaya Umar, "Initiatives Towards Formation of Academic Library Consortium in Malaysia", Library Management, Vol.35, No.1/2, 2014, pp.102-110.
⑤ Sue Mcgillivray, Amy Greenerg, Lucina Fraser, Ophelia Cheung, "Key Factors for Consortia Success: Realizing a Shared Vision for Interlibrary Loan in a Consortium of Canadian Libraries", Interlending & Document Supply, Vol.37, No.1, 2009, p.11.
⑥ Richard Sayers, "A Smart Place in the Sun: Future-proofing the Queensland Government Libraries Consortium", Library Management, Vol.25. No.6/7, 2004, pp.283-292.
⑦ Mercedes Echeverria, Sonsoles Jimenez, "Interlending and Document Supply in the Context of Spanish Library Consortia", Interlending & Document Supply, Vol.39. No.4, 2011, pp.109-110.

③成员之间持续、顺畅地进行交流；④提供高质量的服务，这是凝聚成员馆的前提。①

与树立共同的价值观一样，合理的经费配置在联盟建设中同样处于关键的地位。一般情况下，成员馆要向联盟缴纳年度经费，但有些联盟不向成员馆收取任何费用，而是通过获得一些特许经费，或其他公共机构的资助，也能维持运转。通常，预算规模决定着联盟成员馆能够缴纳的费用，有时也通过互惠贷款、馆藏规模、馆际互借协议进行弥补和调整。为解决不同规模图书馆之间的费用公平问题，同时将基本服务惠及所有成员馆，一些联盟只向成员馆收取少量费用。对于大额开支，如实施大型项目，此类费用则由成员馆按比例共同分担。一些非正式的联盟以及规模较小的联盟，资金支持就难以得到保障。由于公共图书馆的经费来自政府拨款，公共图书馆联盟一般都会得到政府财政的支持。根据加拿大南安大略省图书馆联盟 2012 财政年的报告，该联盟超过 1/4 的经费来自于安大略省政府的支持。②美国俄亥俄州公共图书馆信息网的经费也主要来自政府财政拨款。巴西的联邦区图书馆协会除了各成员馆每年上缴的年费，还通过经济委员会制订了一项计划，从个人所得税中扣除一部分资金用于购买图书捐赠给图书馆。③

在图书馆联盟管理中，项目管理也占据着重要的位置。Arnold Hirshon 认为项目管理的步骤和技术包括：触发情况、规划、传播、重组、过程和政策分析、培训、监测和评估、文化变革。④他认为变革成功的标志在于观念是否根深蒂固，这需要 3~5 年，甚至更长的时间。

四、服务机制

图书馆联盟各项职能的实现需要优质服务的支撑，因此，联盟必须以

---

① Hirshon A., "International Library Consortia: Positive Starts, Promising Futures", Journal of Library Administration, Vol.35. No.1/2, 2001, pp.147-166.
② "Financial Statements Year Ended March 31, 2012", http://www.sols.org/aboutsols/reports/Financial_statements/SOLS_Financial_Statements_March_31_2012.pdf, 2012-09.
③ "SOLS Financial Statements. Annual Report Fiscal Year", http://oplin.org/sites/default/files/Annual Report, 2012.
④ Arnld Hirshon, "Library, Consortia, and Change Management", The Journal of Academic Librarianship, Vol.25, No.2, 1999, pp.124-126.

愿景和使命为宗旨，以核心价值为基础，以信息技术应用为动力，不断提升自己的服务质量。

Aditya Tripathi 和 Jawahar 提出在数字环境中，集中服务带来显著的节约效果及各利益相关者之间的分工。优质的用户服务和更高的用户满意度，必定是任何类型的图书馆开展合作的驱动力。①

图书馆联盟发展的主力一直是高校图书馆。Ana 和 Oseph 认为，高校图书馆在图书馆联盟发展中是至关重要的，尤其是在促进专业发展和实现资源共享方面。同时，图书馆联盟还面临着一个巨大的挑战，即联盟成员馆的技术水平极大地影响着联盟的发展水平。②当今的图书馆都面对越来越高的服务需求，但是馆内的人力资源水平一直停滞不前甚至有所下滑。为了改变这种局面，图书馆需要制定灵活的人才机制和有效的管理机制，Arnold Hirshon 在《图书馆联盟管理》期刊上提出两个解决办法：第一是通过优化用户综合服务程序，更好地为用户提供服务；第二是图书馆通过联盟扩大纸质资源和电子资源馆藏量，并且开发各种新服务。③

积极提供用户所需的信息同样也是提升服务质量的一种表现。Bassil 等提出为了使图书馆能够满足用户不断增长的需求，与信息和技术领域的其他组织建立伙伴关系，与学术机构和其他团体合作，在其所在的社区提供多样化信息。虽然构建各种伙伴关系在图书馆这一领域有着悠久的历史，但从未像现在这样，迫切需要创造和利用这些伙伴关系，并广泛地、创造性地考虑发展新的类型。④

集中服务与不断创新已成为图书馆联盟服务研究的重点。联盟的服务创新不能只局限于提供静态、被动的知识空间，更应充分利用现代信息技术、提升馆员的服务水平和用户的参与度，以此凸显联盟的核心竞争力与社会价值。

---

① Aditya Tripathi, Jawahar L.A., Chapter 4-Library Consortia Models, ph.D, Library Consortia, 2016.
② Ana Maria Balenbin Fresnido, Oseph Marmol Yap, "Academic Library Consortia in the Philippines: Hanging in the Balance", Library Management, Vol.35, No.1/2, 2014, p.15.
③ Arnold Hirshon, "The Development of Library Client Service Programs and the Role of Library Consortia", Library Consortium Management, Vol.1, No.3/4, 1999, p.59.
④ Bassil Ebiwolate Posigha, VerA Zacheaus Godfrey, Felicia Doubra Seimode, "The Trend of Academic Libraries Consortia in the North Central and South East Geo-political Zones of Nigeria", Library Review, Vol.64, No.4/5, 2015, pp.305-320.

第二节 国内图书馆联盟研究

近些年来,计算机和网络技术发展速度越来越快,为了促进图书馆行业之间信息资源的共建共享,合理配置资源、提升服务质量,越来越多的图书馆加强交流合作,结成行业联盟,充分调动整个行业的资源,提高用户信息服务,所以联盟的现象越来越受到重视。通过图书馆联盟,成员馆在共同签订的合作协议框架下,全面共享资源、服务、馆员、用户信息。笔者以中国知网期刊全文数据库、维普期刊数据库、万方期刊论文数据库、全国报刊索引和国家图书馆联机公共书目为信息源,对图书馆联盟的相关文献进行了整理和分析。

一、相关文献概况

早在20世纪,我国就已经出现了关于图书馆联盟的研究,石海玉等通过介绍华盛顿图书馆联盟的经营策略研究[①],引起了我国学界的关注。此后的研究成果主要集中在学术期刊上,也有一些学术会议论文和各类出版物相继出现。为了考察21世纪图书馆联盟研究的最新进展,笔者于2017年11月1日在中国知网的中国期刊全文数据库中,选取主题作为检索入口,以"图书馆联盟"为检索词,对2000年至2017年11月1日有关国内图书馆联盟的期刊论文进行检索,这一时间段的划分在兼顾一段时间历程的同时也关注了前沿发展。共得到切题论文1409篇。历年的发文量如图2-1所示。

从图2-1中可以看出,国内关于图书馆联盟研究论文从21世纪初开始,在2011年发表篇数达到了169篇;2011~2014年是研究的大发展时期,成果数量达到了高峰。值得注意的是,全国哲学社会科学规划办公室在《2013年度国家社会科学基金项目课题指南》里专门以"图书馆联盟"

---

① 石海玉、王芳芳、肖莉明:《虚拟网络环境下的图书馆组织——华盛顿研究图书馆联盟》,《图书馆杂志》1999年第5期。

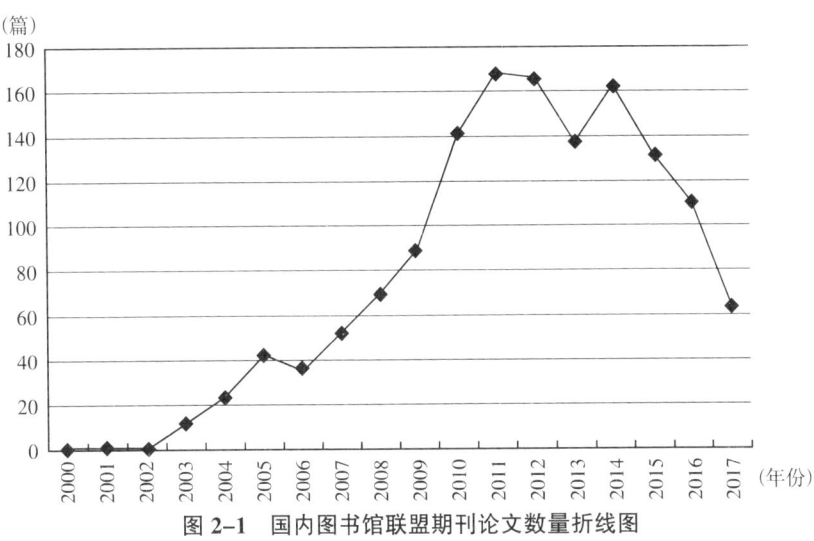

图 2-1 国内图书馆联盟期刊论文数量折线图

资料来源：笔者整理。

为指南条目，这一举动更是推动了联盟研究的发展。[①] 由于检索时2017年的相关文献还未完全被收录，数据采集还不完全，因此2017年统计的刊文量在这里仅供参考。2014年以后，研究开始出现逐渐下降的趋势，目前图书馆联盟关于理论型的研究日趋成熟，研究热点已经慢慢从理论研究转向实践研究。值得注意的是，我国对于实践方面的研究还未形成体系，处于探索和发展阶段，加之缺乏跨境的联盟研究，所以近年来数量有所下降。

笔者以国家图书馆联机公共书目为检索工具查询国内2000年至2017年11月1日已公开出版的专著，发现专门探讨图书馆联盟的专著有9本，分别为高凡的《网络环境下的资源共享图书馆联盟实现机制与策略研究》、王真的《图书馆联盟建设研究》、唐虹的《图书馆联盟协同管理研究》、王丽华的《图书馆联盟运行机制研究》、屈宝强的《图书馆联盟资源共享绩效评估研究》、袁静的《图书馆联盟风险防范研究》、詹庆东的《大学城图书馆联盟建设新模式研究》、董琴娟的《中国图书馆联盟发展研究》和许军林的《地区级区域图书馆联盟建设研究》。不难发现，这些专著主要涉及

---

① 王惠英：《我国图书馆联盟研究进展与未来展望》，《图书情报工作》2013年第16期。

两类研究：第一类是整体性研究，主要侧重联盟宏观的理论性研究；第二类是业务类研究，主要侧重联盟的风险防范、绩效评估等实践性研究。

此外，硕士博士论文也是图书馆联盟研究的重要成果，笔者利用中国知网中国优秀硕博士论文数据库、维普学位论文数据库和万方学位论文数据库，以"图书馆+联盟"作为检索词，对2000年至2017年11月1日发表的硕博士论文进行检索，经过去重后得到关于图书馆联盟的硕士学位论文共33篇，主要是将理论和实践相结合，探究图书馆联盟在运作中出现的问题，以区域性图书馆联盟的建设与发展作为研究对象，为区域性图书馆联盟的建设发展提供新的思路。博士论文仅有1篇，主要对图书馆联盟的风险及其防范问题进行研究。在对我国图书馆联盟研究的硕博士论文中，不乏有创意的观点，体现出更为成熟的系统化思考。

二、图书馆联盟基础理论研究

我国在图书馆联盟方面的研究，无论是理论还是实践方面都相对起步较晚，但随着协作共享思想的深入，关于此主题的研究成果不断涌现。通过对相关文献的梳理和探讨，不难看出我国学者对图书馆联盟的基础理论研究主要集中在基本概念、功能意义、类型划分、研究方法等几个方面。

1. 概述性研究

概述性研究是对图书馆联盟的基本问题的研究，如图书馆联盟的概念、内涵、特征、功能、意义、文化等。

我国学界较早介绍图书馆联盟的学者是戴龙基、张红扬，他们对图书馆联盟的概念进行了全方位的叙述，分别从定义、历史任务、联盟文化、联盟模式和联盟管理等方面进行了详细探讨[1]，为后人的研究树立了标杆。此后宋小华、涂湘波将图书馆联盟的内涵概括为：为了实现资源共享、利益互惠的目的而组织起来的，以若干图书馆为主体，联合相关信息资源系统，根据共同认可的协议和合同，按照统一的技术标准和工作程序，通过一定的信息传递进行一项或多项合作功能的联合体[2]。他们从主

---

[1] 戴龙基、张红扬：《图书馆联盟——实现资源共享和互利互惠的组织形式》，《大学图书馆学报》2000年第3期。

[2] 宋小华、涂湘波：《网络环境下图书馆联盟浅论》，《图书馆学研究》2004年第3期。

体性、来源性、多样性等层面对图书馆联盟的内涵进行了概括,深入分析了图书馆联盟的特征。朱晓华通过剖析国内外图书馆联盟的研究现状,梳理、辨析了"图书馆联盟与图书馆合作""图书馆联盟与图书馆网络""图书馆联盟与图书馆协会"等概念①,让此后的学者们对这些概念有了更为清晰的认识。

在图书馆联盟出现以前,图书馆之间的馆际合作大多表现为联合目录的编制和馆际互借的开展。直到现阶段出现了各种类型的图书馆联盟,分别承担着不尽相同的功能。燕今伟认为,图书馆联盟的功能主要体现在协调资源建设、集团采购电子资源、统筹数据的存储和系统的运行、组织馆际互借与文献传递、编制联合目录、安排人员培训、开展咨询协作。②宋芙兰认为,建设图书馆联盟的重要意义体现在降低图书馆运行成本、加快创新、满足读者需求等方面。③

当图书馆联盟达到一定规模时,处理好成员馆之间的关系极为必要,发展和维持好有效的协作,图书馆联盟文化起到很大作用,并能增强合作馆之间的信任程度。赵莉莉探讨了图书馆联盟文化的定义,包括广义和狭义之分。她论述了图书馆联盟文化的特点(共需性、一致性、长远性、公平性),分析了联盟文化建设原则,并提出了发展对策。④崔萌关注图书馆联盟中的文化冲突问题,认为联盟的不和谐是由文化冲突引起的,会带来破坏性结果。⑤因此建立统一的图书馆联盟文化极为必要,形成成员馆彼此认同的联盟文化,将有助于促进联盟的良性发展。

除了本学科理论的发展完善,相关学科理论的引入也是学者们关注的热点。蒋丽艳、蒋丽红借鉴"囚徒困境"引入博弈论原理,指出了构建图书馆联盟的必要性,并分析了联盟实践中的相关问题。⑥胡臻等运用博弈论建立了图书馆联盟信息资源共享理论模型,并通过"强弱联盟"的案例提出图书馆联盟如何实现双赢和谐发展,他们认为在资源共享方面,只有

---

① 朱晓华:《在合作中生存发展——论图书馆联盟》,《图书情报工作》2004年第7期。
② 燕今伟:《图书馆联盟的构建模式和发展机制研究》,《中国图书馆学报》2005年第4期。
③ 宋芙兰:《试论发展图书馆联盟的意义和对策》,《现代情报》2006年第8期。
④ 赵莉莉:《图书馆联盟的文化研究》,《科技情报开发与经济》2008年第4期。
⑤ 崔萌:《论图书馆联盟中的文化融合机制》,《大学图书馆学报》2014年第3期。
⑥ 蒋丽艳、蒋丽红:《图书馆联盟有效实施的博弈分析》,《图书情报知识》2004年第3期。

图书馆联盟各成员间协同合作、互助互利才能发展得更好。[1] 另外，博弈论视角下的研究还有图书馆联盟应对数据库商的制衡策略[2]、中小城市异质性图书馆联盟资源共建共享的博弈分析[3]、大学城图书馆联盟案例分析[4]、图书馆联盟风险防范[5]等。

2. 图书馆联盟分类研究

在图书馆学界有许多学者依据不同的标准对图书馆联盟类型进行了划分。

按合作密切程度，赖朝新将图书馆联盟分为简单型、松散型、紧密型等类型[6]。松散性联盟富有弹性，但缺点是缺乏统一领导、服务项目不够。而紧密型联盟具有松散型联盟的弹性，其工作难度也较小。杨艳红、靳红从组织管理的角度将图书馆联盟划分为两类：第一类包括全国性图书馆联盟和区域性图书馆联盟，第二种包括综合性联盟和行业性（专业性）联盟。[7] 李家清对图书馆联盟做了详细分类。按组织模式可分为全国性图书馆联盟、地区性联盟、区域性联盟，按合作模式可分为共建共享式联盟、会员制联盟、联合办馆式联盟，按功能模式可分为复合功能联盟和单一功能联盟，按地理范围可分为地区性、全国性和国际性图书馆联盟。[8] 张学福对图书馆联盟的类别进行了划分，分别是综合型图书馆联盟、专业图书馆联盟和联盟之联盟。[9] 王志兰指出，目前的联盟类型主要有省（市、区）区域性图书馆联盟（以上海高校网络图书馆、北京高校网络图书馆、江苏高等教育文献保障体系等为代表）、全国性图书馆联盟〔以中国高等教育文献保障体系（CALIS）为代表〕和科研类图书馆联盟（以军队医学图书馆联盟为代表）。[10] 可以看出，目前我国对于图书馆联盟类型的划分标

---

[1] 胡臻、刘萍、伍利等：《图书馆联盟有效信息资源共享的博弈分析》，《管理观察》2008 年第 21 期。
[2] 林章武、傅文奇：《博弈论视角下图书馆联盟应对数据库商的制衡策略》，《图书馆学研究》2011 年第 13 期。
[3] 宋乐平：《中小城市异质性图书馆联盟资源共建共享的博弈分析》，《图书馆》2012 年第 2 期。
[4] 贺庆：《博弈论视角下大学城图书馆联盟案例分析》，《吉林省教育学院学报（下旬）》2014 年第 10 期。
[5] 潘淑清、邓攀：《基于博弈论的图书馆联盟风险防范》，《科技广场》2014 年第 9 期。
[6] 赖朝新：《中美图书馆联盟比较研究》，四川大学硕士学位论文，2005 年，第 12 页。
[7] 杨艳红、靳红：《现代图书馆联盟建设研究》，《情报资料工作》2006 年第 6 期。
[8] 李家清：《我国图书馆联盟进展及发展策略》，《情报资料工作》2007 年第 2 期。
[9] 张学福：《图书馆联盟共建共享机制研究》，《中国图书馆学报》2008 年第 1 期。
[10] 王志兰：《浅议图书馆联盟现状与发展》，《内江科技》2013 年第 6 期。

准较多，可以按合作密切程度、组织管理角度、组织模式、地理范围等标准进行分类。鉴于划分标准各异，依据的标准不同，对图书馆联盟类型的划分结果也不尽相同。

在网络环境下，随着数字化进程的加快，很多学者对数字图书馆联盟也进行了分类研究。有学者认为，当前我国数字图书馆联盟的类型主要分为国家型和省内型。① 也有学者做了更细致的划分，认为按地理范围可分为国际性、全国性、地区性数字图书馆联盟，按加盟图书馆的性质可分为专门性和综合性数字图书馆联盟，按联盟协作任务可分为资源主导、技术主导、服务主导、供应链和多元目标联盟，按紧密程度可分为松散性和紧密性数字图书馆联盟，按资金来源可分为政府资助型、社会赞助型和商业运营型数字图书馆联盟，按照联盟目的可分为战略联盟和战术联盟。②

不难发现，我国对于联盟类型的研究是比较前沿的，但是由于图书馆联盟在我国还处于发展阶段，难免存在观点不一的情况。对于类型划分的研究有助于指导联盟实践的发展，有助于不同类型的图书馆联盟在实践中发挥各自的价值、功能和目标，使联盟成员能有效交流，并建立起相应的合作机制、共享机制。

3. 图书馆联盟的研究方法

我国目前在图书馆联盟的建设道路上已经进行了很多有益的尝试，随之开展的科学研究也不断进行着从理论到方法上的创新。随着图书馆联盟的理论及实践研究的不断深入，很多科学研究方法得到广泛运用。龙叶、白庆珉通过文献计量方法对1989~2006年我国图书馆联盟的研究论文进行了分析，并讨论了论文的分布状况和主题的变化，这一方法的运用较为全面地指出了研究中存在的问题及发展趋势。③ 范亚芳等通过问卷调查、专家评价等方法对指标体系进行了优化，其运用的层次分析法计算较为简单、可操作性强，能联系实际反映出图书馆联盟工作的具体内容。④ 刘圣君、屈宝强将文献计量分析法和内容分析法相结合对我国图书馆联盟研究领域的学术论文进行了统计，分析了该领域的文献分布状况，并探究了联

---

① 王东波：《数字图书馆联盟及中国特色数字图书馆联盟建设策略》，《新世纪图书馆》2004年第1期。
② 黄晓斌、邓爱贞：《论数字图书馆联盟》，《新世纪图书馆》2004年第6期。
③ 龙叶、白庆珉：《1989~2006年我国图书馆联盟研究的文献计量分析》，《现代情报》2008年第4期。
④ 范亚芳、郦金花、王传卫：《图书馆联盟共建共享评价指标体系与方法研究》，《情报科学》2011年第5期。

盟运作的实质，数学与统计学相结合的研究方法对把握研究前沿和趋势做出了新的尝试。①姜勇使用统计学方法对文献的年代分布、期刊分布、基金支持论文等主题进行了分析，虽然统计的对象较多，但是展现的结果具有较强的专业性和直观性，反映出图书馆联盟领域的文献增长趋势及各地域的发展现状。②

目前，关于图书馆联盟的研究使用文献计量法的居多，学者们更倾向于从各种文献的外部特征对图书馆联盟进行量化分析。这些研究成果表明了我国图书馆联盟的研究现状，为图书馆联盟的相关研究提供了量化的依据。

三、图书馆联盟实践研究

我国图书馆联盟实践研究虽初具规模，但仍处于探索阶段。对国外联盟的研究主要集中在美国，我国的研究深受其影响。当前，国内学者对联盟实践的研究主要集中于资源建设、管理机制和服务机制三方面。

1. 资源建设

图书馆联盟资源建设的研究涉及技术设备、人才队伍、文献信息等内容。为了促进图书馆联盟的资源建设，学者们提出了不同的发展策略研究，力图促进联盟经济效益和社会效益的最大化。李雪萍、饶奕辉认为，在互联网时代下，图书馆联盟的资源建设应当包括人力、财力、物力，并在此基础上提出了馆际互借、文献传递、联合编目、联合目录等建设策略。③徐玲、裴淑敏主张建立起多级协作组织的信息资源共建共享，依靠现代化技术将国家图书馆，各省、市、县等图书馆连接起来，共享书目成果，提升服务。④这些措施将图书馆联盟的先进技术、文献资源和人力资源更好地联系在一起，以满足网络时代下的用户需求。在资源建设发展进程中难免会出现一些亟待解决的问题。王志兰认为，目前国内图书馆联盟各成员馆间协调存在困难，成员馆之间技术实力相差悬殊，成员馆之间的信息资源整合程度有待提高。⑤

---

① 刘圣君、屈宝强：《我国图书馆联盟研究的文献计量分析》，《情报科学》2011年第3期。
② 姜勇：《基于文献计量的图书馆联盟研究综述》，《农业图书情报学刊》2014年第4期。
③ 李雪萍、饶奕辉：《图书馆联盟信息资源建设思考》，《内蒙古科技与经济》2012年第20期。
④ 徐玲、裴淑敏：《构建网络环境下图书馆联盟资源共建共享新途径》，《科技资讯》2014年第18期。
⑤ 王志兰：《浅议图书馆联盟现状与发展》，《内江科技》2013年第6期。

数字资源的建设将对传统的图书馆联盟的工作和发展模式产生前所未有的影响。有关学者从数字资源的概念入手，探讨了关于数字资源建设的原则、方针、标准、政策等内容。①资源建设是图书馆联盟的核心工作，完善各类资源的供给和配置是图书馆联盟发展的必要条件，需要学术界深入探讨、不断提出创意观点。

2.管理机制

刘光容认为，图书馆联盟的运行方式是一个非常复杂的过程，包括若干子机制②。管理机制是图书馆联盟运行机制的子机制之一，它通过一套行之有效的组织管理制度、规范和体系来控制和协调图书馆联盟的管理行为。对联盟的协调主要体现在知识管理与协调方面，主要表现在图书馆之间、图书馆与外部环境之间、图书馆与用户之间的知识联系。有助于联盟建设的关键要素是目标一致、优势互补、信息共享、风险分担和利益共享。关于图书馆联盟管理的具体方法，王丽华认为，可以根据各项标准、规章，结合巡视与申述制度，通过多功能协调小组，利用联盟管理委员会的定期会议和联盟信息网络平台等多种途径进行协调管理。③

关于图书馆联盟的激励机制，赵东认为，激励机制必须有利于团队协作的形成，并建立在信任和契约上，要考虑通过稳定长效的机制，促使图书馆员的内在需求与组织目标相匹配，培养他们对组织的凝聚力和向心力。④图书馆联盟要向成员馆推广先进经验，扩大研究成果，解决现实问题，进而完善联盟运行机制，创新管理思路，提升管理绩效。

3.服务机制

绩效评价是评判图书馆联盟服务水平的有效手段。学者们对图书馆联盟研究的一项重要内容就是联盟运行的绩效评价，以此对联盟开展的各项工作内容进行客观判断和分析。绩效评价研究的意义在于促进图书馆联盟向更高层次发展，提升社会整体的信息化水平。

对联盟绩效评价的研究在学术成果中并不多见，其中，屈宝强在《图书馆联盟资源共享绩效评估研究》一书中提出了基于平衡计分卡（BSC）

---

① 王南：《图书馆联盟数字资源建设研究》，《图书情报工作》2005年第12期。
② 刘光容：《解读图书馆联盟的组织模式与运行机制》，《情报杂志》2007年第6期。
③ 王丽华：《图书馆联盟运行机制研究》，世界图书出版公司2012年版，第205-207页。
④ 赵东：《论图书馆联盟》，《图书情报工作》2008年第S1期。

我国面向西南开放的图书馆联盟战略研究

的图书馆联盟资源共享绩效评估体系框架、评估原理和评估指标体系构建①。常红提出的图书馆联盟绩效评价体系则是一个由绩效评价的指标体系设计、目标体系设计、联盟业务运作、绩效评价、反馈等所组成的行为系统②,并剖析了该行为系统的各个组成要素,在此基础上构建了图书馆联盟的绩效评价指标体系。谢春枝、燕今伟分析了国外对图书馆联盟绩效评价的研究成果,并与国内近期的研究进展进行了对比,揭示出我国当前图书馆联盟绩效评价实践活动和理论研究中存在的问题,提出了相应的解决方案。③

服务是图书馆永恒不变的主题,图书馆联盟的最终目的是服务广大用户。服务的好坏与技术有很大的关联,要在稳定的技术支撑下开展不同形式的服务,对图书馆联盟服务机制研究应涉及技术支撑和服务内容方面。

第三节 图书馆联盟研究的特点、不足与展望

纵观国内外图书馆联盟研究的历程,各有其特点及不足之处。分析各自的特征有利于更清楚地了解国内外的研究现状,总结、吸收国内外相关研究的成熟观点,推动我国图书馆联盟研究朝着更深的维度和更广阔的空间发展,进而促进联盟建设实践的顺利开展。

一、研究特点

1. 国内图书馆联盟研究的主要特点

国内关于图书馆联盟的基础理论研究日趋成熟,学界热点逐渐从理论研究转向实践研究。研究现状主要呈现出以下五个特点:

(1) 关于图书馆联盟概念原理、类型划分等方面的研究较多,组织文化和绩效评价方面的研究较为薄弱。国内图书馆联盟的基础理论研究主要集中在图书馆联盟的概念、内涵、特征、功能、意义、文化等内容上,对

---

① 屈宝强:《图书馆联盟资源共享绩效评估研究》,科学技术文献出版社2015年版,第98-99页。
② 常红:《图书馆联盟绩效评价体系构建》,《图书馆学研究》2006第3期。
③ 谢春枝、燕今伟:《图书馆联盟绩效评价的研究实践及思考》,《图书情报知识》2007年第2期。

图书馆联盟整体性的认识比较清楚。由于我国图书馆联盟建设还处于不断探索发展道路的阶段，学者们的很多观点并未取得共识，尤其是绩效评价、管理思想等方面的实践应用性研究亟待加强。

（2）研究热点从"信息资源"向"知识资源共享"转移，但研究较为薄弱。图书馆联盟作为一种行业协作组织，实现信息资源共建共享至关重要。信息资源具有有限性，如何应对用户无限的信息需求？这需要探索新的解决方案。随着共享思想的普及，"知识资源的共享""共享机制"成为促进协同创新的手段。图书馆作为储藏社会知识的机构，利益均衡是图书馆联盟建设发展的重要前提条件，这方面的研究还需要不断加强。

（3）关于图书馆联盟运行机制的研究颇多，但对知识产权问题的研究较少。国内图书馆联盟的运行机制研究包括管理机制、服务机制、共享机制等，这些方面的研究比较深入，但联盟运行中必然会遇到的知识产权问题，一直未得到足够的重视。要实现图书馆联盟的信息资源共享，必须关注知识产权的冲突、保护和开发利用等问题。

（4）图书馆联盟理论基础较为单一。目前有部分国内学者引入了博弈论等相关原理，但是成果较少且不够深入。在图书馆联盟的研究过程中，如果能引进更多相关学科理论，为图书馆联盟提供更多的理论依据。例如引入人文科学、社会科学等学科理论来研究图书馆联盟的共同性、普遍性、相似性和内在联系性，或者借鉴系统论，将图书馆联盟看作一个复杂系统进行研究。

（5）关于图书馆联盟开放式合作模式的研究较为薄弱。随着区域开放的开展，我国不断与南亚、东南亚国家进行政治、经济和文化的交融，图书馆是文化建设发展的一部分，因此，跨境图书馆联盟是顺应时代发展潮流的。未来，我国学者需进一步深入研究跨境图书馆联盟，逐渐完善跨境图书馆联盟机制。

2. 国外图书馆联盟研究的主要特点

（1）研究视野主要集中在管理、服务等实践方面，几乎包含了所有实践环节。研究成果较为成熟，具有较强的实践指导意义。另外，关于图书馆联盟的理论研究较少，仅在相关研究中简要地提及图书馆联盟的概念和类型等，没有对此开展深入研究。

（2）国外在文献信息资源方面的研究较为细致，对电子文献信息资源的购买、利用和共享等方面都进行了深入研究。发达国家图书馆联盟起步较早，发展相对成熟，有较为完善的运行机制，研究成果也较为丰富。虽然发展中国家由于技术和通信基础设施贫乏，经济、文化和社会背景的限制，导致图书馆联盟发展受到阻碍，但是印度和巴西等发展中国家近几年也在文献信息资源方面开展了深入研究，科研活动还受到当地政府部门的大力支持。

（3）电子资源的使用率可以作为联盟有效性的一个评估指标，因此国外学者也对资源共享绩效评估进行了深入研究。在数十年的实践基础上，学界已提出众多的评估模型，例如安大略大学图书馆理事会在服务实施中采用的评估工具 MINES for Libraries®。国内还停留在个体馆的绩效评估研究层面，对于图书馆联盟的绩效评估的研究尚不成熟。

（4）涉及的图书馆联盟类型较为单一，主要的研究对象局限在公共图书馆联盟和高校图书馆联盟。发达国家更多地关注公共图书馆联盟，例如美国和加拿大。发展中国家同样重视高校图书馆联盟的建设发展，例如印度。其他类型的联盟鲜见学者关注。

二、研究不足

1. 国内图书馆联盟研究的不足

总结我国自 21 世纪以来图书馆联盟研究现状，主要有以下五个方面的不足之处：

（1）图书馆联盟管理机制研究薄弱。国内学者对图书馆联盟管理的研究缺乏足够的深度，对管理制度、管理模式等实践研究不够全面系统。图书馆联盟管理十分复杂，需要一系列切实可行的管理手段来保证联盟各要素之间的运行。由于联盟成员馆在资源规模、运行经费、人才队伍、技术实力等方面存在不同程度的差异，协调成员馆关系的管理机制研究就显得非常重要。

（2）图书馆联盟服务机制研究薄弱。图书馆联盟的建设发展是为了更加方便、快捷、高效地服务用户，确保用户在任何时候、任何地点都能获得便捷服务。在国内现有研究图书馆联盟服务机制的学术成果中，最为常见的是绩效评价，对于其他方面的服务研究相对较少，没有涉及服务体系中的众多活动要素，以及要素之间的组织结构和系统功能。

（3）知识产权问题研究薄弱。随着研究热点从"信息资源"向"知识资源共享"转移，在图书馆联盟成员间进行知识资源共享的过程中，必然会带来知识产权风险的问题。在知识经济时代,知识产权始终是重点研究的内容,而国内学者对于这一问题的关注度不高,缺乏联盟运行中涉及的知识产权界定、冲突、保护、风险规避等问题的研究。

(4)跨境联盟研究薄弱。由于我国图书馆联盟建设实践还处在初级发展阶段,开放型的交流合作尚不普及,学界关注的对象也就基本局限在国内的联盟,针对跨境联盟的研究成果比较鲜见。跨境图书馆联盟的复杂程度远远大于国内联盟,研究难度同样大得多,加上国际关系的频繁变化,都给跨境联盟的研究带来一定的阻碍。

(5)研究视角较为狭窄。当前,国内对图书馆联盟的研究主要采用图书馆学学科的一些研究方法,虽有部分研究引用了博弈论等相关理论,但是研究较少且不够深入。相对狭窄的研究视角限制了图书馆联盟研究的创新,以及与其他研究领域的互鉴。借鉴更多的边缘学科和交叉学科的范式,吸收其他理论和方法的养分,能有效拓宽图书馆联盟的研究视角。

2. 国外图书馆联盟研究的不足

与我国相比,国外图书馆联盟建设起步较早,研究活动频繁,积累了大量的学术成果,但仍有若干不足之处。

(1)理论研究滞后于工作实践,一些工作还缺乏理论的指导。一方面是针对图书馆联盟的基本理论研究较为少见,另一方面是对一些前沿的联盟实践缺乏必要的跟进。很多时候,联盟研究的进度难以跟上技术、市场和社会关系的变化,降低了对联盟建设的指导作用。

(2)事实描述多于分析讨论。很多文章旨在介绍图书馆联盟电子资源,以及联盟的发展状况,如经费的安排、联盟成员价值观、人力资源管理机制等,缺乏必要的分析和论证。在经验总结的同时,缺少了对规律性认识的把握,这直接导致了联盟建设的理论基础薄弱。

(3)研究不够系统、深入。相较于研究报告或论文的数量,深入论述图书馆联盟的理论专著在国外比较少见。从多个数据库的检索结果来看,论述图书馆联盟理论的专著较少,且内容缺乏深度。一些新颖的理论只出现在篇幅较小的研究报告或论文中。

(4)缺乏基本概念的共识。与基础理论相比,国外学者更加关注对策性的联盟建设解决方案,很少论及联盟的定义、内涵、特征、功能、价值、文化等内容。以基本概念为代表的基础理论并未在学术界形成广泛的共识,无疑降低了基础理论的普适性指导意义。

（5）研究成果数量较少且缺乏深度。在尽可能的检索范围内，国外研究图书馆联盟的学术论文仅有168篇（国内1409篇），国内外的学术成果数量形成了很大的反差。从内容上看，国外涉及理论探讨的论文仅占学术成果的1/3，与我国相比，缺乏足够的理论深度。

三、研究展望

近年来，我国图书馆联盟的研究成果数量开始下降，研究进程遇到"瓶颈"，一些薄弱环节日益凸显。针对现状的不足，借鉴国外的经验，可以从以下几个方面来展望未来的研究方向：

第一，强调组织文化和绩效评估方面的研究。图书馆联盟的成员由于其不同的文化背景和价值观念，会在长期的合作过程中不可避免地产生文化冲突，影响到联盟的绩效，学者应重点关注这方面的研究。

第二，强调资源共享和利益均衡方面的研究。知识经济时代，知识资源的共享成为促进知识创新的手段，图书馆作为储藏社会知识的机构，联盟成员馆间的知识资源共建共享显得非常重要。利益均衡是图书馆联盟建设和发展的重要前提，必要的资源配置方案、利益分享机制和风险分担机制是图书馆联盟进行可持续发展的必要条件，值得深入研究。

第三，强调知识产权问题的研究。随着图书馆联盟发展和知识资源共享的不断深入，知识产权逐渐成为大家关注的热点，对于图书馆联盟知识共享，需要加强解决共建共享过程中知识产权冲突的研究，处理好资源的开发利用与产权保护的关系。

第四，加强相关学科及理论的引入。相关学科的理论和方法能为图书馆联盟研究提供更多的学术资源，拓展研究视野。社会发展的很多普遍规律决定了图书馆联盟与其他相关组织必然存在内在联系，从学术观点到研究范式，都能从其他学科领域获得养分。学理的共通性和实践应用的关联性，都是拓宽研究思路需要关注的内容。

第五，加强跨境图书馆联盟研究。随着对外开放的不断深化和"一带一路"倡议的持续推进，我国与周边国家的政治、经济和文化交流日益频繁。图书馆作为文化服务体系的重要组成部分，构建外向型的跨境联盟是一条顺应时代发展潮流的发展道路。面对复杂的跨境图书馆联盟体系，实践的探索刚刚开始，有很多问题需要学界分析和解决。

第三章 我国及南亚、东南亚各国的图书馆联盟发展历程

受国情影响，图书馆联盟在不同的国家创始时间不一，建设基础也各异，因此，发展历程便呈现出不尽相同的特点。另外，在社会发展规律的作用下，各国的图书馆联盟建设道路又有很多共同之处，尤其是必须经过的主要发展阶段，以及在相同发展阶段面临的主要问题。各国图书馆联盟建设和发展中体现出的差异性特色和必然遵循的相似性规律，为联盟间的交流与合作提供了条件，奠定了基础。

第一节 我国图书馆联盟的历史与现状

一、联盟建设与发展的历程

我国图书馆联盟发轫于20世纪50年代，最初的形式是馆际协作与资源共享。1951年，上海新闻图书馆编印了"中华人民共和国出版的第一个馆际协作联合目录"——《上海各图书馆藏报纸调查录——附新闻学图书馆目录》[①]。1956年，为了更好地服务科学研究，中共中央向社会各界发出"向科学进军"的号召。随后，国务院发布《全国图书协调方案》，旨在更便捷地规划、管理、实施全国的藏书管理协调以及联合目录的编制等工作，设立两个全国性和九个地区性中心图书馆委员会，至此，我国具有

---

① 王真：《图书馆联盟建设研究》，天津大学出版社2011年版，第106页。

基本图书馆联盟性质的联合体就出现了。

20世纪80年代初，受国外的影响和启发，以湖北省高校图书馆协作组织为代表的大学图书馆从独立逐渐走向了合作。到80年代后期，全国各地纷纷掀起了"联盟热"，各种形式的图书馆联盟近百个。但是，在繁荣现象的背后暗藏着一场危机，由于缺乏科学合理的管理运行机制，同时又处在经费、人才、技术匮乏的时期，这些所谓的联盟，实质上运行效果不佳，联盟成员馆多各自为政、缺少合作，未能构建真正意义上的联盟，也没有实现图书馆联盟馆际协作、资源共享的初衷。

20世纪90年代初期，计算机信息技术的发展给图书馆界带来了新的发展契机。信息技术在图书馆界的广泛应用，为馆际协作和资源共享提供了全新的支撑条件。在这期间，我国经济社会快速发展，计算机、互联网等现代信息技术开始应用在图书馆领域，出现了以中科院文献情报中心、北京大学图书馆和清华大学图书馆共同创建的"中关村地区书目文献信息共享系统"（APTLIN）为代表的，基于计算机网络的地区性图书馆协作系统，为我国图书馆界在现代化网络环境下探索馆际协作和资源共享开辟了历史先河。与此同时，全国各地各类型图书馆联盟相继在实践层面有所突破。

20世纪90年代中期，正是我国图书馆联盟发展蒸蒸日上的时期。随着政治经济文化的不断发展，综合国力的提升，科教兴国战略的实施以及社会信息化的加速，很多行业和系统开始建立自身的图书馆或文献信息服务系统。以教育部1998年开发的"中国高等教育文献保障系统"（CALIS）为代表的文献信息系统，为各地区各类型图书馆联盟的建设提供了经验和参考依据，这项国家级文献保障系统的成功运行极大地促进了我国图书馆联盟的发展。以CALIS华东地区中心南京大学图书馆为核心，各地区图书馆联盟相继建立成型，部分地区在政府主导下随后组建起跨行业、跨系统的图书馆联盟。这些联盟之间相互交错、相互联系、协同发展，构成了一个网络化的区域图书馆联盟网络体系，加快了中国图书馆联盟发展的脚步。

经过20余年的发展，至"十二五"末期，我国已经初步形成了以CALIS、CASHL、NSTL等为代表的全国性或行业性图书馆联盟。凭借着先进的技术手段、丰富的文献资源与人力资源等优势，中国高等教育文献保障系统的建立被社会广泛认可。在这些联盟成功案例示范效应下，以上海市信息资源共建共享网、吉林省图书馆联盟、珠江三角洲数字图书馆联盟等为代表的一批区域性图书馆联盟也逐渐创立并发展起来,其中,最为典型的是以珠江三角洲数字图书馆联盟为代表的联盟体,凭借着数字化程度高、免费服务等优势,在区域性图书馆联盟中脱颖而出。我国先后建立起跨教育系统、科技部门、公共图书馆的图书馆联盟体系,它们广泛开展馆际协作与资源共享,取得了显著的成效。

二、联盟建设与发展的现状

1. 全国性图书馆联盟

目前,全国性图书馆联盟已先后创建,并初具规模。最有代表性的有中国高等教育文献保障系统(China Academic Library & Information System,CALIS)、中国高校人文社会科学文献中心(China Academic Social Sciences and Humanities Library,CASHL)、国家科技图书文献中心(National Science and Technology Library,NSTL)、中国数字图书馆联盟(Digital Library Consortia of China,CDLF)等。各联盟的基本情况如表3-1所示。

表3-1 中国全国性图书馆联盟基本情况

简称	牵头单位	启动时间	成员馆数量	成员馆类型	经费来源
CALIS	教育部	1998年11月	超过500家	高校馆、科研院所馆	教育部
NSTL	科技部	2000年6月	9家	国家级科研院所馆	科技部
CASHL	教育部	2004年3月	约500家	高校馆、人文社科研究院所馆	教育部
CDLF	文化部	2000年4月	100多家	公共图书馆、高校图书馆、科研机构馆、数字图书馆技术相关企业	文化部

资料来源:笔者整理。

(1)中国高等教育文献保障系统(CALIS)。1998年11月,经国务院批准并被誉为高等教育"211工程"的,"九五"和"十五"总体规划中三个公共服务体系之一的中国高等教育文献保障系统开始建设。建设CALIS的最终目的是打造以中国高等教育数字图书馆为核心的教育文献联合保障体系,实现信息资源的协同利用,将社会效益及经济效益最大化,并最终服务于中国高等教育建设。为了实现这一目的,CALIS在教育部的统一管理、统一规划协调下,将现有的资源和先进的理论、必要的技术手段与丰富的信息资源和人力资源结合、统筹起来。①同时，为了方便管理、协调全国各地区的资源，CALIS设立了一个管理中心，管理中心下设四个全国文献信息服务中心，此外还设有七个地区文献服务中心和一个国防文献服务中心。CALIS主要通过部分高校数字图书馆组成的分布式数字图书馆系统来实现运作，并采用项目管理机制，用科学的工程管理方式来实施各子项目。②

CALIS目前已经完成二期建设任务，进行了标准与规范建设、资源建设、服务体系建设、技术支撑环境建设。CALIS第一期、第二期重在资源建设，第三期则重在服务建设。2010年9月，CALIS第三期项目正式启动，旨在"整合当前国内外各类机构和网站丰富的资源和服务，利用现有的资源设施和技术手段构建整合全球学术信息资源及服务的中国高等数字图书馆，为我国高等教育乃至全民教育持续服务，并促进全球学术交流发展"。CALIS第三期的主要设计思路为"所有高校均可获得所有服务；服务图书馆为主，通过联盟成员服务用户；一查即得；提供资源、数据、软件设备人才和知识多层次的服务"。在三期启动的同时，CALIS宣布正式开通其门户网站eduChina。在三期建设中，CALIS更加重视服务。目前，eduChina全面开通了用户服务，包括联合问答、科技查新、收录引证、课题咨询等服务。

（2）中国高校人文社会科学文献中心（CASHL）。③CASHL由教育部根据高校人文社会科学的发展和文献资源建设的需要引进专项经费建立。由全国中心、区域中心、学科重点中心组成CASHL的对外开展服务体系，利用高等学校图书馆的学科优势、信息资源优势和服务优势，有计划地系统收集各学科信息资源，通过分布式服务和集中式门户平台相结合的方式，借助现代化的网络服务体系，为全国高校的人文社会科学教学和科研提供高水平的文献保障。

2004年3月15日，CASHL正式启动并向全国高校提供服务。截至2016年3月，可提供服务的资源包括国外人文社会科学领域的核心期刊

---

① 中国高等教育文献保障系统：《了解CALIS》，http：//www.calis.edu.cn，2017年10月16日。
② 姚晓霞、冯英、陈凌：《信息资源共建共享可持续发展的运作机制研究》，《大学图书馆学报》2008年第1期。
③ 中国高校人文社会科学文献中心：《CASHL常见问题》，http：//www.cashl.edu.cn，2017年10月17日。

第三章 我国及南亚、东南亚各国的图书馆联盟发展历程

和重要印本期刊有 22781 种,电子期刊有 2108 种,电子图书有 41.7 万种,外文印本图书有 172.8 万种。①

(3) 国家科技图书文献中心、国家科技数字图书馆 (NSTL)。2000 年 6 月,在国务院领导批示下组建了 NSTL,它是一个基于互联网的科技文献信息服务机构。国家科技图书文献中心下设办公室,负责科技文献信息资源共建共享的组织、管理与协调等工作。②

NSTL 实行理事会领导下的主任负责制,它的宗旨目标是根据国家科技发展的需要,按统一采购、规范加工、联合上网、共享资源的原则,采集、收藏和开发理、工、医、农等领域的科技信息资源,从而为全国提供科技文献信息服务。2000 年 12 月,中心开通了网络服务系统,这是中心对外服务的一个重要窗口。该系统通过丰富的资源和方便快捷的服务满足广大用户的科技文献信息需求。目前,该系统的网管中心与各成员单位之间已建成 1000Mbps 宽带光纤网,实现了与国家图书馆、中国教育网 (CERNET)、中国科技网 (CSTNET)、总装备部情报所的 100Mbps 光纤连接。系统功能在原有文献检索与原文提供的基础上,增加了联机公共目录查询、期刊目次浏览和专家咨询等新服务。

(4) 中国数字图书馆联盟 (CDLF)。CDLF 于 2000 年 4 月 5 日建立,其核心单位是国家图书馆,联盟秉承"资源共建、联合建设、互惠互利、优势互补、自愿参与"的原则,依托数字图书馆工程,围绕资源建设、技术开发和服务推广等建立联盟体系。当前联盟成员单位已达到 111 家,其中包括 87 家公共图书馆、高校图书馆和科研机构图书馆等图书文献机构,以及 14 家数字图书馆相关企业。③联盟内成员平等,独立运作,本着促进发展、平等互惠的理念,团结数字资源行业的团体和个人,形成行业联盟,共同推动行业的发展。

2. 区域性图书馆联盟

从当前联盟构建的形式看,区域性图书馆联盟作为图书馆联盟类型中最为典型的一种,同时也是数量较多的一种,凭借其地域上的优势,充分

---

① 中国高校人文社会科学文献中心:《项目概况》,http://cashl.edu.cn/portal/html/article19.html,2017 年 11 月 14 日。
② 国家科技图书文献中心:《关于我们》,http://www.nstl.gov.cn/NSTL/nstl/facade/aboutus.jsp,2017 年 10 月 16 日。
③ 邱燕燕:《我国图书馆联盟建设的现状与思考》,《图书与情报》2004 年第 6 期。

发挥联盟的作用，利用联盟合作项目，大大提高满足各联盟成员用户信息需求的能力，降低各联盟成员的运行成本，在联合编目、公共检索、馆际互借、集团采购、数字资源建设等方面都有所进展。中国各区域性图书馆联盟主要是在 CALIS 和全国文化信息资源共享工程的实施项目带动下兴建起来的。我国典型的区域性图书馆联盟主要有上海市文献资源共建共享协作网、天津高校图书馆联盟、珠江三角洲数字图书馆联盟和吉林省图书馆联盟等。这些区域性联盟为所在区域的信息资源共建共享做出了重要贡献。表 3-2 展现了我国区域性图书馆联盟的基本情况。

表 3-2 我国区域性图书馆联盟概况一览

联盟名称	成立年份	主办单位	成员馆数量	经费来源
上海市文献资源共建共享协作网	1994	上海图书馆	79	上海市委市政府
广州地区高校图书馆联盟	1994	广东省教育厅	12	广州市政府
江苏省高等教育文献保障系统	1997	南京大学	不详	江苏省教育厅
上海教育网络图书馆	2000	上海交通大学	42	上海市教委、信息服务费
北京高校网络图书馆	2001	首都师范大学	27	信息服务费
广东高校网络图书馆	2002	华南师范大学	不详	广东省财政
北京高校图书馆联合体	2002	北京邮电大学	39	自筹
河北省高等学校数字图书馆联盟	2002	燕山大学	53	成员馆分摊
四川高校文献保障体系	2002	四川省教育厅	76	四川省教育厅
河南省高等教育文献保障系统	2003	郑州大学	不详	河南省政府
湖南省高等学校数字图书馆	2004	湖南师范大学	22	湖南省教育厅
湖南省文献信息资源共建共享协作网	2004	湖南图书馆	7	信息服务费
天津高等教育文献信息中心（更名前为天津高校图书馆联盟）	2004	天津市教育委员会	20	天津市教委
广东省文献资源共建共享协作网	2005	广东省中心图书馆	11	广东省财政厅
湖北省高等学校数字图书馆	2006	湖北省教育厅（10个管理中心成员馆）	18	湖北省财政
中国西南地区市地州图书馆联盟	2006	不详	不详	成员馆分摊
山东省网上图书馆共享服务平台	2007	山东省图书馆	不详	山东省财政

第三章 我国及南亚、东南亚各国的图书馆联盟发展历程

续表

联盟名称	成立年份	主办单位	成员馆数量	经费来源
吉林省图书馆联盟	2007	吉林省图书馆	29	吉林省财政
北京地区高校图书馆文献资源保障体系	2009	北京市高校图工委	11	北京市高校图工委
浙江网络图书馆	2009	浙江图书馆	105	浙江省财政
江西昌北高校图书馆联盟	2010	不详	4	成员馆分摊
珠江三角洲数字图书馆联盟	2010	广东省文化厅	27	广东省财政

资料来源：张甫、吴新年、张红丽：《国内区域图书馆联盟建设与发展研究》，《情报杂志》2011年第8期。

（1）上海市文献资源共建共享协作网。1999年，在上海市文献资源共建共享工作会议中，《上海市文献资源共建共享计划》被首次提出，要求三年内实现上海地区公共、高校、科研系统图书馆之间的互通。上海市文献资源共建共享协作网随之创建，并于2000年5月正式开通。2001年，上海市文献联合编目中心成立，实现了在网络环境下开展编目、查询和馆际互借等用户服务。同年5月，上海图书馆联合6所高校和科研图书馆建立了网上联合知识导航站，研发网上馆际互借系统，并邀请国内外35位不同学科领域的资深参考咨询馆员回答用户咨询的问题。此外，还与境内外20家图书情报机构建立馆际互借合作关系。①

（2）天津高校图书馆联盟。天津高校图书馆联盟遵循"整体建设、资源共享"的原则，旨在建立若干文献信息中心，形成一个资源网络信息体，完成资源高度共享、服务功能完备、服务效益明显的天津市高等教育文献保障系统。2005年，为适应工作的需要，管理中心改制更名为"天津高等教育文献信息中心"。天津高校图书馆联盟主要合作项目有：公共系统平台建设、公共数据中心建设、联合目录与联合编目、馆际互借与文献传递、参考咨询服务协作、资源联合建设与协调建设、业务交流与队伍建设。②依托CALIS和CERNET，紧密衔接天津市教育科研网和天津市信息港工程，坚持合理布局、分级管理、分布建设、共建共享，逐步形成了

---

① 余江、夏凤：《共建资源共享成果——上海市文献资源共建共享协作网十年综述》，《图书馆杂志》2005年第3期。
② 李秋实：《天津高校图书馆联盟建设实践》，《晋图学刊》2007年第3期。

服务于天津各高校的多层次文献保障体系。

（3）珠江三角洲数字图书馆联盟。2010年4月，珠江三角洲数字图书馆联盟正式开通使用，该联盟是在广东省文化厅、教育厅、科技厅和财政厅等各部门的主持和领导下，由广东省教育、公共和科技三大系统的图书馆联合建立。珠江三角洲数字图书馆联盟的建立突破了传统的系统限制问题，成为我国首个跨系统信息资源共享平台，其联合目录可以检索到广东省三大系统主要图书馆的馆藏，并实现与文献传递网、联合参考咨询无缝链接，可检索的元数据达1.47亿条，包括9953万篇中外文期刊论文，668万篇博硕士论文，416万种中外文图书，1481条中外文专利，54万条中外文标准。该系统具有全文检索、参考咨询、文献传递、部分文献试读等多种功能。

珠江三角洲数字图书馆联盟为提高参考咨询的服务质量发挥了重要作用，实现了真正意义上的文献"一站式"传递，提高了用户获取文献资源的满意度和文献资源的利用率。此外，利用系统整合功能，整合发布资源，使基层文化机构得以免费使用省、市级数字资源。自2009年，广东省财政厅为联盟的项目建设设立专项经费，支持跨系统资源共享的资源建设、平台建设、人员培训等，继续扶持本省的文献信息资源共建共享。①

（4）吉林省图书馆联盟。2008年初，包括吉林省图书馆在内的长春市13家公共、高校、科研系统的图书馆发起成立了吉林省图书馆联盟（The Consortium of Libraries in Jilin，CLJ）。该联盟的建立旨在"统筹规划、统一标准、共建共享、互惠发展"，建立吉林省文献保障系统，成为全国文献保障体系中的重要一环。联盟的最高决策机构是联盟理事会，主要讨论决定联盟建设发展的重大问题，联盟秘书处负责联盟日常工作和落实理事会各项决议。此外，联盟还设了六个专家委员会：规划协调组、资源建设组、参考咨询组、馆际互借组、珍稀文献保护与开发组、平台建设与维护组，协助联盟在资源建设、联合采购、联合参考咨询、馆际互借和文献传递、馆际阅览等方面进行合作。

---

① 莫少强：《建立珠三角数字图书馆联盟实现跨系统文献资源共建共享——广东省推进跨系统文献资源共建共享的经验和今后设想》，《图书馆论坛》2009年第12期。

第三章 我国及南亚、东南亚各国的图书馆联盟发展历程

三、联盟建设与发展的特点

1. 联盟成员的平等性和多元性

中国的图书馆联盟多数属于行业性的非政府组织，带有很强的公益色彩。因此，多数情况下成员单位加入联盟是自愿的，不会因外界因素或上级机构的压力加入联盟。从中外图书馆联盟发展的历程来看，平等和自愿是图书馆联盟建设的原则。在通常情况下，结盟单位发出结盟意愿，拥有共同意愿的单位建立协商机制，对相关问题进行协商，无论是大型机构还是小型机构，在联盟体内都拥有平等地位。

传统的图书馆联盟成员主要是各种类型的图书馆，合作内容主要是图书馆的传统业务，如联合目录、馆际互借等，很少与其他同类型的机构合作。现代图书馆联盟的成员类型则非常广泛，已远远超出了图书馆的范畴，具有多元化特征。联盟的合作伙伴涉及各种研究机构、数据库商、政府部门或教育团体等。联盟向知识生产、服务链的上下游不断延伸和扩张，与知识界交流越来越密切，影响也越来越大。这是为了信息时代满足用户不断变化、个性化需求的结果。较有代表性的全国图书馆参考咨询联盟，由国内50多家公共图书馆、高校图书馆和研究机构组成。

2. 联盟合作内容的广泛性和互补性

早期的图书馆联盟主要有联合编目、馆际互借、藏书的分工协调等方面的合作。现代图书馆联盟不仅在原有的基础上合作，更利用现代信息技术，拓宽合作渠道，丰富合作内容。广泛的合作领域包括定期人员培训、技术研讨会、加强馆际交流、提升服务水平、统一技术标准规范、联合服务、集团采购以及资源建设等。

现代图书馆联盟中，成员往往各自在资源、技术或服务等方面拥有得天独厚的优势，网络环境可以较容易地把联盟成员的优势资源集中起来，从而实现优势互补、互通有无和资源共享。同时，联盟成员也可以方便地利用网络进行信息交流与沟通，消除信息不对称导致的管理障碍。

3. 联盟组织的动态性和规范性

为了适应和满足用户的需求，现代图书馆联盟的结构和形式在不断地发生变化。首先，表现在联盟成员有相对独立性，在不违反现有联盟协议的前提下，可以自由加入其他的联盟，由此可能导致联盟成员拥有不同的

加盟身份。其次,联盟的运行机制在持续改变,变化的环境和用户需求使联盟在成员的加入和退出、利益与风险分配、联盟业务流程重构等方面不断地调整。

现代图书馆联盟通常设有一整套较为严格的管理制度与运行机制。在管理制度方面,通常设有理事会和秘书处,并配有专职人员,成员馆有相应的权利和义务。如果成员馆不承担自身的义务或违反了联盟的规章制度,则会受到相应的惩罚。在运行机制方面图书馆联盟成员应遵循联盟主体的管理,根据联盟设立的运行机制提高自身竞争力,包括服务机制、合作机制、管理机制、评估机制以及创新机制。

第二节 南亚、东南亚各国图书馆联盟的发展历史与现状

"二战"后,随着南亚、东南亚各国的独立以及战后经济的恢复及发展,各个国家对文化教育更为重视,将文化教育作为发展重点。此外,图书馆联盟在西方发达国家的成功经验引起了广泛的关注,各国纷纷开始效仿,南亚、东南亚各国的图书馆联盟也开始逐步发展起来,初步建立起符合本国特点的各种类型的国内图书馆联盟和国际图书馆联盟。历史上,南亚、东南亚各国曾先后受儒家文化、佛教文化、伊斯兰文化和西方文化的影响,再加上多元化的文化背景以及文化延伸,南亚、东南亚各国在建设图书馆联盟的过程中呈现出文化交融、多元发展的特点。①

一、南亚、东南亚各国图书馆联盟的发展历程

1. 手工时代的图书馆联盟发展阶段

在南亚、东南亚各国图书馆联盟的萌芽时期,传统图书馆利用馆藏资源开展合作,合作内容以纸质文献资源共享为主。由于缺乏科学的管理经

---

① 陈信、赵益民、柯平:《东盟图书馆联盟发展现状及对我国的启示》,《图书情报工作》2014年第1期。

验和技术的支撑，联盟的合作内容相对单一，服务领域更是薄弱。尽管从基本的实体文献共享合作发展到了目录资源共享合作，但由于图书馆之间的联系不够紧密，联盟的功能和作用并不突出。

（1）菲律宾。第二次世界大战期间，菲律宾大学图书馆与其他七个机构联合开展了合作采购和参考服务，随后又进行了联合编制各种目录和索引方面的合作，并吸收了更多的图书馆参加。在这些合作活动中，诞生了菲律宾专业图书馆协会。菲律宾图书馆协会积极组织各馆参与交流合作。协会除在会刊辟出专栏，定期报道各项合作活动外，还配合需要，组织出版了《菲律宾文献分类法》《菲律宾百科全书索引》《图书馆学资料联合目录》《菲律宾专业图书馆资源和研究设施指南》《菲律宾图书馆和图书馆学书目》《菲律宾图书馆学论文目录》等文献。1951年，菲律宾各大学图书馆之间诞生了馆际合作，它们采取合作采购，集中编目加工，合作编辑各种书目索引，以及统一遗失图书的赔偿标准，对工作人员的管理也采取统一调配的方法。此外，还出版图书馆手册，介绍各馆藏书和服务项目。

（2）马来西亚。1979年前，马来西亚大学图书馆主持编制大学图书馆的联合目录卡。后来，这份卡片式联合目录并入国家图书馆，从而形成了一个有35个图书馆参加的马来西亚联合目录卡集，总数约10万张，表明大学图书馆之间的合作逐步发展起来。

（3）印度。印度曾在英国殖民统治下，所以图书馆早期发展速度较为缓慢，自由度较低。直到1965年印度图书馆界开始出现了类似资源共享的活动。印度国家科学文献中心（Indian National Scientific Documentation Centre，INSDOC）汇编了印度科学期刊联合目录（National Union Catalogue of Scientific Serials in India，NUCSSI），为馆际互借和文献传递等服务打下了基础。

2. 计算机自动化时代的图书馆联盟发展阶段

计算机自动化技术的进步为图书馆联盟的发展带来了契机，自动化技术的应用给图书馆联合编目、联机书目、数据共享和数据库共享的实施带来了前所未有的革命，为图书馆联盟的建立和发展提供强大的支撑条件。20世纪70年代以后，随着单机自动化向联机自动化网络演进，南亚、东南亚各国图书馆自动化程度大大提升。此外，在第一代互联网ARPANET的技术支撑下，为图书馆建立本地计算机系统和网络提供了可能。

（1）马来西亚。1977年，马来西亚实施"计算机化"的书目网络计划,即实施"马来西亚机读目录计划",建立马来西亚机读目录系统,这个系统通称 MALMARC SYSTEM。MALMARC 仿效英国机读目录(UKMARC)和美国国会图书馆机读目录(LCMARC),是一种磁带版图书目录,不适用于多维的信息检索,因而不能为成员图书馆提供更有效的服务。为了克服这个缺陷,马来西亚将 MALMARC 改用数据库的方法编制联合目录,放弃磁带的载体。该数据库系统由马来西亚科学大学、农业大学、马来西亚大学、国家大学、北方大学五所大学的图书馆和马来西亚国家图书馆组成的联合管理机构管理。截至 1986 年底,已收录约 274300 多个条目,20 世纪 80 年代中期在全国推广使用,所有图书馆馆藏目录均可通过联机系统检索,国家图书馆成为全国联机书目网络中心,进入 21 世纪,收集的书目数据超过 50 万条。[1]

(2)菲律宾。菲律宾图书馆事业最早可以追溯到 16 世纪末期,由于缺乏先进管理理念和科学技术的支撑,直到 1977 年,在联合国教科文组织的帮助下,国家图书馆才开始建立图书机读目录和联合目录。随后,大学图书馆也开始纷纷建立符合自身要求的信息系统。

(3)泰国。泰国图书馆从 20 世纪 90 年代开始意识到缺少图书馆管理系统的弊端,随即对自动化系统开展研究,从采购系统、编目系统到流通系统,进而涵盖整个图书馆管理集成系统。省际图书馆网络(Provincial Library Network,PRIJINET)、大学图书馆合作网(Academic Library Network)于 1996 年 3 月开始筹建。1976 年,被誉为"东南亚国家图书馆合作的第一个计算机化的项目"的国际连续出版物数据系统——东南亚区域中心在泰国国家图书馆内建立,由印度尼西亚、马来西亚、菲律宾、新加坡和泰国五个成员国组成。

(4)印度尼西亚。20 世纪 90 年代初,印度尼西亚开始研究图书馆自动化,不久,国家图书馆率先使用弗吉尼亚理工大学图书馆系统(Virginia Tech Library System,VILS),机读目录使用 USMARC 格式,90 年代中期,印度尼西亚开始使用美国 Dynix 系统,同时,国家图书馆已开发完成印度尼西亚的专著机读格式——INDOMARC。1988 年,印度尼西亚国立的大学

---

[1] Harvinder Kaur:《数字时代信息技能计划:马来西亚法律大学图书馆的经验》,《管理创新与图书馆服务第三届上海国际图书馆论坛论文集》,2006 年,第 465—470 页。

图书馆之间成立资源共享联盟。①

3. 互联网时代下的图书馆联盟发展阶段

20世纪90年代以来，随着互联网的出现和普及，信息化网络时代来临，为图书馆信息化发展提供了可能，图书馆信息化网络开始逐渐建立并发展起来，凭借图书馆自动化时代建立的计算机网络基础和网络通信技术，图书馆联盟打破了空间和时间的限制，开启了图书馆联盟领域第二次革新——图书馆网络化。图书馆联盟不再以区域为地缘单位，自给自足的联盟模式已无法满足图书馆联盟的发展。为促进国内和国际图书馆联盟的形成与发展，出现了一系列新的联盟类型，如联盟联合体（Consortia of Consortium）和复合型图书馆联盟（Multitype Consortia）。

（1）马来西亚。马来西亚公共目录查询系统于1990年开放使用，采用了美国VTLAS图书馆整合系统。马来西亚教育部于1994年提出在大学建立图书馆网络，1996年3月又提议建立若干电子资源中心，旨在为中学、大学教育服务，提供联机检索和Internet的培训。同年4月，教育部正式提议国家信息基础设施计划（National Information Infra Structure），鼓励大学建立各种书目、全文文献和多媒体数据库。

各图书馆藏书繁多，容易造成过多的复本。为了避免资源浪费，1994年马来西亚国家图书馆启动了信息网络计划，即Jaringan Ilmu（Knowledge Network），通过建立国家图书馆信息网络，连接各类型图书馆，鼓励各馆整合现有资源，建设特色资源库，通过联机网络实现资源互通共享，提高馆藏效率。随后，Jaringan Ilmu的延伸Mylib出现，通过网络实现各馆资源共享、集团采购等。马来西亚Sarawak University图书馆与同在婆罗洲岛的文莱和印度尼西亚基于聪明伙伴（Smart Partnership）计划实现资源共享，还在地方特色文献保存等方面开展合作（Imilia Ibrahim，2011）。

（2）印度。

1）UGC-INFONET电子期刊联盟。2003年，印度创立了期刊联营机构UGC-INFONET（印度大学教育拨款委员会——信息网络），该机构通过信息网向全国各地的会员提供丰富的资源，它覆盖了教育与研究网（Education

---

① Linggawati, Henny dan Arlinah Imam Rahardjo, "Virtual Library: A Challenge to a New Paradigm of a Learning Support System to Create Life-long Learners", In The 4th Symposium Distance Education and Open Learning, Surabaya, 1998.

and Research Network，ERNET），旨在通过 INFLIBNET 中心促进电子资源数据库和全文期刊的应用，方便用户得到贴心的服务，并且使资源得到合理利用。2004 年 1 月，该联盟开始提供对各种电子资源的存取。

2）CSIR 电子期刊联盟。印度科学和工业委员会（Council of Scientific and Industrial Research，CSIR）是第十个五年计划中实施的一个项目，旨在通过联盟为 CSIR 全体科技人员和下属部门提供全球电子期刊的存取。

3）INDEST 联盟。2003 年，印度国家科技数字图书馆（Indian National Digital Library in Science and Technology，INDEST）成立，通过采购电子资源，开展文献传递和馆际互借、人员培训、参考咨询等服务。联盟通过邮件列表促进联盟成员间的交流，还通过建立用户组和用户协会，激励成员发现和解决资源利用过程中的问题。

（3）菲律宾。相比南亚、东南亚的其他国家，菲律宾的图书馆联盟拥有更为完善的发展条件和网络环境，除了高校图书馆、公共图书馆和专业图书馆联盟及其子联盟（PLA，PAARLNET，ASLP），还建立了全国性的图书馆网络（Philippine eLib）。

2004 年，为了推进终身学习以及提高全球化信息资源的存取，政府出资建立了菲律宾电子图书馆（Philippine eLib），作为全国性信息资源网络，它的成立促进了菲律宾电子资源的发展。

菲律宾大学和研究图书馆网络（The Philippines Association of Academic and Research Libraries Network，PAARLNET）由菲律宾大学和研究图书馆协会负责创立，全国几乎所有的大学均已加入，类似于我国的 CALIS。菲律宾的区域性大学图书馆联盟/网络也发展较快，较有代表性的包括：

- 科学与技术系——工程与科学教育项目图书馆网络（DOST-ESEP Library Network）
- 机构间的联盟（IIC）或南马尼拉联盟（Inter-Institutional Consortium (IIC) or South Manila Consortium）
- 健康研究与发展信息网络（Health Research and Development Information Network，HERDIN）
- 菲律宾欧洲研究协会（European Studies Consortium of the Philippines，ESCP）
- 营养研究信息网络（Nutrition Research Information Network，NUTRINET）
- 迪里曼菲律宾大学（旗舰校区）［UP Diliman（Flagship Campus）］

第三章 我国及南亚、东南亚各国的图书馆联盟发展历程

- 研究和学术图书馆信息网络协会（Association of Research and Academic Library Information Network，ARALIN）
- 大学图书馆图书采购系统协会（the Academic Libraries Book Acquisitions Systems Association, Inc.,ALBASA）
- 美国角落［也称为美国研究资源中心（ASRC）］［the American Corners (also known as American Studies Resource Center（ASRC）in some areas)］
- 曙光大道图书馆联盟（the Aurora Boulevard Consortium Libraries, Inc., ABC）
- 达沃学院和大学网络（the Davao Colleges and University Network，DACUN）
- 国际大学联盟（the Inter University Consortium，IUC）
- 拉穆罗斯图书馆联盟（the Intramuros Library Consortium，ILC）
- 蒙迪奥拉联盟（the Mendiola Consortium，MC）
- 奥地斯中心图书馆联盟（the Ortigas Center Library Consortium，OCLC）
- 南马尼拉机构联盟（the South Manila Inter-Institutional Consortium，SMI-IC）

此外，菲律宾专业图书馆联盟（The Association of Special Libraries of the Philippines，ASLP）成立于1954年，旨在提供一个专业图书馆资源共享和信息交流提供平台，其下包括若干子联盟/网络：

- 菲律宾农业图书馆员协会（Agricultural Librarians Association of the Philippines，ALAP）
- 菲律宾法院图书馆员协会（Court Librarians Association of the Philippines，CLAPHIL）
- 菲律宾医学与健康图书馆员协会（Medical and Health Librarians Association of the Philippines，MAHLAP）
- 菲律宾法律图书馆员集团（Philippine Group of Law Librarians，PGLL）
- 菲律宾神学图书馆协会（Philippine Theological Librarians Association，PTLA）

（4）越南。自20世纪90年代以来，随着现代信息技术的发展和普及，电子图书馆得以大力发展，通过信息网络实现互联。当前，越南已建立科研教育网（NETNAM，VARENET）、科技与环境网（VIS-TA）等多个全国性或区域性广域信息网。

此外,越南的图书馆系统与我国图书馆系统十分相似,包含公共图书馆、学术图书馆、专业图书馆和军队图书馆四大系统,如图3-1所示。

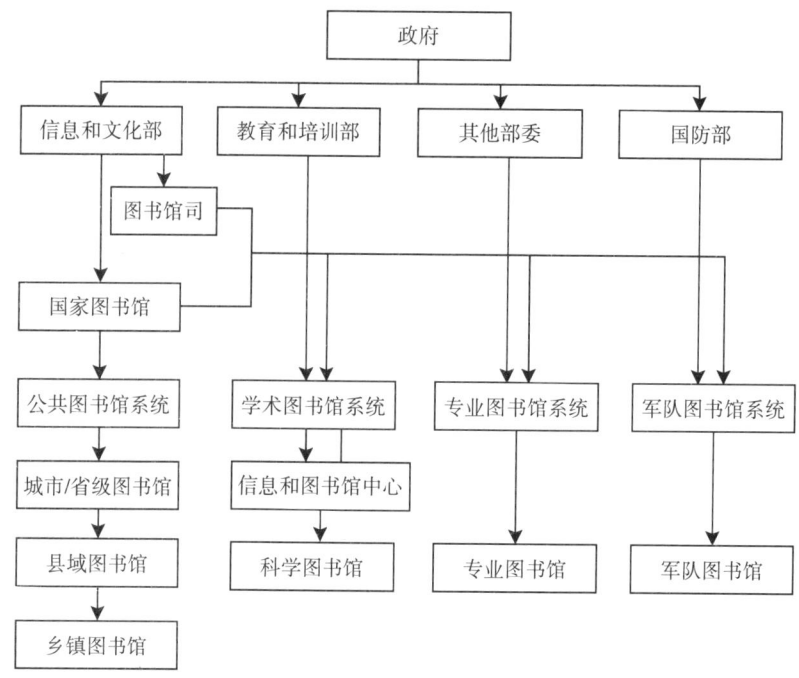

图3-1 越南图书馆组织架构

资料来源:Vietnam Annual Report to CDNL, 2002-2003.

21世纪,随着越南政治、经济、文化发展方针的转移,图书馆在国家战略中的地位越来越重要,政府对图书馆信息资源建设的重视程度大大提升。随着政府的重视以及社会各界的参与,越南的图书馆联盟及其网络建设逐渐走上正轨,向着规范化、科学化及系统化迈进,也解决了图书馆编目标准统一的问题。[1][2]

区域性的公共图书馆联盟(VISTA)和学术图书馆联盟(STENET)通过不断发展壮大,已成为全国性的联盟(Vina REN),吸纳了全国主要的

---

[1] Lam V., "Issues in Library Development for Vietnam", Journal of Asian Libraries, Vol.8, No.10, 1999, pp.371-379.
[2] Lam V., "A National Library Association for Vietnam", Journal of New Library World, Vol.102, No7/8, 2001, pp.278-282.

第三章 我国及南亚、东南亚各国的图书馆联盟发展历程

公共和学术图书馆。VinaREN 依托（the National Agency for Science and Technology Information NASATI）丰富的信息资源，在科技部（Ministry of Science and Technology）的引领下，旨在为全国提供研究和教育资源，为终身学习创造良好的条件。①

（5）新加坡。新加坡国家公共参考图书馆创建于 1992 年，包含商业图书馆、艺术图书馆、中央商业区域图书馆等，开展面向广大民众的信息服务。新加坡还计划建立一个"没有围墙的图书馆"，让 500 多所图书馆和信息中心联网参与其中，可以让人们在任何时候、任何地方都能获得需要的信息资源。1994 年，南洋大学和有关信息研究所共同研究了以提供图书馆公共书目入口为目标的一体化环境。1995 年，国家图书馆在 Tampines 地区建立了一个全电子化的分馆，提供多媒体杂志和交互式多媒体教育，还具备访问 CD-ROM 等多种功能。此外，有 600 万条书目数据可以在新加坡图书馆自动化集成系统（SILAS）检索到。国内的各类图书馆还可以通过互联网查询国外图书馆的数目数据及其他数据库。国家科学技术委员会投资建立新加坡 SATIN 工程，用网络连接所有的科技图书馆，为新加坡图书馆协会（The Library Association of Singapore，LAS）和新加坡学校图书馆员网络就会员间的交流、访问和培训等活动提供网络和专业支持。

1970 年成立的东南亚图书馆员大会（The Congress of Southeast Asian Librarians，CONSAL）拥有 10 个成员国：新加坡、文莱、柬埔寨、缅甸、老挝、菲律宾、马来西亚、印度尼西亚、泰国和越南。该组织在东南亚地区建立并加强图书馆、图书馆协会、图书馆学校、图书馆工作人员及其他相关组织之间的良性互动，从而促进图书馆组织发展、人才培养，以及在信息科学、文献保护等领域的合作。此外，也要促进与其他国际性和地区性组织机构的合作。CONSAL 每三年轮流在各会员国召开一届大会，规定每个会员国向大会提交一份详细的报告，介绍三年来的本国图书馆事业发展的状况。

21 世纪以来，新加坡发起了成立东南亚数字图书馆网络（South East Asia Amateur Radio Network，SEAnet）和东盟大学图书馆网络联机图书馆（AUN Inter-Library Online）的号召，得到了东南亚大部分国家的响应。东

---

① Vina REN, "Vina REN Presentation", http://www.gdlnap.org/uploads/files/pdf/WBVINAREN__Compatibility_Mode_.pdf., Summer 2013.

我国面向西南开放的图书馆联盟战略研究

南亚数字图书馆网络的建设主旨是通过该网络的技术设施，吸引学者和机构库（数字资源）的参与，争取为研究者、教师、学生等用户提供安全可靠、可共享的教学与研究资源。2003年，来自东盟各国的12所大学成立了东盟大学图书馆网络联机图书馆，现已扩大到23所大学。该联盟旨在促进成员大学的信息化建设，推动数字化学术信息资源的共享，并致力于建立一个"东盟虚拟大学"。

（6）印度尼西亚。印度尼西亚的图书馆联盟把东南亚国家的信仰和宗教多样性体现得很充分。印度尼西亚的大学图书馆联盟比较独特，除早期的国立大学图书馆之间的联盟以外，1999年成立的印度尼西亚基督教大学电子图书馆联盟（Indonesian Christian Universities-Virtual Library，InCU-VL），2004年成立的印度尼西亚伊斯兰教书目网络（Indonesian Islamic Bibliographic Network，IIBN），均是借助宗教的名义创建的。在印度尼西亚的首都雅加达，存在竞争关系的商业学院/机构之间也成立了图书馆之间的联盟。①

成立于1997年的国际图书馆联盟（International Coalition of Library Consortia，ICOLC），是图书馆联盟的第一个国际性专业组织，包括印度尼西亚在内的东南亚和南亚多个国家和地区的图书馆加入该组织，如泰国国家图书馆、马来西亚沙捞越古晋国家图书馆、印度农业研究所图书馆、印度尼西亚万隆歌德学院图书馆等。各成员组织不仅就其运营模式、面临的问题等进行交流，还相互观摩学习，并对出版商与其他信息服务机构产生了很大的影响。

二、南亚、东南亚各国图书馆联盟的特点

1. 信息技术加快了联盟发展进程

南亚、东南亚各国图书馆联盟经历了从单一化到复合化、多样化的发展过程，随着计算机网络技术的不断发展，联盟开展合作的内容和形式都得到了深化和拓展。通过对空间和时间限制的突破，消除了以往阻碍图书馆合作的很多障碍，为联盟的构建和维系带来了可能，此外，现代化网络

---

① Basri E., "Resource Sharing among Business School/Institute Libraries in Jakarta, Indonesia: By Passing Competitor Issues", Congress of Southeast Asian Librarians (CONSAL) XV. Bali, Indonesia, 2012.

通信技术的发展，解决了信息交互和资源共享问题，分布式的信息系统为图书馆联盟的建设提供了技术基础，不仅方便了信息传递以及资源活动的开展，对联盟的科学管理也带来了便利。共享平台不仅为用户提供了便利，还大大削减了资源的采购成本，集团采购的新模式吸引了更多的图书馆加入联盟。

2. 联盟的发展与各国的政治、文化密切相关

无论是国家体制还是文化背景，或是经济水平的高低都会对联盟的建设产生影响。南亚、东南亚各国的政治、文化、宗教背景错综复杂，导致该地区的图书馆联盟的组织形式和发展道路各具特色。例如，在越南的政治背景下，其图书馆联盟呈现出纪律鲜明、高度机械化的特点；印度尼西亚的图书馆联盟建设则以宗教文化为基础。

3. 国际图书馆联盟活动频繁

北欧斯堪的那维亚图书馆联盟作为跨国性的图书馆联盟中为数不多的联盟之一，为国际图书馆联盟的交流互动提供了参考依据。凭借着地域相近、政治经济文化合作紧密的优势，南亚、东南亚成为世界上跨国图书馆联盟发展较为活跃的地区。此外，该地区的图书馆联盟类型和活动丰富多样，国际图书馆协会及联合会（International Federation of Library Associations and Institutions，IFLA）等世界性的图书馆联盟组织均为此开设了分支联盟，加上本地区现有的跨国图书馆联盟，为联盟的资源共享、馆际交流、集团采购和数字资源建设提供了便利。

第三节　各国图书馆联盟的实践问题分析

一、缺乏均衡发展

由于南亚、东南亚各国的政治、经济、文化差异较大，图书馆事业的发展进程也有所不同，可以将各国图书馆及图书馆联盟的发展水平大致分为三个层次。第一层次以新加坡为代表，社会经济较为发达，图书馆事业处于领先水平，凭借着先进的管理经验和技术支持，图书馆稳健发展，拥

有丰富的资源，信息网络化程度高，在世界图书馆界具有一定的影响力。第二层次以菲律宾、印度尼西亚、马来西亚、泰国、越南等国家为代表，图书馆事业和图书馆联盟发展处于发展阶段，正从传统图书馆向现代化图书馆迈进，发展水平与中国相似。第三层次以老挝、缅甸和柬埔寨等国家为代表，社会经济和文化教育比较落后，图书馆事业起步较晚，由于缺少关注和投入，图书馆资源和技术含量较低，落后的管理理念和运行模式使得图书馆联盟发展比较落后，组织建设缺少资金的支持，现代化进程较为缓慢。①

我国地域广阔，东中西差异和南北差异均较大，经济文化发展水平不平衡，与南亚、东南亚各国的事业发展进程类似，我国图书馆联盟的发展水平同样存在着由低到高的不同层次，意味着我国与南亚、东南亚各国的图书馆联盟存在着需要解决的共性问题和优势互补的发展空间。

通过与第一层次的合作，进行馆际交流，学习先进的管理经验和运行模式，在宏观层级上对图书馆事业发展进行总结分析，取长补短，促进各国图书馆事业的发展。与第二层次进行合作，开展资源共建、服务推广、交换培养等活动，互利互惠，共同发展。同时，充分利用自身资源对第三层次图书馆给予管理经验、运行模式、资源建设、技术支持等层面的援助，提高我国图书馆（联盟）在国际上的地位和影响。

面向南亚、东南亚各国图书馆界，本书开展了大量的问卷调查。在问及"是否与中国的图书馆有过合作"时，30.6%的调查对象给予肯定的回答，说明中国与南亚、东南亚存在一定程度上的交流与合作。在有过合作的国家中，印度和老挝的频次较高，其次是新加坡、泰国和越南，而不丹、尼泊尔、文莱等国缺乏与我国的合作。抛开样本数量和样本分布的均衡性等影响因素，泰国虽与中国存在密切的经贸往来，但图书馆界的合作却较少，这一现象值得我们关注。此外，尼泊尔等与我国接壤的国家，图书馆界的合作度也有待进一步提高。

通过问卷数据的分析可以看出，在"与中国进行图书馆合作交流的重要性"方面，49.6%的被调查对象认为"非常重要"，占的比例最高。"比较重要""一般"分别占23.1%和13.2%，"比较不重要""非常不重要"

---

① 陈信、赵益民、张琼：《中国—东盟国际图书馆战略联盟探索》，《图书馆学研究》2013年第4期。

第三章 我国及南亚、东南亚各国的图书馆联盟发展历程

仅为5.0%和9.1%，比例较低。以上数据说明多数国家都很重视与中国进行图书馆合作交流。在认为"非常重要"的调查对象中，印度占了27%，合作意愿最为强烈，说明虽然两国在很多领域存在激烈的竞争关系，但并不妨碍两国在文化方面的合作意愿，尤其在图书馆界存在着较多的合作领域。在认为"非常不重要"的调查对象中，斯里兰卡占16%，合作意愿最低，其中的原因值得认真分析。

二、缺乏创新意识

从问卷调查的结果及中国与南亚、东南亚图书馆联盟的发展现状来看，尽管合作交流意愿强烈，但由于现实的政治、经济、文化等因素的制约，我国图书馆联盟的对外开放程度不高，对南亚、东南亚各国的辐射程度不够。目前，我国与该地区的合作主要局限在个体图书馆之间，随机性大，影响力小，难以形成较大的交流规模和较好的合作成效。合作内容主要表现在参观互访、资料交换、学术交流等层面，深层次、宽领域的交流与合作尚未有效开展，难以在南亚、东南亚各国的图书馆界产生深远的影响。

此外，对联盟的认识存在一定的局限。当前，从联盟内所开展的一系列服务和活动来看，仅涉及最基础的馆际互借、文献传递、集团采购，联盟主要活动相对单一，而诸如联合编目、远程镜像等服务尚未开展，缺乏创新，没有充分利用联盟现有的资源，合理优化资源配置，考虑联盟的发展潜力，以及节约联盟运行成本。

三、缺乏运行经费

外部资金的注入对于图书馆联盟的发展有着重大意义。纵观世界图书馆联盟的发展历程，图书馆联盟从建立到稳定运行，需要大量持续的资金支持，其中发展速度较快、涉及范围较广、规模较大的图书馆联盟，资金的来源也是多样化的，典型的例子如OCLC与法明顿计划。由于发展水平相对落后，南亚、东南亚各国经济发展水平普遍不高，政府无法为图书馆联盟运行发展提供足够的资金支持，即使是当今进入发达国家之列的新加坡也存在这样的现象。我国的CALIS同样面临着资金短缺的问题，在初期

以项目的形式进行大规模的资金投入后,后期的经费投入仅能维持日常运营,导致了 CALIS 许多服务不同程度地萎缩。因此,如何获取稳定的外部资金是图书馆联盟建设面临的重大问题。

任何一个图书馆联盟建立的初期都会额外重视外部资金的利用,南亚、东南亚各国就将拓展外部经费来源作为首要任务,尤其重视在国际中颇有影响力的各种国际基金、慈善组织、NGO 组织。由于国家对图书馆联盟的资助力度有限,很多联盟在建立之初就开始寻求国际组织的资助,在此方面,我国应向这些国家的图书馆联盟学习。基于我国当前的事业发展水平,以发展中国家的名义申请资助相对容易获得批准。

本书开展的问卷调查还考察了"与中国图书馆的联盟运行经费来源"方面的问题,"基金会"和"捐赠"分别占 20.6%、22.0%,"成员馆分摊费用"占 21.1%,"读者缴纳会费"占 17.2%,"政府、议会或国会拨款"占 18.2%,"其他"约占 1.0%。这印证了我们前面的分析,"基金会"和"捐赠"两者合计占 42.6%,可以看出,来自外界的捐赠是保证图书馆联盟正常运行的非常重要的资金来源。"成员馆分摊费用"和"政府、议会或国会拨款"占 39.3%,这说明了正常的经费来源渠道也至关重要。"读者缴纳会费"应该不太合适,读者已经为图书馆的运行纳了税,除了文献传递费之类的增值服务费用,再让其缴纳会费,既不现实也不合理。

四、缺乏行业标准

图书馆联盟最核心的业务之一是联合编目,联合编目旨在实现编目数据共享,以此避免联盟成员编目工作的无谓重复。目前,在南亚、东南亚图书馆界由于联盟内的管理系统不统一,编目系统也尚未达成一致,联盟形式重于内容,成员馆之间的联系不够紧密,没有统一的编目标准,标准化意识较低。缺乏适合所有联盟成员的标准,导致管理系统各自独立运行,数据格式无法兼容互通,书目系统实质上处于相互独立的状况,导致资源无法实现共享,给联盟职能的发挥带来很大的阻碍。

近年来,南亚、东南亚各国的图书馆联盟逐渐意识到缺乏统一标准的弊端,开始逐步在全国性的图书馆联盟中进行改进。在"资源共享、互惠互利"这一原则指导下,联盟内部打破传统陈旧的管理机制,向构建现代标准化图书馆联盟迈进,以便实现资源共享的初衷,在成本以及协同方面

第三章 我国及南亚、东南亚各国的图书馆联盟发展历程

发挥最大优势。当然，南亚、东南亚各国的图书馆联盟整体发展程度落后于我国发达地区，双方存在着广泛合作的空间。

五、缺乏规模效应

"规模经济"效应同样适用于图书馆联盟的建设。图书馆日常运营中需要各自承担各类运营成本，而在图书馆联盟中则有许多成本是可以分担的，如资源采购成本。通过资源共享的方式分摊资源成本，可以确保联盟成员馆用同样的成本获得更多的资源。联盟与联盟间也能体现大规模运作带来的益处，单个图书馆联盟在节约成本方面的优势并不明显，联盟之间强强联合，就能凸显规模效应的优势。这样的发展模式在很多联盟中可以看到其身影，如 OCLC 和 CALIS。CALIS 自成立开始，对联合编目、数据库的建设以及文献传递等方面采用先进的管理方法，实施标准化管理，从宏观上整体掌控，不仅提高了我国高校图书馆的效率，同时也为各高校图书馆节约了成本。

除了联盟运营成本，大规模、大范围的服务同样能够产生社会效益的叠加和提升。现有的区域性联盟辐射范围有限，不少国家的公共图书馆还缺乏足够的联盟意识，导致联盟成员馆类型构成较为单一。即使是全国性的联盟，也难以承担多元文化交流和促进国际关系的重任。南亚、东南亚各国国情复杂，文化各异，多元的信息需求需要更大规模的图书馆界合作；我国"一带一路"倡议的实施，同样需要建设更大规模的跨境图书馆联盟。

六、缺乏对外合作

就我国的情况而言，图书馆联盟的成员馆大多为受国家资助的大型图书馆、高等教育机构或研发机构，但在南亚、东南亚，各国图书馆联盟的参与者相似点较多、差异化较少，对图书馆联盟的发展不利。此外，由于这些国家基础条件较好，受政府资助的图书馆所占比例很小，导致联盟的参与度不够、涉及的图书馆类型单一、联盟的辐射范围有限，用户从联盟中受益的程度也比较有限。一些条件较差的图书馆因缺乏资金难以发展，无法具备加入联盟的条件，所拥有的基础设施也不足以满足用户存取电子

资源的需要，最终难以摆脱发展困境。

图书馆被誉为"没有围墙的大学""社会教育中心"，其教育、文化、信息的标签使其与其他的相关机构存在着不同程度的业务交叉，也存在着不同程度的合作与竞争关系。因此，图书馆联盟的发展也离不开与联盟外部机构合作。

南亚、东南亚各国图书馆联盟不仅重视同行业之间的交流，还重视与不同文化机构联盟的交流合作。但是由于不同机构联盟的隶属关系不同，导致资源分配不均衡，不同行业的联盟所拥有的资源总量呈现出不同的水平。同强大的联盟建立合作关系往往能为自身带来更多的利益，随之在行业中的影响力也能得到提高。当前，我国的图书馆联盟由于受到"条块分割"的行政体制的影响，以往在这一方面的重视程度不够，但在2005年国家提出建设公共文化服务体系的大背景下，各类型图书馆之间的合作也开始逐渐升温。而且，在国家倡导中华优秀文化"走出去"的战略环境下，我国的图书馆界对外与同行的交流合作也变得越来越频繁和密切。

本书的问卷调查显示，针对"是否愿意与教育机构或非营利组织（如中小学图书室、博物馆）进行阅读推广、文化展览等形式的合作"这一问题，76%的调查对象认为"是"，说明图书馆界与外界合作的愿望较为强烈，在"开放""协作""共享"等社会潮流的驱动下，图书馆界也在积极寻求与相关的教育或文化部门合作，以适应社会趋势、应对新的挑战。印度、斯里兰卡、孟加拉国等国在此方面的合作意愿最为强烈，代表了典型的发展中国家以合作促发展的战略思路。

第四章 我国面向西南开放的图书馆联盟战略环境

战略环境是图书馆联盟建设和发展的全局性影响因素的总和。我国的政治、经济、文化、教育、技术等因素以不同方式,对联盟产生着不同程度的影响。南亚、东南亚各国因国情的多样,情况更加复杂,使我国对外开放型的图书馆联盟建设面临着很多不确定因素,但更多的是发展机遇。在国际经贸活动的带动下,外交的阻碍逐步消解,人文交往日益频繁,加上信息技术的推动,跨境图书馆的交流与合作成为大势所趋,为我国面向西南开放的图书馆联盟提供了良好的战略发展环境。

第一节 南亚、东南亚各国图书馆联盟发展的影响因素

影响南亚、东南亚各国图书馆联盟发展的因素来自诸多方面,政治法律、社会经济、文化教育、信息技术、军事活动等都会在不同程度上促进或阻碍联盟的建设和发展。在这些影响因素中,政治法律是建设框架、社会经济是发展基础、文化教育是需求源泉、信息技术是演进动力。所有的环境要素相互作用,对图书馆联盟产生着直接或间接的影响。

一、南亚各国图书馆联盟发展的影响因素

南亚区域位于亚洲的东南部,共有7个国家和地区,包括印度、尼泊尔、孟加拉国、不丹、巴基斯坦、马尔代夫、斯里兰卡及克什米尔地区等。这一区域是世界上人口密度最大的区域之一,同时也是世界上最贫困

的地区之一。和东南亚相比,南亚地区受政治影响较大,政治格局一直不太稳定。在南亚,印度的经济发展相对较快,图书馆事业发展也处于领先地位,而尼泊尔的总体发展水平较为落后,所以本节将以印度和尼泊尔为代表,对南亚地区的图书馆联盟发展的影响因素进行分析。

1. 政治外交

（1）印度的政治外交。在印度共有35个一级行政区,分为邦、联邦属地、联邦首都辖区三类,现有27个邦、6个联邦属地和1个首都德里辖区。印度对于公民的种族、性别、出身、宗教信仰和出生地点一视同仁,力图做到"在法律面前一律平等"。① 在外交方面,印度作为"不结盟运动"创始国之一,政府积极推行"不结盟"的外交政策。"冷战"结束后,印度政府开始发展全方位务实外交,现为金砖国家成员之一。1950年,中国和印度建立外交关系。在中印关系里,合作和竞争两方面的因素长期并存。随着印度逐渐以务实态度来处理对华关系,加上中国不断提升的综合国力和影响力,中印关系中,合作日渐成为主流。

政府的协调、管理与监督对促进图书馆联盟的发展起到积极的导向作用。在印度,超过半数以上的科研机构都是由政府资助经费,并各自拥有图书馆,由政府统一管理与领导。政府还资助图书馆网络,规模较大。印度政府在不同类型、不同地区的图书馆之间进行信息资源共享方面的协调,提升了共享程度,并实现了资源匮乏的图书馆和资源丰富的图书馆之间的互通有无。所以,印度图书馆联盟逐渐形成了以政府资助为导向,与民间自发相结合的信息资源共享模式。②

（2）尼泊尔的政治外交。尼泊尔联邦民主共和国是一个农业型国家,国内从事农业生产的人口总数超过80%,是全球最不发达国家之一。国民人口80.6%是印度教徒,少数为佛教徒、穆斯林。全国总面积为14.7万平方公里,总人口约为2850万。尼泊尔的制宪会议是全国最高立法机构,主要负责制定宪法和代行议会职责。③ 在外交方面,尼泊尔践行"平等、互利、相互尊重"和"不结盟"的外交政策,坚持在和平共处五项原则的

---

① 行政区划网:《印度—亚洲—世界政区》,http://www.xzqh.org/old/waiguo/asia/1025.htm,2011年3月1日。
② 梁丽君、高波:《印度图书馆信息资源共享模式研究》,《图书情报工作》2010年第15期。
③ 世界银行:《尼泊尔》,http://data.worldbank.org.cn/country/nepal? view=chart,2017年3月3日。

第四章 我国面向西南开放的图书馆联盟战略环境

基础上与世界各国发展友好关系。1955年,中国和尼泊尔建立外交关系。中尼两国作为友好邻邦,使两国人民延续了上千年友好交往的历史。

在尼泊尔首都加德满都,存在大量的印度教神庙和佛教寺院,这些宗教场所都具备藏书室,并且收藏了许多印度教经文和佛教经文。这些藏书室是尼泊尔图书馆的前身。在20世纪70年代,尼泊尔虽然已有国家图书馆和少量高校图书馆,但是还未建立起公共图书馆。为了满足更多的国内读者群体,加德满都和其他城镇的市民联合起来为尼泊尔建立了小规模的独立图书阅览室,这一举措在很大程度上弥补了尼泊尔缺少图书馆公共服务职能的缺憾。另外,在加德满都的英国委员会、美国国籍联络机构、中国、印度、苏联也一直鼎力支持这些小规模的独立图书馆阅览室的发展,无偿给公众借阅各种文献,使这些阅览室得到了快速的发展,更是为之后尼泊尔公共图书馆的建立和发展奠定了基础。

2005年,尼泊尔的全国社区图书馆协会正式成立,并于2011年加入国际图联建立的强大的图书馆协会(Building Strong Library Associations,BSLA)计划①。通过此项目,尼泊尔图书馆协会将实际的图书馆管理提升到国家战略层面,并能学习到如何更好地发展和维护图书馆协会,提升图书馆人员的业务技能,这对尼泊尔图书馆联盟的发展起到一定的推动作用。

2. 社会经济

(1)印度的社会经济。印度是世界上经济发展水平最快的国家之一,近几年的经济增长速度突飞猛进。2015年,印度的国内生产总值达2.095万亿美元,人均达1598美元②。作为亚洲地区的重要经济体之一,印度在2014年作为首批意向成员国加入了亚洲基础设施投资银行的建设行列,这一举动表明了该国对于参与区域经济一体化建设的重视。

据统计,印度约有470余所大学及22064所大学附属机构。虽然印度高等教育系统的规模较大,但依旧存在着资金困境③,印度图书馆联盟成员大多由各大科研机构和高校图书馆组成,这些成员以国家级大学和研究

---

① Nepal BSLA Programme Commences with First Workshop, http://www.ifla.org/news/nepal-bsla-programme-commences-with-first-workshop? og=4962, 2015.
② 世界银行:《印度》,http://data.worldbank.org.cn/country/%E5%8D%B0[%E5%BA%A6,2017年3月3日。
③ Arora J., Trivedi K., "UGC-INFONET Digital Library Consortium: Present Services and Future Endeavours", Library & Information Technology, Vol.30, No.2, 2010, pp.15-25.

机构中的图书馆居多。印度长久以来十分重视图书馆联盟的研究和发展，目的是帮助图书馆走出资金缺乏的困境。如印度国家科技数字图书馆联盟（India National Digital Library in Science and Technology-All India Council for Technical Education，INDEST-AICTE）各项活动的开展及经费的保障都受政府直接引导和管理，为了使图书馆联盟得到良好发展，政府还会派遣人力资源发展部的官员介入整个联盟的管理与运作。① 另外还有 CSIR 电子期刊联盟、UGC-INFONET 电子期刊联盟、FORSA 联盟等，也都得到了政府的资助，经费充足。这些保障使联盟成员减少资源的重复购置和经费压力，达到了信息资源共享利用最大化，促进了图书馆联盟的发展。

（2）尼泊尔的社会经济。从 20 世纪 90 年代开始，尼泊尔的经济政策转为以市场为导向。由于政治格局持续动荡，基础设施建设落后，经济发展一直非常缓慢。尼泊尔的经济发展在很大程度上由外援支撑，例如外国捐赠、贷款等。2015 年，尼泊尔国内生产总值为 215.26 亿美元，人均 762 美元。②

为了帮助尼泊尔图书馆系统地建设与发展，从 1994 年起，联合国教科文组织连续五年在财政政策上扶持尼泊尔，提出了实施"尼泊尔国家图书馆重组以支持识字计划"，将基础设施的建设和初级教育相结合，并为尼泊尔国家图书馆的建设树立起良好的形象。

2017 年 1 月，尼泊尔政府时任总理普拉昌达批准了 2016/2017 财年至 2018/2019 财年的经济社会发展规划，预计未来三个财年，尼泊尔的经济增长速度依次为 6.5%、7.2% 和 7.9%。为了落实这一增长目标，政府规划提出未来三个财年内需要投资 24250 亿卢比，其中，政府投资占 39.4%，私人投资占 54.7%，合作制机构投资占 5.9%，投资主要用于改革农业，扩大旅游业，发展工业及中小企业，改善能源、公路、航空、通信等基础设施以及财政、公共服务、环保等领域。③ 这样一来，尼泊尔的图书馆事业发展将在未来得到政府的有力支持。

---

① 郭彩峰：《印度 INDEST-AICTE 联盟发展研究》，《图书馆学研究》2013 年第 11 期。
② 世界银行：《尼泊尔》，http://data.worldbank.org.cn/country/nepal?view=chart，2017 年 3 月 3 日。
③ 中华人民共和国驻尼泊尔联邦民主共和国大使馆经济商务参赞处：《尼泊尔政府批准未来三年经济社会发展规划》，http://np.mofcom.gov.cn/article/jmxw/201701/20170102498719.shtml，2017 年 1 月 10 日。

第四章 我国面向西南开放的图书馆联盟战略环境

3. 文化教育

(1) 印度的文化教育。印度的语系复杂多样,主要有印欧语系、汉藏语系、南亚语系和德拉维达语系。印度的官方语言是印地语,在国内约有30%人口使用;① 印度政府对国民教育十分重视,在读学生人数将近800万人。由于长期以来受文化传统和国家政策的影响,印度人口的增长速度一直居高不下,全国人口平均年龄仅26岁,已经出现了人口年轻化趋势,这意味着印度对于文化教育资源需求是极为迫切的。

印度在图书馆联盟活动中的表现较为活跃。1965年,印度国家科学文献中心 (India National Scientific Documentation Centre, INSDOC) 编制了印度科学期刊联合目录 (National Union Catalogue of Scientific Serialsin India, NUCSSI),这是印度最早的信息资源共享活动,并在此基础上开展了馆际互借和文献传递等服务,用户还可以实现自助馆际资源互借与传递,这些举措为信息资源的共享奠定了基础。②

目前,印度主要有9个图书馆联盟和13个图书馆资源共享网络,主要通过电子期刊共享来达到资源利用最优化。它们提供联机公共目录,方便用户检索馆藏资源。印度的图书馆联盟会为馆员提供专业培训来提升其职业技能和信息素养,例如UGC-INFONET电子期刊联盟之所以成功,是因为教育资助委员会 (University Grants Commission, UGC) 非常注重为网络管理人员和图书馆专业人员组织培训并提供经费上的资助,教育科研机构网络 (Educationand Research Institutions Network) 负责统筹UGC-INFONET相关工作,并对网络进行设计、调试、运行及维护。③还有来自印度63所大学的专业人员都在艾哈迈达巴德参加过ERNET培训,并且开展了IN-FLIBNET中心的电子资源管理培训。④

长期以来,印度图书馆联盟与图书馆网络的相互合作发展使图书馆信息资源利用率得到了大幅提高,从而使图书馆联盟事业发展得更为迅速。

---

① 印度驻华大使馆:《印度概况》,http://www.indianembassy.org.cn/Chinese/DynamicContentChinese.aspx? MenuId=70&SubMenuId=0,2013年1月6日。
② 林芳:《印度图书馆联盟研究》,《图书馆杂志》2007年第12期。
③ Madhusudhanm, "Use of UGC-INFONET E-joumals by Research Scholars and Students of the University of Delhi", http://www.emeraldinsight.com/Insight/viewIPDF.jsp? contenttype=Article&Filename=html/Output/Published/EmeraldFull-TevtArticle/Pdf/2380260304.Pdf.
④ 梁丽君、高波:《印度图书馆信息资源共享模式研究》,《图书情报工作》2010年第15期。

(2)尼泊尔的文化教育。尼泊尔是亚洲最贫穷的国家之一,在文化教育方面,只有少数的国民可以获得接受高等教育的机会。尼泊尔人口总数有2320多万人,但是全国上下能获得高等教育的人数只有46万人左右,并且基础教育的辍学率在50%以上。①出现这个状况的原因主要是教育资源稀少,经费不足,以及教育资源分配不公,妇女想要接受教育也是有限制条件的。截至2012年,尼泊尔的公立小学和公立初中共有4.6万所,公立高中有8000多所,在校学生740多万人。②尼泊尔在文化政策上强调保持和发扬其古老的文化传统和民族特性,不强调引进外来文化,不鼓励外国人在国内传教。自1951年以来,尼泊尔逐渐建立了一系列文化基础设施,主要有尼泊尔皇家学院、尼泊尔文化公司、尼泊尔博物馆。③尼泊尔旨在通过这些文化基础设施的建设来发展民族文化,并进行爱国主义教育。

2016年12月17日,在尼泊尔中国研究中心举行了尼泊尔"中国图书中心"成立揭幕仪式,这是迄今为止在南亚成立的首家中国图书中心。④"中国图书中心"的成立为尼泊尔的民众认知中国传统文化建立起了沟通的桥梁,中国外文局赠与尼泊尔大量展示中国优秀文化的书籍,这一举动更促进了中尼间的文化交流与融合。中国外文局副局长陆彩荣在讲话中指出,"希望两国之间通过这个窗口进一步增进感情,促进文明互鉴"。通过尼泊尔"中国图书中心"的成立,尼泊尔人民能够更加全面地认识中国,更加增进尼泊尔人民与中国人民的感情,并通过这一文化交流形式,实现两国之间文献资源共享,为推动两国在未来的文化交流和深入合作做出较大贡献。

4.信息技术

(1)印度的信息技术。印度在信息技术产业的成功是举世瞩目的。该国已获得质量认证的软件居世界首位,获得ISO 9000质量标准认证的公司共有170多家,不可否认的是,它的软件行业在全球居于领先地位,今

---

① 弗兰克·雷尼、罗宾·梅森、刘伟:《不丹和尼泊尔高等教育机构中分布式教育的发展》,《教育观察(上旬刊)》2013年第8期。
② 中华人民共和国外交部:《尼泊尔国家概况》,http://www.fmprc.gov.cn/web/,2017年3月8日。
③ 中华人民共和国驻尼泊尔联邦民主共和国大使馆:《尼泊尔文化基本信息》,http://np.china-embassy.org/chn/wh/t363616.htm,2007年9月10日。
④ 中华人民共和国国务院新闻办公室:《南亚首家"中国图书中心"在尼泊尔成立》,http://www.scio.gov.cn/zxbd/tt/zdgz/Document/1536663/1536663.htm,2016年12月23日。

第四章 我国面向西南开放的图书馆联盟战略环境

天的印度正在成为世界上重要的软件中心。这些年印度不断为发达国家输送人才并提供服务,彻底改变了欧美等发达国家对印度自身潜力的印象,有不少跨国研发中心和外籍印度人不断在印度投资,也大大增加了印度对发展科技的自信心。

印度的图书馆联盟以技术为中心组建,根据成员各自不同的网络设施条件,分为开放式联盟与封闭式联盟。开放式联盟的类型非常灵活,可以跨区域组建联盟,并且成员可以根据其意愿随时加入或退出。封闭式联盟是按从属关系和协作方式形成的限定性小组。印度图书馆联盟使用的软件有 CDS/ISIS 和 LIBSYS。其中 CDS/ISIS 是由联合国教科文组织(UNESCO)于 1985 年开发的,该软件提供非数字信息存储与信息检索功能,特别适用于中小型图书馆。CDS/ISIS 软件是由国家科学与技术信息系统(NIS-SAT)开发的,该软件普及较为广泛,为大多数印度图书馆提供了免费的图书馆网络。①

在先进的信息技术产业支持下,印度图书馆联盟的资源共享意识日益提高,全方位地实现了资源共建共享,有效地缩小了各地域之间、馆际之间的科学技术水平差异。

(2)尼泊尔的信息技术。尼泊尔在 20 世纪后期才开始发展信息技术行业,并且发展速度缓慢,所以起步较晚,现已经处于兴起阶段,但是并不普及,只有在机关单位、学校、企业和部分知识分子家庭中使用。据统计,1997 年,尼泊尔因特网用户每百万人中有 7 人;2000 年,每百万人中有 12 人。② 在尼泊尔,网络信息服务并未普及全国。远程教育的试点地区非常少,许多人还没有意识到远程教育的重要性,大多数人还是通过电视、无线电广播、研讨会、印刷型文献等方式获得教育,大多数学者还没有认可开放教育学位和网络教育,所以尼泊尔的远程教育技术从整体上来看是很落后的。在这种情况下,政府的努力方向包括支持网络教育的发展,增加网络访问的灵活性,实现民众教育普及化。

另外,通过"尼泊尔国家图书馆重组以支持识字计划",尼泊尔图书馆应用联合国教科文组织开发的书目信息系统 CDS/ISIS 软件包,对馆藏

---

① Gulati A., "Use of Information and Communication Technology in Libraries and Information Centres: An Indian Scenario", The Electronic Library, Vol.22, No.4, 2004, pp.335-350.
② 张惠兰:《尼泊尔电子媒体的发展》,《南亚研究》2002 年第 2 期。

进行自动化处理；21所图书馆参加了国家联合目录网络，首卷联合目录刊行于1997年。日本政府为尼泊尔图书馆提供了缩微设备，帮助其进行资料保护。这些行动都有利于尼泊尔进行图书馆联盟事业建设。

由于尼泊尔的经济发展落后，尚不能普及文化教育，科技发展也相应地非常落后。尼泊尔信息技术产业整体起步较晚，且发展缓慢。所以在图书馆发展方面也主要依赖其他国家的援助。当下，尼泊尔政府应大力发展科技产业，完善基础设施，以带动图书馆事业乃至图书馆联盟事业的发展。

总的来说，南亚的社会经济发展水平参差不齐，在社会文化基础方面表现相对薄弱，区域内科技水平总体较低。在全球政治经济一体化进程的不断推动下，南亚地区的政治法律、经济、文化、技术环境有了较大改善。在政治形势方面，南亚地区一直处于局势动荡不安，甚至战乱不断的局面，这在很大程度上制约了图书馆联盟的发展，所以南亚地区的图书馆联盟事业从整体上看发展较为缓慢。在文化教育方面，教育普及率越高越能促进图书馆联盟事业的发展，如印度；反之，政府对教育重视程度越低越制约图书馆联盟文化服务的发展，如尼泊尔、孟加拉国。在信息技术方面，科技发展水平的提高能带动图书馆联盟建设，如印度、巴基斯坦；反之，科技发展水平落后的国家，其图书馆联盟的发展水平也受到明显制约，如尼泊尔、不丹。在社会经济方面，较高的经济发展水平能够促进图书馆联盟的基础设施建设，如印度、巴基斯坦；反之，较低的经济发展水平则明显制约图书馆联盟的信息资源建设，如马尔代夫、不丹、斯里兰卡、孟加拉国。不容忽视的是，近年来南亚各国对于文化教育事业的投入比重逐渐加大，在这样的大背景下，可以预见随着南亚各国综合实力的逐渐增强，图书馆及其联盟事业也将取得显著的进步。

二、东南亚各国图书馆联盟发展的影响因素

东南亚区域位于亚洲的东南部，包含11个国家，包括新加坡、马来西亚、越南、老挝、泰国、印度尼西亚、东帝汶、菲律宾、缅甸、文莱、柬埔寨。东南亚各国作为新兴国家，受地理位置、政治制度等多方因素影响，在经济发展状况方面均有不同，需要进行分类分析。

本节对东南亚各国的图书馆事业发展水平进行了层次划分，第一层次是发展水平较高的新加坡、泰国、文莱国；第二层次是发展水平次之的马

来西亚、印度尼西亚；第三层次是发展水平较低的越南、缅甸、柬埔寨、老挝、东帝汶、菲律宾（见表4-1）。为了使研究具有一定的代表性，本节选取新加坡、马来西亚和越南分别作为各层次的代表，对东南亚地区图书馆联盟发展的影响因素进行分析。新加坡图书馆在设备配置、运作规程等方面发展水平高，马来西亚图书馆现阶段正处于由传统向现代转变的时期，越南作为一个发展中国家，图书馆的发展水平相对来说较为落后。由此可见，这三个国家分别代表了各层次的发展特点。

表4-1 东南亚各国图书馆发展层次划分

层次	国家	图书馆事业发展特点
第一层次	新加坡、泰国、文莱	基础设施先进、管理制度规范
第二层次	马来西亚、印度尼西亚	由传统管理向现代化建设转变
第三层次	越南、缅甸、柬埔寨、老挝、东帝汶、菲律宾	藏书量少，管理模式和技术应用较为落后

资料来源：笔者整理。

1. 政治外交

"二战"以后，东南亚各国的政治经济体制以及各项法律法规在不断发展和完善。在当今世界经济一体化发展的格局下，东南亚地区在全球的战略地位已然变得愈发重要，各国间的合作也在不断加强，其中最大的举措是该区域建立了东盟（Association of Southeast Asian Nations，ASEAN）。

（1）新加坡的政治外交。新加坡是东南亚地区的一个岛国，国土面积仅为714.3平方公里（2013年）①，是世界上面积最小而人口密度最高的国家之一。新加坡将全国划分为五个行政区域，截至2013年，分别为：中区社区（120万人），东北社区（130万人），西北社区（83万人），东南社区（84万人），西南社区（83万人）。②作为一个严刑峻法的国家，新加坡的历史上存在200多年的英国殖民时期，政治法律体制受英国影响较大，实行议会制共和制。新加坡的政治法律环境体现为：政治稳定、政府廉洁高效、法制健全。在外交方面，新加坡奉行"贸易投资自由化"的政策，

---

① 世界人口网：《新加坡人口数量》，http：//www.renkou.org.cn/countries/xinjiapo/，2017年2月15日。
② 山东省政府驻新加坡经贸代表处：《新加坡国家概况》，http：//www.shandongbusiness.gov.cn/index/content/sid/261848.html，2013年5月8日。

并积极与新西兰、日本、欧洲自由贸易协会、澳大利亚、美国、中国、约旦、韩国、印度和巴拿马开展合作,签署《双边自由贸易协定》。目前新加坡共与175个国家建立了外交关系。[①] 中国和新加坡建立外交关系是在1990年,两国在许多方面展开了合作,先后建立了两国经贸磋商机制,签署了多项经济合作协议,并且成果显著。中国国家主席习近平在2015年11月6日应新加坡总统陈庆炎的邀请进行国事访问,以此纪念中新建交25周年。习近平指出,建交25年来,中国和新加坡是亲密友好邻邦,两国高层保持良好交往传统,各领域合作不断深化拓展,取得了一系列的丰硕成果。[②] 加入东盟后,新加坡也在努力维护和东盟各国之间的团结合作,保持在东南亚地区的领先地位。

近年来,新加坡政府致力使新加坡发展成为一个高度信息化城市,即在未来将新加坡打造成拥有最完善信息基础设施的国家。因此,政府十分重视对图书馆事业的发展。早在20世纪,新加坡国家信息与艺术部就提出了"新加坡图书馆2000年展望",在新加坡国家计算机委员会制定的《2000年信息技术发展》和新加坡图书馆学会计算机与网络委员会制定的《2000年图书馆报告》中,提出了适应全民社会需求的公共图书馆系统、建立无边界图书馆网络、高度协调的国家藏书计划,以市场为导向的高质量服务,与商界和社区建立共存共荣的联系以及培养具有检索、分析、传播信息技能的新型图书馆员六大发展战略。[③] 政府出台高效的图书馆发展政策使新加坡图书馆联盟发展得稳定而迅速,在东南亚范围树立起了标杆。

(2)马来西亚的政治外交。马来西亚包含13个州,其中西马地区11个,东马地区2个,首都是吉隆坡。[④] 在历史上,马来西亚曾沦为英国的殖民地,殖民统治长达200多年,因此其在政治、外交、经济、文化等方

---

① 山东省政府驻新加坡经贸代表处:《新加坡国家概况》,http://www.shandongbusiness.gov.cn/index/content/sid/261848.html,2013年5月8日。
② 杨婷:《习近平抵达新加坡开始对新加坡进行国事访问》,http://news.xinhuanet.com/politics/2015-11/06/c_1117067655.htm,2015年11月6日。
③ 百度百科:《新加坡国家图书馆》,http://baike.baidu.com/link?url=2UMtGwYDP3kpgAu8e3woR98dIh42E-UlkBlFM3LMmvfQfJKeGTNx65uuj9MEG9FOsrBkYCxp5KR7V3XM7uxAT6odse4kI6yuAWRwk57IpbfLPsSKM-A5Tm3M69FcDFeJyrMOQrIBV955KQR3IEpbkACM7uqdfKR7kSJVy2HLwQCDN1alRMskOwDkaqbao7zR,2017年2月15日。
④ 陈志亭:《我国面向西南开放的图书馆联盟战略环境研究》,硕士学位论文,云南大学,2015年,第23页。

面受英国冲击影响较大,政府沿用了内阁制度,实行联邦议会君主立宪制。马来西亚在 1957 年独立后,在外交方面,采用独立自主、中立、不结盟的外交政策,并奉行经济外交,积极推动南南合作。目前马来西亚共与 131 个国家建立了外交关系。中国和马来西亚建立外交关系是在 1974 年,两国有着悠久的历史往来,中马建交以来,两国不断拓展和深化双边关系,给双方带来实实在在的利益,也为促进两国和本地区的和平、稳定、安全、和谐、发展、繁荣与进步发挥了重要作用。

在殖民统治时期,马来西亚的图书馆事业一直发展得很缓慢,直到殖民统治解放以后才有了全新的发展。1994 年,马来西亚政府开展了信息网络计划(Information Network Plan),该计划旨在整合国内现有的信息资源,建立健全国家图书馆网络,鼓励各图书馆构建特色数据库,并通过互联网来实现资源的共享。① 1996 年,马来西亚政府提出"2020 展望"的跨世纪发展战略,这一计划的提出更是为马来西亚图书馆联盟的发展奠定了基础。

(3) 越南的政治外交。越南民主共和国成立于 1945 年,在越南战争后,为了实现南北统一,于 1976 年成立了越南社会主义共和国。越南实行一党制的人民代表大会制度。国体为马克思列宁主义社会主义共和制人民共和国,与我国的国体政体相似。外交方面,越南政府践行全方位、多样化的独立自主的外交政策,一方面积极融入国际社会,另一方面努力维护与周边国家的关系,近年来,越南在国际合作与交流方面日益频繁,共与 169 个国家建立了外交关系。中国和越南建立外交关系是在 1950 年,越南战争爆发后,中国将大量物资无偿输送给越南,并派出大量科技人员帮助越南发展工业,支持越南作战,最终迫使美国签订停战协议。一直以来,中国都以很低廉的价格把矿产品出售给越南。② 阮富仲提出,促进越中关系是越南对外关系长期以来的战略选择和外交政策,为此,越南要实现该国"两廊一圈"战略和中国"一带一路"倡议的对接。③ 1995 年,越

---

① 陈信、赵益民、柯平:《东盟图书馆联盟发展现状及对我国的启示》,《图书情报工作》2014 年第 1 期。
② 王宇丹:《越南驻华使馆在京举行招待会庆祝中越建交 60 周年》,http://www.gov.cn/jrzg/2010-01/18/content_1513538.htm, 2010 年 1 月 18 日。
③ 《2017 年中国第一次重大外交:越南态度大变》,http://mil.chinaiiss.com/html/20171/3/a8975c_3.html, 2017 年 1 月 3 日。

南加入东盟,和东南亚地区各国家关系愈加密切。

越南北方政府在实现南北统一之前,就开始大范围地收集图书馆馆藏资料。越南政府通过决议认定图书馆具有双重职能。一是代理职能,图书馆作为宣传机构,一定程度上能体现政府的意识形态原则;二是普及知识职能,图书馆要在6500万国民中实现资源共享。如今政府始终推行"广泛利用图书馆资源"的政策,文化普及率高达85%,这一举动使扫盲率直线上升,对今后实现全民的学习乃至越南图书馆联盟事业的快速发展创造了先决条件。

2. 社会经济

东南亚地区是全球经济最活跃的地区之一。20世纪90年代,自从经历了美国金融危机带来的冲击之后,东南亚各国的经济开始迅猛发展,各国依据自身的经济状况相继制定了一系列刺激经济发展的政策和措施。在区域经济一体化发展思路指导下,东南亚各国间的经济贸易往来越来越频繁。2010年,中国—东盟自贸区建成,双方进行了更密切集中的服务贸易和投资,旨在让更多的商品实现零关税,这一举动对各国经济贸易往来起到了明显的促进作用。

(1)新加坡的社会经济。新加坡是东南亚区域的金融中心、航运中心和贸易中心。2015年,新加坡的国内生产总值达2927.39亿美元,人均国内生产总值达52889美元。① 新加坡经济发展主要依赖商业、服务业及出口贸易。新加坡政府为国家经济和社会的发展进行了极大的投入。在经济方面,新加坡充分利用其得天独厚的地理位置发展经济,扬长避短,实行了高度自由的经济政策。政府在立足本国实际、因地制宜的同时,还鼓励个人自由新办企业,更是吸引了众多国内私人资本和外资企业在新加坡进行投资。1965年,新加坡实现独立后,经济开始迅猛发展,并在20世纪90年代一跃成为亚洲"四小龙"之一,成为世界上经济增长最快的国家之一。

在新加坡,政府提出了"促进经济持续增长的引擎"这一战略来支持图书馆事业的发展,可见,政府蓄势要将新加坡打造成一个学习型国家。这是一个全新的高度,让图书馆的意义不局限于简单的文化事业,而是在

---

① 世界银行:《新加坡》,http://data.worldbank.org.cn/country/singapore,2017年3月3日。

第四章 我国面向西南开放的图书馆联盟战略环境

全方位提升国家竞争力。为了能更好地发展公共图书馆事业，1996年，新加坡政府在预算上拨款10亿新元。据统计，到1998年3月，新加坡国家图书馆已拥有马来文、华文、泰米尔文和英文藏书560万件，其中连续出版物及专著共计553241卷。之后，政府又实行了"2003年发展目标"，这一目标旨在让图书馆馆藏、馆舍面积、工作人员分别达到1995年同比指标的4倍、3倍、2倍。① 此后，在2005年，新加坡国家图书馆收藏马来文、华文、泰米尔文和英文文献共计8857677件，其中连续出版物及专著共计8520527卷，特藏（艺术作品、舆图资料、视音频资料、计算机文档、缩微胶卷/平片等）337150件。② 这种以用户为中心的图书馆信息服务理念全面地提高了国民文化素质。由于新加坡政府重视图书馆事业的发展，并且经费到位，图书馆联盟也随之得到了快速发展。

（2）马来西亚的社会经济。马来西亚在20世纪90年代的经济发展极为迅猛，一跃成为亚洲"四小虎"之一，经济以出口导向型为主，是一个多元化新兴工业和世界新兴市场经济体并存的国家。2015年，马来西亚的国内生产总值达2962.83亿美元，人均国内生产总值达9768美元。③

1987年起，马来西亚经济连续10年保持8%以上的高速增长。1996年，马来西亚政府提出"2020展望"跨世纪发展战略，旨在提高全民素质，并描绘了在2020年实现工业化和信息化全面发展的美好愿景。如果马来西亚的信息事业在未来想得到全面发展，就应该在以下方面进行完善和改进：一是提高电话的普及率，由目前占人口比例的10%提高到40%~50%；二是将先进的信息技术和基础设备结合起来，提高国内生产效率；三是建立全国范围内的集成数据信息网络，提供更有信息价值的服务；四是建立综合高效的光纤网络，将马来西亚半岛和沙巴等其他岛屿都进行了巧妙的连接。根据这一经济发展目标，预计到2020年，马来西亚将发展成一个先进的信息化国家。这一经济发展目标的达成也会极大地推动马来西亚图书馆事业的发展。

（3）越南的社会经济。越南属于发展中国家，经济发展水平难免会出现发展不平衡的问题。1986年开始实行革新开放以来，经济一直保持较

---

① 张忠民：《新加坡图书馆事业发展见闻和启示》，《农业图书情报学刊》2006年第12期。
② National Library Board Singapore, "About NLB", http://www.nlb.gov.sg/About/AboutNLB.aspx.
③ 世界银行：《马来西亚》，http://data.worldbank.org.cn/country/malaysia? view=chart，2017年3月3日。

快增长速度。越南政府在实现国家工业化发展的同时,也十分重视国内现代化科技化建设。2015年,越南的国内生产总值达1933.71亿美元,人均国内生产总值达2109美元,① 由此可见,人民的生活发展水平和以往相比得到了很大提高。

越南的经济发展和我国有类似的地方,在城市与一般城市之间、城乡之间存在着明显差距。在早期越南的欠发达农村地区,图书馆事业较为落后,信息资源和联盟资源很难达到广泛共享。欠发达地区的信息基础设施陈旧落后,缺乏专业技术人员,虽然少部分地区已经获得政府资助建成了数字图书馆,但是实际能获得的信息资源极其有限。

1986年,为了使国民经济得到迅速的发展,越南政府在经济政策方面进行了一系列重大改革,旨在从集中的计划经济体制向市场经济体制过渡。在这一时期,国家对经济发展相当重视,与此同时,图书馆事业也得到不断发展。随着越南综合国力的提高,政府开始成立全国性的图书馆协会,图书馆信息化建设开始逐渐完善,基础设施逐渐完备,技术标准逐渐规范,并在全国范围内建立了图书馆网,慢慢形成了具有越南特色的图书馆联盟。

3. 文化教育

目前,东南亚地区的土地面积约为457万平方公里,人口总数约为6.25亿,是世界上人口分布较为密集的地区之一,在这个区域内居住着近2000万华侨、华裔,是全球华人的主要聚居地区之一。②

东南亚地区国家较多,发展程度亦不相同,各国在历史文化和社会教育方面各具特色。在图书馆联盟建设方面,各国间一直存在着密切的联系和合作。从20世纪70年代起,在东盟的推动下东南亚各国开始建立跨国图书馆联盟和网络,如东南亚图书馆员大会(CONSAL)、东盟数字图书馆网络(SEAnet)和东盟大学图书馆网络(AUN Inter-Library Online)。以1970年成立的东南亚图书馆员大会(CONSAL)为例,该组织的建立是为了加强东盟各国图书馆间的联系与合作。CONSAL的各成员国每隔三年会

---

① 农立夫:《越南:2015年回顾与2016年展望》,《东南亚纵横》2016年第2期。
② 百度百科:《东南亚概况》,http://baike.baidu.com/link?url=mitw5vdu0fov3sczGJe5YJaL9LXu2ZLYNZsRcMBigyp532icGPZeAWaA9nuOqwlWF061tN5K4AOjea-1uqovKBAa77zh6mRJfZl15hzmPRDx4MDC1-veoOJQ0-j-JWI1,2017年3月3日。

第四章　我国面向西南开放的图书馆联盟战略环境

举行一次大会，就联盟内的管理、合作、项目开展等问题开展研讨，以推动成员国之间的深入合作。

（1）新加坡的文化教育。《2014年新加坡统计报告》公布，全国总人口临时数字为547万，其中328万人属于新加坡公民，53万个永久居民简称"PR"，外籍人士150万人。2014年，新加坡人口密度达7615人/平方公里，全国的人类发展指数为0.901。① 新加坡人口主要分为四大族群：华族新加坡人占74.1%，占总人口的3/4，其余的马来族新加坡人占13.4%，印度族新加坡人占9.2%，欧亚族新加坡人占3.3%，综合占总人口的1/4。② 新加坡是一个多元种族的国家，语言也较多。由于人口构成较复杂，英语、汉语、马来语和泰米尔语都是其官方使用语言。

一直以来，新加坡都将教育培训和人才战略置于非常重要的战略地位，每年政府都会在公共文化教育方面进行大量的投资。新加坡国家图书馆管理局起到统筹的作用，主要负责监督、管理所有公共图书馆的馆舍、设备、经费、人员、图书资料、服务运行机制等方面的情况。在图书馆联盟方面，新加坡图书馆协会和新加坡学校图书馆员网络作为国内图书馆信息共享、联合项目开展的平台，正在日益发挥着巨大作用。③

新加坡的公共图书馆是世界上公认的管理最优秀的图书馆。新加坡每一个公共图书馆就收藏了四种不同官方语言的图书。在馆藏方面，类型丰富多样。新加坡国家图书馆的馆藏以新加坡、东南亚图书和亚洲青少年图书为主要特色。各社区图书馆会根据自身藏书的特点举办各式各样的活动。例如，裕廊图书馆主要为青少年服务，滨海图书馆主要为表演艺术服务。高校图书馆的馆藏则主要是为教学和科研提供服务，从这些完善的社会功能及藏书建设方面足以见其文化服务范围之广泛。④

（2）马来西亚的文化教育。马来西亚在人口种族上较为多元化，2013年在该国的2994.9万总人口中，马来人约占55%、华人约占24%、印度人约占7.3%，其余少数民族约占0.7%，非国民占13%。2014年，马来西

---

① Singapore Government,"Factually", https://www.gov.sg/.
② 世界人口网：《新加坡人口数量2015》，http://www.renkou.org.cn/countries/xinjiapo/2016/4935.html，2016年3月16日。
③ 陈志亭：《我国面向西南开放的图书馆联盟战略环境研究》，云南大学硕士学位论文，2015年，第27页。
④ 赵乃瑄、包平：《新加坡图书馆：特色与启迪》，《新世纪图书馆》2008年第5期。

亚全国人口密度达 90.1 人/平方公里，人类发展指数为 0.773，在全球排名第 62 位。作为一个语言多样化的国家，其官方语言是马来语，汉语、英语、泰米尔语也在国内广泛使用，在这一复杂的背景下，发展图书馆事业不是一件简单的事情。

马来西亚共有将近 500 家公共图书馆，672 所高校图书馆，全国图书馆藏书总量超过 1000 万册。① 马来西亚预备将国家图书馆打造成为配备高技术设施并全面信息化的世界一流图书馆，这充分体现了马来西亚对图书馆事业的高度重视和人民群众对文化知识的渴求。早在 20 世纪 70 年代，马来西亚就已经开始进行图书馆联盟事业建设。例如先后建立了马来西亚机读目录数据库、连续出版物数据库、国家总目录数据库、国家标引数据库，为本国的数据库提供了共用通道，推进了国内图书馆联盟事业的发展。另外，马来西亚图书馆学会开始建立 MALMARC，执行"Malaysian MARC Project"，之后在全国范围内运行。1996 年 4 月，马来西亚教育部正式提出国家信息基础设施计划。到 20 世纪 90 年代末，马来西亚建成了公共图书馆目录查询系统，此后各高校图书馆相继建立了图书馆网络、多媒体数据库、电子资源中心，开展了联机检索等服务项目。现阶段，吉达州公共图书馆、沙巴州公共图书馆均建立了连入互联网的数据库。马来西亚教育部为各学校提供联机和信息培训服务，使图书馆事业得到迅猛发展。进入 21 世纪，马来西亚更是大力推进图书馆联盟的建设，使国内的科研和学术水平上升到一个新台阶，进一步实现了可持续发展。

（3）越南的文化教育。越南是一个多语言、多民族的国家。2014 年，越南人口总数约为 9000 万，在世界排名第 13 位。从人口分布来看，城市人口占 33%，农村人口占 67%，城市化水平偏低。越南是一个少数民族众多的国家，包含了 54 个民族，但京族的人口最多，占总人口的 87%。越南的语言共分为五个语系，分别是南亚语系、壮侗语系、汉藏语系、南岛语系和苗瑶语系，越南语属于南亚语系。②

在越南政府文化部及相关部门的政策导向、资金支持下，越南政府提出了关于发展图书馆的计划。政府在推行"广泛利用图书馆资源"政策过

---

① 陈信、赵益民、张琼：《中国—东盟国际图书馆战略联盟探索》，《图书馆学研究》2013 年第 4 期。
② 云南省东南亚南亚西亚研究中心：《越南语言文化》，http://ymuseasarc.ynni.edu.cn/YueNan/contentusyhz113.html，2014 年 11 月 23 日。

程中,最终目的是希望通过图书馆实现教育普及化,让全国6500万人会读会写,实现文化教育事业的新变革。这一政策效果显著,据悉扫盲率在当时达到85%以上。随着经济不断发展,越南政府也越来越重视国民文化教育事业。自1975年以来,公共图书馆数量增长了25%,全国共有1000所公共图书馆和253所高校,越南国家图书馆藏书量约为150万册。[①] 21世纪以来,越南开始迅猛发展电子图书馆事业,目前越南已经建成了多个覆盖全国性和地域性的信息化网络,如科技与环境网(VIS-TA)、科研教育网(NETNAM,VARENET)、科技信息与文献中心(NACESTID)、知识信息网(FPT)、商务信息网(VINANET)等。2006年,越南成立了国家图书馆协会(Vietnamese Library Association),旨在组织协调全国图书馆编目等联合项目,还建立了区域性公共图书馆联盟(VISTA)、学术图书馆联盟(STENET)和全国性图书馆联盟(VinaREN)。

越南国家图书馆希望与东盟乃至世界各国合作,共享信息资源,其一贯奉行的理念是:"越南将与所有国家成为朋友,成为国际共同体值得信赖的伙伴,为和平、独立和发展而奋斗。"[②] 由此可见,促进不同地域间的文化交流和合作能进一步推动图书馆联盟事业的发展。

4.信息技术

科学技术的发展能驱动经济社会的进步。目前,东南亚各国的科学技术发展水平各不相同,而且在很大程度上受发达国家的制约,本国的科技缺少创新,具有自主知识产权的科技成果十分有限。

(1)新加坡的信息技术。从20世纪80年代后期开始,新加坡政府将"通信基础设施建设"视为国家战略,在科技发展预算及信息产业发展领域的投资比重逐渐加大。在基础科学和高新技术研究方面,新加坡政府牵头领导了交互式多媒体业务,通过修建国家宽带信息高速公路等一系列项目的支撑,为社会带来了便捷高效的服务,提高了人民的生活水平。[③]

新加坡政府通过跨国公司引进大量的国外先进技术、大力开发科技人力资源、促进微电子工业等高科技工业在本国的发展,一再强调建设本国

---

① 陈信、赵益民、张琼:《中国—东盟国际图书战略联盟探索》,《图书馆学研究》2013年第4期。
② DUNGNX, The National Library of Vietnam in the International Integration Process, China–ASEAN Cultural Forum, 2012.
③ CHINA SSC NETWORK, "Singapore", http://www.ecdc.net.cn/newindex/chinese/page/sitemap/reports/IT_report/chinese/04/07.htm.

的技术基础,以此强化创新能力和基础研发能力。①

新加坡政府想要实现"无边界图书馆网络",主要由新成立的图书馆委员会集中控制,充分运用国家信息基础结构(NII),目的是形成一个全国性的智力中心,把政府资助的所有图书馆、数据库和信息中心相互连接起来,使图书馆成为中心纽带,实现无障碍地向公众传输资源。新加坡近几十年的努力成就了今天的"智能岛",它是目前亚太地区最重要的电子商务中心和跨国公司技术投资的国际制造业中心。

新加坡图书馆的网络服务利用本国先进的信息技术软硬件条件,一直保持在东南亚国家的前列。政府为了适应市场的需要而不断地开展馆际合作和服务共享,目前在数字图书馆联盟、图书馆信息技术外包等领域都取得了较为成功的实践。

(2)马来西亚的信息技术。在信息技术的研发方面,马来西亚政府出台了"多媒体超级走廊"计划,旨在为信息技术公司和与多媒体相关企业设立发展特区,并为这些企业制定相关的优惠支持发展政策,从而更好地推动信息产业发展。

1996年的"2020年展望"跨世纪发展战略也在一定程度上影响着马来西亚的电信产业和信息技术产业的进步。在这一战略背景下,马来西亚电信公司TELEKOM MALAYSLA面临着一系列严峻的挑战。不过,如果电信技术能得到改善,马来西亚图书馆将会在未来资源共享方面发挥优势,并在全国提供更优质的服务。

20世纪80年代以来,马来西亚图书馆事业发展迎来了新的阶段,形成了大量的信息网络。国内先后建成了电信网络、书目网络、信息资源网络、专业信息网络。②与此同时,马来西亚积极主动地参加了亚太地区科技信息和经验交流网络(AsTINFo)、微生物学地区网络(uPM)等十多个地区性专业信息网络,在内部管理和对外服务方面都投入了大量的努力,在协调地区网络方面也有专业的机构实施。这些信息网络的建立使马来西亚的图书馆联盟事业有了质的飞跃。

(3)越南的信息技术。越南改革开放近30年,全国总体科技水平总体提升较快,根据2015年世界经济论坛全球竞争力排名,越南在144个

---

① 王士录:《东盟各国科技发展的现状与趋势》,《东南亚南亚研究》2004年第3期。
② 周健:《马来西亚的图书馆和信息网络》,《情报资料工作》1994年第3期。

第四章 我国面向西南开放的图书馆联盟战略环境

参评国家中排名第 56 位。但因基础薄弱,与东南亚其他国家相比,在科技创新、研究水平、科研机构的研究成果质量等方面仍存在着较大差距,属于科技水平较低的国家。①缺乏资金支持,越南在基础科学和信息技术研发方面发展一直较为缓慢。

1917 年以来,越南国家图书馆内部出现过多次变动,目前馆藏保存了自 17 世纪以来的 200 万份资料,其内容翔实、种类多样。本着"统一、标准、共享和参与"的原则,越南国家图书馆对数字图书馆和数字资源进行了现代化建设与发展,并在业务活动中引入了先进科技。②

虽然越南的经济情况不容乐观,但是仍有一些大型远程通信企业进入越南市场进行投资,帮助其建立并完善电信网络,并将信息资源提供给广大用户,比如 AT&T 和 MCI 企业。目前,越南政府对互联网的管理政策还不太明朗,但是通过科技网络的不断发展,越南的图书馆事业将会得到进一步提升,国民也将共享到更多的数字信息资源,加之随着经济的不断发展,以及个人电脑拥有量的不断增长,越南的科技革新和巨变指日可待。

总的来说,东南亚这些国家图书馆联盟的发展现状在不同的背景下体现出各国独特的政治经济文化特征。在政治形势方面,政局稳定的国家其图书馆联盟事业发展得快速而稳定,如新加坡、马来西亚;政局动荡不稳定的国家其图书馆联盟事业则发展得极其缓慢,如印度尼西亚、缅甸。在文化教育方面,政府对教育重视程度越高,越能带动图书馆联盟资源建设发展,如新加坡、马来西亚、泰国;反之,政府对教育重视程度越低,越制约图书馆联盟文化服务的发展,如老挝、柬埔寨。在信息技术方面,较高的科技发展水平能够促进图书馆联盟的网络服务发展,如新加坡、泰国、文莱;反之,较低的科技发展水平则明显制约图书馆联盟信息建设,如越南、老挝。在社会经济方面,较高的经济发展水平能够促进图书馆联盟的基础设施建设,如新加坡、马来西亚、文莱;反之,较低的经济发展水平则明显制约图书馆联盟网络技术的发展,如越南、缅甸、柬埔寨、老挝。各国政府对把握国内外信息交流的内容和通道起着关键性的作用,从

---

① 中华人民共和国商务部:《越媒称越南科技水平与本地区相比差距大》,http://www.mofcom.gov.cn/,2017 年 3 月 8 日。
② 杜氏清水、罗博:《越南国家图书馆与东盟国家数字资源共享实践与建议》,《图书馆学研究》2015 年第 6 期。

目前东南亚地区各国图书馆联盟发展的情况来看，成果是喜人的。可以预见，在不远的将来，东南亚地区各国的图书馆可以发展和延伸出更多的国际联盟合作项目，实现资源共享的效益最大化。

第二节 我国图书馆联盟发展的影响因素

任何组织谋求发展的过程均离不开战略管理，图书馆联盟作为图书馆之间进行合作交流的组织形式，尤其要注重战略管理。当今知识经济时代，随着现代科学技术的不断进步与应用，图书馆形态、制度等一系列的重大变革，我国图书馆联盟面临的环境越来越复杂，联盟发展过程中受到诸多因素影响。本节通过对影响我国图书馆联盟发展的因素进行系统分析，为图书馆联盟的战略研究提供理论指导和现实依据。我国图书馆联盟的发展受到来自各方面因素的影响，这些因素可以归纳为两大类：一是外部影响因素，二是内部影响因素。

一、外部影响因素

外部影响因素包括政治与外交因素、经济因素、文化因素和技术因素。外部因素具有不可预测、不可回避和系统性等特征。

1. 政治与外交

第一，国家战略的引领。习近平主席于 2013 年访问东南亚、中亚国家时，提出了"一带一路"的倡议，倡导我国与相关国家共同打造文化包容、政治互信的责任共同体、利益共同体和命运共同体。2015 年 3 月，国家发改委、商务部和外交部联合发布《推动共建丝绸之路经济带和 21 世纪海上丝绸之路的愿景与行动》，"一带一路"国家倡议站上了新的历史高度。2016 年，在"一带一路"国家倡议的推动下，上海浦东图书馆、杭州市图书馆、扬州市图书馆等十多家图书馆签订了公共图书馆联盟协议，创建全面、长期的共建共享关系，提高公共图书馆信息资源的互联互通。此外，习近平主席还十分注重国家文化建设，在文化强国战略背景下提出了具有重大意义的指导方略，推动社会主义文化大发展大繁荣，加快文化事

第四章　我国面向西南开放的图书馆联盟战略环境

业发展脚步，提高文化人才队伍素质，提升文化管理服务水平，从而进一步强化国家文化软实力。与此同时，图书馆事业不断创建开放式的合作平台，加强图书馆之间的文化、信息交流，提升图书馆的核心竞争力。进而，发挥我国图书馆联盟馆的发展优势，践行我国面向西南的沿边开放战略（"桥头堡"战略），增进联盟馆与南亚、东南亚等国家的合作与文化交流。总体来说，在"一带一路"倡议、文化强国战略、沿边开放战略等国家倡议和战略的高度重视和引领下，图书馆事业发展蒸蒸日上，我国图书馆联盟与南亚、东南亚等国家的图书馆间构建跨境联盟也是历史推动下的必然选择。不管是在联盟的横向联合还是纵深发展方面都将取得重大的成就。

　　第二，国际关系的变化。在全球化的大趋势推动下，我国与南亚、东南亚地区都在积极构建紧密型的合作关系，其中，与东南亚通过"中国—东盟自由贸易区"的形式积极推动区域经济合作的进程，中国西南与南亚"中印缅孟"地区经济合作，并扩大至南亚各主要国家的合作。当前，我国与南亚、东南亚国家睦邻友好，在实现民族复兴的道路上相济相扶、携手同行。印度的经济文化发展在南亚处于领先地位，进入21世纪，我国国家领导人先后对印度进行多次访问。在金融危机后，我国与印度的经济政治合作上升到了新的层次和阶段。[①] 作为发展中国家和周边国家间友好相处的典范，我国与巴基斯坦就进一步加强战略合作伙伴关系达成共识，弘扬传统友谊、不断拓展和深化双边各领域互利合作。近年来，中国发起"一带一路"倡议，在新的战略形势下，中国坚持以东南亚方向作为周边外交的最优先考虑。在东南亚国家，新加坡图书馆的硬件设施和管理制度都处于领先地位。中新两国自1990年建交以来，开展了领域广泛、层次多样、与时俱进的全方位合作，推动了两国经济文化建设向更高水平发展。此外，马来西亚与我国长期保持良好的外交关系，两国在政治、文化、经济等方面开展了合作。从战略角度看，中国与南亚、东南亚各国的友好交往，不仅促进了当地经济、文化的发展，也为图书馆联盟建设的美好前景奠定了坚实的基础，产生了积极的影响。

　　第三，文化事业的发展。如今，我国社会发展平稳，居民生活水平不断提高，政府积极主动推动文化事业发展，实施了一些重大的文化惠民工

---

① 苏宏然：《A公司进入印度市场的战略选择及实施策略研究》，硕士学位论文，上海交通大学，2012年。

程。《中华人民共和国国民经济和社会发展第十三个五年规划纲要》中提出，要实现我国基本公共文化服务的均等化和标准化，鼓励民间力量参与公共文化服务的建设，推进基本公共文化服务设施免费向居民开放，增强基本公共文化服务与居民实际文化需求相互对接。[①] 就图书馆而言，参与基本公共文化服务均等化和标准化的建设，这是我国文化事业大发展大繁荣的契机，也是图书馆事业大发展大繁荣的难得机遇。在形成和完善图书馆服务体系方面，图书馆联盟具有天然的优势，图书馆联盟的建设和发展受到文化及图书馆事业的影响。

第四，相继完善的法律法规。联合国教科文组织公共图书馆宣言（1994）中提出了关于公共图书馆使命、拨款、立法和网络、运作与管理等一系列问题，观点十分精辟，对于促进公共图书馆事业的发展具有指导性的作用。加快立法工作，保障图书馆事业长期、稳定、健康发展已是迫在眉睫、势在必行。这个问题已引起全国人大和国务院有关部门的高度重视，势必推进图书馆事业蓬勃发展。中华人民共和国成立后，我国政府先后多次以行政章程的形式颁布了图书馆管理条例和制度，对图书馆事业的发展起到了规范和引导作用。2015年底，《中华人民共和国公共图书馆法》作为我国的第一部图书馆专门法，被列为全国人大常委会实施类的立法项目，并于2017年11月正式公布，2018年1月1日正式施行，这必将大大推进公共图书馆事业的发展。此外，2015年12月，教育部印发《普通高等学校图书馆规程》，对规范、指导高校图书馆工作起到了重要的作用。2016年12月，全国人大常委会通过了《中华人民共和国公共文化服务保障法》，这是我国文化领域的一个重大事件，意义非凡。这些相关法律法规将为我国图书馆事业的发展提供有效的保障，也为图书馆联盟的建设打造了良好的制度环境。

第五，联盟的制度建设。图书馆事业发展依靠宏观和微观政策的引领，组织规章的制定属于微观方面，是组织建设实践的指导依据。图书馆联盟的规章制度涉及联盟建立的基本方针、原则、职务设立、管理者的职责等，能够确保联盟实现目标和持续发展，有利于提高组织内部协调运行，降低管理成本。国内图书馆联盟的成功范例与联盟采取的规范组织政

---

① 中国政府网：《中华人民共和国国民经济和社会发展第十三个五年规划纲要》，http://www.miit.gov.cn/n1146290/n1146392/c4676365/content.html，2016年3月18日。

策息息相关。例如，国家科技图书文献中心（NSTL）是目前国内发展相对成熟且有代表性的联盟组织，它由中科院、中国农业科学院、中国医学专业图书馆等组成，其职责是负责各类科技文献资源的共建共享，发展目标是建设成为权威的科技文献资源馆藏和服务中心。NSTL的领导班子由理事会、科技专家、情报专家、科技部和财政部的领导以及医、农、理、工四大图书馆的负责人组成，拥有稳定良好的组织政策。由此可见，微观、细致、周全的组织政策对图书馆联盟发展有着重要的影响。

2. 经济

第一，整体发展稳定的经济。图书馆事业的发展离不开社会经济的支撑。2016年，我国国民经济运行缓中趋稳、稳中向好。全年国内生产总值74.4万亿元，比上年增长6.7%①，在世界主要经济体中增长最快，并且发展质量和效益不断提高。随着经济的平稳快速增长，国家对公共文化事业的关注力度显著提升，并提供了强有力的经济支持。加快构建现代化公共文化服务体系成为文化工作的首要内容。图书馆建设发展有着坚实的经济基础，在运行经费的保障下，不同的图书馆个体都能联合在一起进行协同合作，这不仅可以促进图书馆联盟的国内发展，更能带动面向南亚、东南亚国家的跨境发展。

第二，颠覆传统的互联网经济。传统经济日益成熟，新生的互联网产业开始成为解决持续、快速增长的重要推动力量。"十三五"期间，互联网将成为新的经济发展引擎，推动传统经济模式的革新，创造新的经济发展模式和经济形态。在互联网经济时代，很多经济活动大多都依赖于网络信息，通过在网络上获取大量信息、做出预测和决策。快速发展的信息网络使得组织运行的环境变得复杂多变，传统的管理思想和运行模式亟须相应的变化，以便提高组织资源利用效率和用户满意度。图书馆联盟是信息共建共享的组织运作模式，在快速发展的信息网络的推动下，革新组织发展模式、运行机制，联盟才能健康持续发展。

第三，分享经济大趋势。分享经济是这个时代的热门话题。在分享经济出现之前，已逐渐形成了以图书馆联盟为主的文献保障系统，图书馆联盟的实质就是信息资源共建共享。联盟成员馆在图书馆联盟中参与和整合

---

① 王萍萍：《2016年全国居民收入稳步增长居民消费进一步改善》，http://www.stats.gov.cn/tjsj/sjjd/201701/t20170120_1456174.html，2017年1月20日。

程度越高，用户通过联盟获取的资源就越多，共享的潜在收益就越大。近年来，以 Uber 和 Airbnb 为代表的分享经济应用为现代服务业带来了组织重构和效率提升的新思路。① 分享经济通过以互联网为代表的现代信息技术，将大量分散闲置的资源整合并分享，用于满足用户多样化需求。与分享经济的基本理念类似，图书馆信息资源共享范畴进一步扩大，用户的多元化需求促进信息资源共享广度的进一步泛化，超越了已有图书馆联盟的合作约束和限制。因此，单个图书馆参与图书馆联盟组织就会考虑共享绩效的最大化，这也是参与合作的前提和基础。在分享经济的大趋势下，图书馆联盟主要侧重于为用户提供更精准的信息资源。通过扩大图书馆联盟规模来提高图书馆馆藏资源的连接与开放能力，并整合图书馆线上线下服务。联盟要考虑资源、服务、用户这三者之间的组织重构，进而强化图书馆信息资源共建共享的深度。

3. 文化

第一，持续发展的图书馆事业。随着综合国力的提升，国家更加重视和支持文化、科技、教育事业。到 2016 年 2 月底，全国共有公共图书馆 3136 个，公共图书馆从业人员 5.6 万人，公共图书馆实际使用房屋建筑面积 1231.6 万平方米，图书总藏量 7.9 万册。② 总体来说，我国图书馆事业发展呈不断上升的趋势，这在很大程度上推动了图书馆联盟体系的建设发展。

第二，强劲发展的文化出版事业。图书馆联盟的发展同样离不开文化出版事业的支持。在出版数量增加、价格提升的情况下，单个图书馆为了缓解由此带来的馆藏资源建设压力，通常就选择加入各种形式的联盟来实现资源共建共享，提升服务质量。据统计显示，2015 年，我国出版图书 87 亿册（张），各类期刊 29 亿册，报纸 430 亿份。③ 在整个"十二五"期间，我国的图书出版量增长率是 12.3%；期刊的出版种类保持着平稳增长态势。文化出版事业的持续兴盛，势必推动图书馆联盟的发展。

---

① 李卓卓、韩静娴、王芳：《共享经济视角下的图书馆信息资源共享模式的优化》，《图书情报工作》2016 年第 60 期。
②③ 国家统计局：《2015 年国民经济和社会发展统计公报》，http://www.stats.gov.cn/tjsj/zxfb/201602/t20160229_1323991.html，2016 年 2 月 29 日。

第三,公共文化服务体系的建设发展。中共中央和国务院办公厅在《关于加快构建现代公共文化服务体系的意见》中,提出统筹推进公共文化服务均衡发展、加强公共文化服务发展动力、增强公共文化产品和服务供给等要求,从而提高公共文化服务体系建设水平,满足各地区群众多样化的精神文化需求。① 在国家加大推动文化事业的协调发展下,各地区的博物馆、文化馆、科技馆、美术馆、图书馆等均实行免费开放,公共文化产品和服务质量水平大幅度提升。图书馆在公共文化事业发展中具有不可替代的地位,发挥着其他文化设施不可替代的作用。图书馆联盟又是图书馆在现代社会中生存的模式和发展的方向,在政府部门的推动下,图书馆联盟就有希望打破条块分割,推动我国发达地区与欠发达地区,乃至我国与南亚、东南亚各国图书馆之间的联盟发展。

4. 技术

第一,Web 2.0 技术。Web 2.0 是现代信息技术引发网络革命所带来的面向未来、以人为本的创新 2.0 模式在互联网领域的典型体现。在 Web 2.0 模式下,信息在网络上不断积累,产生信息聚合,用户可以随时随地获取与分享信息,互联网体系逐渐转变为由用户智慧和力量主导。具体来说,Web 2.0 技术变革之下,网络世界由服务商驱动向用户驱动转变。对于图书馆来说,图书馆最核心的资源从文献资源转变为用户资源;图书馆管理从对图书的管理转为对用户、知识的现代化管理;图书馆服务转变为用户参与的知识服务;这些方面都发生了由表到里的变化。基于这些在 Web 2.0 技术影响下出现的变化,图书馆联盟建设和发展将会出现新思路,联盟成员馆越来越多地使用具有 Web 2.0 理念的集成管理软件进行管理、开展服务。

第二,云计算和云存储技术。云计算是一种新型的网络计算模式,拥有强大的海量数据存储容量和计算能力,能提供动态、易扩展的资源。云存储是通过集群应用、网络技术或分布式文件系统等功能,将应用软件集合起来协同工作,共同对外提供数据存储和业务访问功能。图书馆引进云计算技术一方面可以降低管理成本,另一方面可以为图书馆联盟提供强有劲的技术支撑。"十二五"期间,我国云计算技术逐渐成熟,用户认识和

---

① 新华网:《关于加快构建现代公共文化服务体系的意见(全文)》,http://news.xinhuanet.com/zgjx/2015-01/15/c_133920319.html,2015 年 1 月 15 日。

信任程度逐渐加强,产业规模不断普及和扩大,将为我国跨区域甚至跨境图书馆联盟在信息传递、信息存贮等方面提供强有力的技术支撑。

第三,移动网络技术。移动网络技术具有较高的数据传输率、灵活的通信方式、较强的网络智能化等特点。在政府和市场的推动下,移动网络技术逐渐深入到文化领域。就高校图书馆联盟而言,在校学生及教职工可以不受时空限制就能完成借还图书等操作;就区域图书馆联盟而言,用户在移动网络环境下,能够实现信息资源的有机整合与共享。综合来看,移动网络技术的发展对图书馆联盟产生了深远的影响。

第四,技术创新能力增强,推动产业转型升级。如今,随着经济、技术的发展,互联网与传统产业的融合,云计算、可穿戴技术、大数据等新兴技术的发展,推动着产业的转型升级,不仅是硬件设施的升级,更重要的是专业技术人才的升级。产业转型升级可以改变传统组织的运行模式,提高经营和服务效率。国家正在制定推进创新的产业技术路径,以企业为主体,在国内外同时建立功能互补的研发和辅助机构。这一路径可以使数据商建立具有核心竞争力的特色数据库,丰富数据库系统。产业转型升级是整个社会转型的一部分,图书馆作为社会文化服务的重要机构之一,在其建设发展过程中最为关键的是匹配符合产业转型升级的特色资源库,满足用户更快捷、更有效的知识信息需求。随着特色资源库建设的推进,图书馆联盟的信息服务理念从"原始构建"向"发挥价值"转变,联盟效益将得到进一步提升。

二、内部影响因素

内部影响因素包括人员、资金和联盟管理等因素。内部影响因素具有可预测、可掌控和系统性等特征。

1. 人员

第一,利益相关者。美国经济学家弗里曼曾明确提出:"能影响组织目标实现,抑或是能被组织目标实现的整个过程影响的群体和个人称之为利益相关者。"① 任何组织都存在利益相关者,图书馆联盟也不例外。图

---

① 刘延莉:《利益相关者视角下的图书馆联盟发展探讨》,《农业图书情报学刊》2016年第28期。

馆利益相关者大致可分为两类：一类是直接利益相关者，主要是联盟成员馆；另一类是间接利益相关者，包括供应商（出版商、数据库商等）以及公共文化服务体系中的其他机构（博物馆、文化馆、美术馆、科情所等）。联盟的直接利益相关者推动联盟的发展，它们的管理能力在很大程度上决定了成员馆是否能在联盟中突出特色，打造具有广泛影响力的服务品牌，以致持续推动联盟的发展。供应商为整个联盟图书馆提供各种资源，支持图书馆的馆藏资源建设，提升自己的社会影响力。它们互惠互利，共同发展，但两者之间又存在价格博弈的关系。如果图书馆联盟成员需要的馆藏资源在供应商销售份额中所占比例较小，就要面对供应商强烈的议价，这对成员馆降低成本、谋求长期的发展利益是一个极大的挑战。博物馆、文化馆、美术馆、科情所等公共文化机构的发展对图书馆联盟有着现实性影响，它们与图书馆争夺用户、经费等资源，竞争越激烈，就越促进图书馆之间扩大联盟规模，提高联盟广度和深度，以期增强公共文化服务的软实力。

第二，联盟成员馆的合作意识。对于图书馆来说，各自独立是盘散沙，合作才是图书馆发展的重要方向。单个图书馆无法面对新的形势与压力，加入图书馆联盟组织是唯一的选择。联盟成员在面对图书馆发展的内外环境变化和自身优劣势分析的基础上，应调整对合作与竞争的态度和意识，决定是加入各种形式的联盟以提升服务用户能力，还是依旧各自为政、我行我素，这些方面的认知在很大程度上影响着图书馆联盟的发展。

第三，人力资本的提升，创造人才红利。《中国人才发展报告（2014）》显示：目前，在重点产业如信息产业、新兴技术方面的人才的缺口很大。[①]为解决我国人才储备的不足，我国政府在"十三五"期间，将加快发展现代职业教育，形成一条从专科、本科再到研究生的渠道。未来也会有众多专业人士加入到国家重点产业建设中，作为文化服务体系环节之一的图书馆也会被输送多元化的信息和技术人才，加快图书馆事业的大力发展。图书馆联盟正是需要这些信息资源建设者、优秀的专业技术人员和指导决策者来促进联盟的健康、持续发展，实现联盟的战略目标。

2. 资金

第一，政府财政拨款。目前，政府财政拨款是图书馆联盟经费的主要

---

① 潘晨光：《中国人才发展报告（2014）》，社会科学文献出版社2014年版，第9页。

来源。如北京地区高校图书馆文献资源保障体系（BALIS），该体系的经费全部由政府承担，用户能够完全免费地享受服务、获取资源。我国政府对图书馆事业高度重视，但是对图书馆发展的经费投入与图书馆实际需求之间仍存在着差异。政府对图书馆事业的财政预算始终难以跟上成本的增长和业务的拓展。图书馆联盟的建设则需要单馆建设之外的更多投入，需要来自财政的更多保障。

第二，社会资本投入。我国图书馆联盟的运行经费主要源自政府拨款，显得十分单一，国内社会机构、企业和个人对于图书馆联盟的资助非常少，且未形成常态，这就在一定程度上阻碍了图书馆联盟的发展。因此，我国图书馆联盟应寻求更多稳定的社会资本的投入，成立图书馆联盟基金，建立一套行之有效的基金运作模式。[①] 值得欣慰的是，在经济转型和社会治理的变革中，投资结构也将发生重要变化，政府引导社会资本投入到基础设施、公共事业、社会文化服务等，政府财政与社会资本共同协作，推动各项事业的发展。这些举措都有利于图书馆联盟的建设，能够优化图书馆联盟经费运作模式，促进高水平的联盟建设，推动联盟朝着可持续、大规模的方向发展。

第三，有偿服务收费。有偿服务是国际图书馆界长期争论，而未取得共识的问题。这个问题关系到图书馆的服务职能、社会功能和未来发展趋势。[②] 当图书馆联盟花费大量经济成本时，有偿服务可以起到一定程度的弥补作用，提供个性化、差异化的增值信息服务。对于联盟成员馆来说，是否树立了正确的服务导向？是否界定合适的有偿服务范围？是否依法依规制有偿服务？对有偿服务监督管理的力度如何？这些问题都会影响到联盟的建设与发展。

3. 联盟管理

第一，资源共享程度。图书馆联盟的一大建设宗旨就是通过馆际合作，实现资源共享，减少重复建设。资源共享的基本理念源自图书馆联盟创建的最初意愿，资源共享的程度直接关系到图书馆联盟的稳定性。实现资源共享，能保障联盟成员馆满足在资源和服务上的扩容需要，逐步形成

---

① 黄筱瑾、刘金玲：《图书馆联盟经费运行模式研究》，《图书馆学研究》2013年第12期。
② 杨萍：《图书馆有偿服务问题摭谈》，《河南图书馆学刊》2013年第1期。

和强化各馆优势，提高成员馆的收益，最终实现图书馆联盟的互利共赢。①

第二，图书馆联盟的知识管理。知识管理是图书馆联盟管理的一大核心。图书馆联盟知识管理不仅要保证联盟内部知识的高度共建共享，而且还要与外部环境进行密切交流，充分利用联盟外部丰富的知识资源提升整个联盟的核心能力。②图书馆联盟产生的重要前提条件是知识资源，知识资源储存量决定了联盟的建设基础，决定了全面提升联盟综合能力的可能性。科学合理的知识管理战略能使图书馆联盟寻求更好的发展机遇，通过联盟内部达成创新意识，以此来发掘新知识，并通过完善的知识共享机制来加快联盟内部知识的流动，并确保联盟内部知识的外显。图书馆联盟知识管理及其战略规划的注重程度和战略规划，极大地影响着联盟的长期发展与核心竞争力的构建。

第三，图书馆联盟的风险管理。运行风险是图书馆联盟这种组织形式无法避免的一个问题。由于联盟各成员馆拥有不同的技术条件和硬件环境，在管理水平、文化模式等方面存在着差异，在联盟组织内部信息沟通不及时、不充分等因素大大增加了联盟管理与协调的风险。在数字化、网络化环境下，图书馆联盟的发展面临着比以往更大的风险。图书馆联盟管理中的风险主要包括信息共享与沟通风险、利益不平衡风险与道德风险。一般来说，各成员馆为了保护自身利益，很难做到充分的信息共享，这使得信息不对称问题突出。技术的不兼容、管理方式和文化的冲突也会带来沟通上的风险。针对信息共享与沟通风险的联盟管理，有利于图书馆联盟的协调运行，影响着联盟的整体效益。图书馆联盟成员馆又因规模大小不一，在资源共享中"输入"和"输出"存在差异，利益是不平等、不均衡的。图书馆联盟内部的利益平衡是影响联盟稳定持续运行的一大要素。客观上来讲，图书馆联盟的实际运行过程中，成员馆之间存在拒绝合作的可能，也会产生道德风险，这对于维持图书馆联盟的稳定和持续健康发展有着直接的影响。

---

① 张路路、黄崑：《基于演化博弈的图书馆联盟影响因素研究》，《图书馆理论与实践》2015年第6期。
② 金帆：《图书馆联盟知识管理战略规划研究》，《图书馆》2014年第6期。

第三节　影响图书馆联盟建设的国家战略

国家战略，即综合一国之力而行之方略，是战略体系中最高层次的战略。国家战略的实施有利于满足人民日益增长的文化需求，共享经济文化繁荣成果。各种各样的国家战略指导国家的建设与发展，为图书馆联盟的发展和创新提供了和谐稳定的环境基础，使图书馆联盟不断壮大繁荣，不仅有利于国内的图书馆联盟建立，还有利于国家间图书馆联盟的建立，促进国际文化交流，推动文化事业发展。在一系列开放战略的指导下，我国将加强政治、经济、文化交流与融合，为图书馆联盟的建设带来良好的契机。

一、文化战略

"十二五"发展规划中，提出要推动我国文化大发展大繁荣，进一步推进文化创新，促进我国文化事业及产业的发展繁荣。2011年10月，《中共中央关于深化文化体制改革　推动社会主义文化大发展大繁荣若干重大问题的决定》通过，我国政府在准确把握经济社会发展新要求、文化发展新趋势、人民生活新期待的国情基础上，把培育文化产业、提高文化软实力、扩大国际影响力明确列为社会主义"文化强国"的国家战略，这一举措标志着中国特色社会主义建设进入了意义深远的文化强国时期。图书馆以社会主义文化建设主力军的角色来实施文化强国战略，并以现代的、高科技的、与时俱进的姿态充分发挥在文化强国建设中的中坚作用。

2014年2月，习近平主席在座谈会中听取了京津冀协同发展工作汇报，他强调要实现京津冀间的优势互补、带动环渤海经济区发展、促进北方腹地发展都迫切需要京津冀协同发展。京津冀协同发展已上升到国家层面的发展战略，前景不可估量。该战略的引领下，京津冀三地在公共服务、生态环保、交通等领域取得了许多合作成果。2014年8月，又签署了《京津冀三地文化领域协同发展战略框架协议》，提出三地要共同探索公共文化服务体系建设与实施的新办法、新机制，从而提升京津冀公共文化设施水平。2015年11年，在河北省石家庄市成立了京津冀图书馆联盟，旨在促进区域基本公共文化服务的均等化与标准化，极大地方便三地民众获取公共文化服务资源。

我国的《公共图书馆法》于2017年11月4日公布，2018年1月1日正式施行，这对于我国未来图书馆事业的发展具有极其重要的意义。毫无疑问，图书馆法的制定将为我国图书馆事业的发展提供有效的保障。新加坡根据《图书馆2000年》报告的建议，首先通过了《国家图书馆管理局法案》，其次又成立了新加坡国家图书馆管理局，这一过程前后用时不到两年，体现了新加坡政府长远的眼光、高明的决策和高效的执行力。此外，新加坡的《国家图书馆管理局法案》也对我国制定图书馆相关法律条例有着重要的参考价值。1976年，在东盟第一次首脑会议上签署了《东南亚友好合作条约》和《东南亚国家联盟协调一致宣言》，印度尼西亚的战略原则就来源于此。2015年4月，印度尼西亚将隆重举办纪念万隆会议召开60周年庆祝活动。印度尼西亚是万隆会议的发起国和东道主，也是"万隆精神"的缔造者和践行者。万隆会议一度成就了印度尼西亚作为亚非拉民族解放运动旗手之一的地位，至今仍在为印度尼西亚维护东盟组织领导作用，并与广大发展中国家友好关系提供精神依托和理论支撑。

二、外交战略

外交关系的稳定和谐是推动国家间文化交流与合作的重要前提，从秦、汉至今，中国的对外战略一直在不断变化中，特别是中华人民共和国成立后，中国的对外战略可以说是"十年一变，逢九必变"，在中国对外战略的演变过程中，东南亚始终占据了重要位置。殖民主义体制下，东南亚在中国对外战略中的地位主要体现在经济地位上，另外，在东南亚和中国共同开展的反殖民主义运动中，东南亚地区的努力为中国摆脱殖民统治贡献了一定的力量。进入21世纪，"和平发展"成为中国崛起的模式，"和谐世界"理念成为指导中国外交行为的核心理念。任何一个大国的崛起都必须从地区做起，中国未来的崛起必须继续塑造地区战略，秉持开放性的地区主义原则。东南亚对未来中国的崛起具有重大的意义。

中国与东南亚各国在双方友好互信的基础上共同发展，走和平之路、友谊之路。和平、安定的环境极大地促进了中国与南亚、东南亚国家更深层次的交流与合作。中国与南亚、东南亚国家的教育合作及学术交流深受外交关系的影响。在东南亚国家中,新加坡、泰国、越南等历来与我国交往紧密。此外,东南亚国家又深受前宗主国的影响,大多对社会主义势力怀有偏见,这就导致部分东南亚国家对中国的态度不明朗,甚至与中国的关系时有反复。但是随着改革开放的不断深入,我国的国际地位明显提高。尤其是20世纪90年代以来,中、美、日在东南亚国家势力均衡,东南亚国家逐步打消了对我国的疑虑,促进了我国与东南亚国家友好、互助的合作关系,双方教育合作交流越来越频繁。中国和印度是有着2000余年交往史的文明古国,在近代两国又都受到帝国主义和殖民主义的侵略、压迫。深厚的友谊、悲惨的遭遇和如今发展中国家的地位,奠定了两国共同的感情与利害关系,促进了友好合作的基础。目前,中印关系已经进入建立"面向和平与繁荣的战略合作伙伴关系"的新阶段,中国与印度先后签署了《关于在中印边境实际控制线地区保持和平与安宁的协定》和《关于在中印边境实际控制线地区军事领域建立信任措施的协定》。中印两国都为边境安定和谐做出了一定努力,在和平稳定的环境下,两国文化的顺利交流才能得到保障。

巴基斯坦是最早与中国建立外交关系的国家之一,尽管国际形势不断发生变化,国家首脑不断更替,但两国的关系始终坚固如一。两国在国际事务和国际斗争中始终相互支持、相互合作,最终发展成为今天的全面战略合作伙伴关系。双方在政治经济和文化等方面相互交流学习,共同进步。

中国和越南都是以工农联盟为基础的人民民主国家,两国宪法都以根本法的形式指出国家政权和整个政治生活的核心领导是共产党。越南学习了中国改革开放,实现了经济腾飞,综合国力逐步增强。由于相似的社会体制和制度,两国的交流十分频繁。几十年前,两国一场恶战延续下来的仇恨至今还没有完全消除,后来又因为南海的主权再起风波。2002年,中国与东盟签署的《南海各方行为宣言》并没有约束到一些申索国,尤其是菲律宾、越南等国的行为,在一些外国势力的影响下,事态甚至进一步扩大,南海问题进一步升温。目前,中国与所有的东盟国家都建立了正常的国家关系,但是在政治互信、安全合作等方面还有待加强。东南亚国家内部的政治动荡影响着与我国的合作,例如泰国军事政变造成领导人更迭、越南反华排华事件和缅甸政府与少数民族之间的争端等。此外,东南亚国家之间的紧张关系同样影响着与我国的合作,例如马来西亚和印度尼西亚在安巴拉特海域事件、柬埔寨和泰国间的柏威夏寺争端等。另外,国际上也有很多不安定因素,主要是美国的东南亚战略、东南亚部分国家的多边外交关系带来了一些负面影响。东南亚部分国家在保持与发展中国家友好关系的同时,更加倾向于加强与美国、印度、日本的关系,特别是在安全、军事方面。这些都会影响中国同各国的交流与合作,影响图书馆事业的健康发展,在一定程度上也阻碍了图书馆联盟的建设。

三、经济战略

2011年,《国务院关于支持云南省加快建设面向西南开放重要桥头堡的意见》的出台,强调要将区域经济贸易合作作为切入点,推进经济文化事业开放实施战略。随着区域开放战略的逐渐深入,政治、经济、文化交流与融合也不断加强,这为图书馆事业发展带来良好契机。缔结面向南亚、东南亚开放的跨境图书馆战略联盟,这是我国图书馆事业发展顺应潮流的必然选择。[①]

2013年9月,习近平主席在哈萨克斯坦纳扎尔耶夫大学发表演讲时,强调要共同建设"丝绸之路经济带"。2015年3月,国家发改委、商务部和外交部联合发布《推动共建丝绸之路经济带和21世纪海上丝绸之路的愿景与行动》,"一带一路"国家倡议站上了新的历史高度。东南亚国家是"一带一路"倡议合作的重点区域,图书馆是文化很重要的组成部分,在丝绸之路的经济发展中,文化的价值和功能巨大,让经济带上的国家能够互相了解、接受。丝绸之路犹如一条香丝链带将"丝路"沿线国家的文化思想联结在一起。尽管这些国家尊奉的文化信仰不同,但都拥有相同的文化传承的载体——图书馆。

中国与东盟于2002年11月4日正式签署了《中国—东盟全面经济合作框架协议》。中国与新加坡于2009年签订了《中新自由贸易协定》,使得两国间经济贸易来往愈加频繁。2015年12月,东盟共同体的建立消除了中国和东盟国家在贸易投资方面的许多壁垒。进而,中国和东盟就升级自贸区达成协议,于2016年7月1日实施。在中国—东盟自贸区平台的引

[①] 陈志亭:《我国面向西南开放的图书馆联盟战略环境研究》,硕士学位论文,云南大学,2015年,第18页。

领下，各国间的经济合作将持续升温。

目前，我国致力于打造图书馆之间互联互通的新常态。2014年10月，中共中央经济工作会议提出，"当前和今后，我国经济发展的大逻辑是认识、适应和引领新常态"。"十三五"时期，面对新常态，公共图书馆在加强馆际合作的同时，需要重新评估图书馆联盟资源共建共享，提高图书馆联盟质量和成效；需要树立互联网思维，构建全球图书馆共建共享应用平台，从而推动图书馆的转型与创新。

"仓廪实而知礼节，衣食足而知荣辱。"社会经济的发展必然决定文化发展水平。20世纪80年代，泰国经济取得迅猛发展，转变了一些原有的社会结构，单一社会结构逐步向多元社会结构发展，加强了社会现代化的进程。此外，人们也抛弃了传统政治文化观念，出现了一些独立的政治力量，如中产阶级、非政府组织等。迈入21世纪后，泰国政府开始主张内外发展并重，倡导"双规式"经济发展模式，对内实行的是扩张性财政政策，奠定良好的经济基础；对外推进多边自由贸易合作，拓展国际市场，促使泰国经济飞速发展。凭借亚太地区新兴经济体的优势，泰国政府实施了产业结构调整、经济政策转变等一系列措施，致使泰国在东南亚国家中脱颖而出，成为了东南亚经济的"火车头"。作为中国—东盟自由贸易区的重要组成部分和东南亚最大的贸易市场，中泰两国间的经济关联程度逐年扩大。从某种意义来说，中国和泰国既是重要的贸易伙伴，又是主要的竞争对手。因此，两国始终保持着重要的战略合作关系。正是由于经济上的亲密合作，推动了两国文化交流发展脚步，图书馆联盟作为文化交流的重要平台也备受重视。

中国作为世界第二大的经济体和最大的发展中国家，对东南亚国家的经济发展有至关重要的作用。南亚地区是中国重要的邻邦，也是中国实施"一带一路"倡议的重要支撑地区。中国新一届领导人自执政以来，积极主动地开展周边外交，并开始积极地从政治、经济、外交、文化等方面入手，加大了对南亚地区的投入，力争使南亚地区成为中国可持续发展稳定的周边地区。中国的南亚战略更加清晰，其战略目标就是积极与南亚国家打造"利益共同体、命运共同体"，为中国未来20年的发展营造稳定、繁荣的周边环境。在经济领域主要表现在以下几个方面：

第一，在海洋领域，中国新一届领导人于2013年正式提出了"建设21世纪海上丝绸之路"的战略构想，并得到了沿途南亚一些国家的积极

第四章　我国面向西南开放的图书馆联盟战略环境

响应。为了进一步推进这一战略构想，中国积极投资南亚当地的港口建设，并成为中国与南亚国家合作的重点。

中国已在斯里兰卡投资建设了斯里兰卡南部港口汉班托塔。汉班托塔港目前正处于发展工程的第二期，包括集装箱港口、船只燃料补给系统、炼油厂、机场等设施。工程耗资约10亿美元，中方将出资85%以上。整个项目计划在未来15年内完成。汉班托塔与印度南海岸接近，可以成为中国在印度洋的中转站。投资汉班托塔，标志着中国在印度洋的地位得到进一步的巩固。而且，中国在西岸科伦坡港投资建设了一个集装箱码头，从而在全世界最繁忙的国际海运航线上，中国又获得了一个重要立足点。

此外，中国还在巴基斯坦的瓜达尔港投入了大量资金和技术专家，广泛参与当地的各项建设。瓜达尔距伊朗边境仅72公里，离全球主要石油输出通道霍尔木兹海峡仅400公里。投资瓜达尔港，将大大缩短中国到中东及欧洲的海上航程。

同时，中国正在孟加拉吉大港兴建一个集装箱港，在缅甸实兑、可可岛等基地建设雷达、整修及燃料补给设施。

第二，在陆地方面，结合建设"21世纪陆上经济带"的战略，中国主动与南亚国家开展双边合作，积极打造孟中印缅经济走廊，带动当地经济发展。积极投资当地的基础设施建设，尤其是加大对铁路、公路等方面的投资。建设中巴铁路走廊，积极参加印度现有铁路建设与改造。

第三，充分利用现有经贸合作机制，如"中国—南亚博览会"平台，积极推动南亚各国与中国的经贸往来。

中国要想维护东盟国家的现有利益，扩大新的利益增长点就必须加强多方合作。此外，要想实现更合理的资源配置和生产要素配置，提高经济效益与竞争力，就必须通过合作来改善东盟国家经济发展的环境和条件。从地缘政治的角度来看，为了保证中国西南部边疆的安全，抵抗美日等西方国家的威胁，建立有利于现代化建设的和平环境来保持东南亚地区的和平与稳定，也是极为必要的。

四、教育战略

党的十六大以来，我国开始加快建设文化强国的步伐。根据党要"始终代表中国先进文化的前进方向"的基本要求，中国共产党把文化安全和政治安全、经济安全、国防安全并列,作为加强党的执政能力建设的重要内容。党的十七大和"十二五"规划纲要都指出:要更加自觉、更加主动地推动文化大发展大繁荣。创新文化"走出去"模式,增强中华文化国际竞争力和影响力,提升国家软实力。党的十七届六中全会又以专题会议的方式发布了《中共中央关于深化文化体制改革 推动社会主义文化大发展大繁荣若干重大问题的决定》,提出实施文化"走出去"工程。形成教育的中国化主张,防止教育成为西方文化话语的传声器,赋予教育文化内涵、文化要求,使教育由单纯的文化复制、传递、维护的工具转变为自主的、自觉的文化主体,是教育发展战略的必然选择。在全球化背景下的教育"走出去"战略,体现了利用全球化这一机遇的主动性意识,意味着教育发展具有自觉的适应性能力。同时,它也体现着一个国家的教育主权和创造性发展的能力。

中国与东南亚各国政府在教育合作及学术交流方面合作日益密切,除了政府间高层官员互访,签订相关的教育合作协议等官方渠道,民间教育交流的主动、灵活、弹性大等特点同样促进了中国与南亚、东南亚国家的合作交流。这些教育合作交流主要包括互派学者考察,互派留学人员,互聘专家、教师,开展校际交流,参加、举办国际学术活动,教育援助、合作办学等。

2016年8月,《关于中国—东盟教育合作行动计划支持东盟教育工作计划(2016~2020)开展的联合公报》通过,东盟各国教育部部长示意在教育领域愿与中国加强合作,进一步落实行动计划。中国教育部部长陈宝生还指出双方留学规模持续扩大,提前实现了"双十万"计划。其中云南省高校与孟加拉国、伊朗、泰国、瑞典、缅甸、美国等国家的院校合作共建了10所孔子学院和孔子课堂,合作平台不断完善,品牌效应日益凸显;合作机制灵活通畅,多边互动日趋频繁。中国与东盟国家都签订了教育合作交流协议,同时又与泰国、越南、菲律宾、马来西亚、印度尼西亚签署了互认学历学位协议。中国政府也十分支持高校开展区域与国别研究,一些高校已经开齐了东盟国家语言课程。这些战略合作为中国与东盟国家之间的图书馆交流搭建起沟通的桥梁,为双方文化交流提供了便利,极大促进了各国图书馆界的交流与合作,尤其是为图书馆联盟事业做出了巨大贡献。

2016年是"十三五"规划实现良好开局的一年,孔子学院办学规模稳

第四章　我国面向西南开放的图书馆联盟战略环境

步发展,全球孔子学院成员已增加到 140 个国家的 511 所学院、1073 个课堂。办学质量不断提升、办学功能不断拓展、运行机制逐步健全,为孔子学院可持续发展注入了新的活力。在这些学校里建立图书馆,实现图书馆联盟,为学校师生学习汉语知识、博览中国文化提供了一个绝好的机会。同时,也为学校师生深入感受中华经典,开启了一扇了解中国社会、历史、文化的窗户。很多地区兴起了中文热,中文教育是中国和南亚、东南亚国家教育交流合作的重点,能够加强中华文化在南亚、东南亚地区的影响,成为连接中国与各国友好合作关系的纽带。文化、教育的交流与合作将中国和南亚、东南亚国家联系在一起,有利于多方共同实现文化繁荣。

教育"走出去"战略作为一种文化安全实现机制,既是我国自身教育发展的需求和国家利益的需要,也是国际社会文化传播与教育发展的基本趋势。教育是国家间文化交流的重要组成部分,是文化传承、交流和创造的重要媒介。教育战略为文化建设奠定了基石,对图书馆联盟的发展有重要的指导作用。图书馆联盟的建设是教育战略实践的重要途径。图书馆联盟可以实现资源共享,达到互利互惠的目的,能够更好地满足用户需求以及教学科研的需要,从而进一步推动我国教育事业的迅猛发展。

第四节　建设我国面向西南开放的图书馆联盟的必要性和可行性

一、建设我国面向西南开放的图书馆联盟的必要性

1. 政治与文化环境对图书馆事业发展指明了新方向

当今社会,我国经济水平得到稳步提升,社会环境得到有序发展,人民生活水平得到不断改善。在这一时代背景下,政府积极投身于文化事业和文化产业建设,各项重大文化惠民项目随之建设实施。

"十二五"时期,中共中央对全国文化建设制定了新的行动纲领,这是在新时期文化建设中的重要战略部署。中共十七届六中全会审议通过了《中共中央关于深化文化体制改革　推动社会主义文化大发展大繁荣若干

重大问题的决定》,明确指出,在"十二五"期间要大力发展文化产业,使之成为国民经济的支柱性产业。党的十八大提出了建设社会主义文化强国战略任务。党的十八届三中全会将深化文化体制改革作为全面深化改革的一个重要方面做出部署。党的十八届四中全会将文化法制作为全面依法治国的重要方面进行部署。2015年10月,中国共产党第十八届中央委员会第五次全体会议通过了《中共中央关于制定国民经济和社会发展第十三个五年规划的建议》,提出了"公共文化服务体系基本建成,文化产业成为国民经济支柱性产业"的目标要求。文化建设作为"五位一体"建设中的关键一环,重要性不言而喻。在国家推动文化大繁荣大发展的时代环境下,图书馆事业作为公共文化服务体系的重要部分,必将迎来新的发展机遇。

各国政府对中国的外交政策总体向好,这为中国"一带一路"倡议的实施和文化强国战略的推进提供了有利的条件,打造了良好的环境。马来西亚作为东盟各国中首个与中国建立正式外交关系的国家,长期与我国保持着较为良好的外交关系,并在政治、经济、科技、文化教育等领域与我国保持着多形式的合作。作为东盟的发起国之一,马来西亚政府在外交方面主张经济外交,并积极推进独立自主、中立、不结盟的外交政策,实行南南合作;①越南于1995年加入东盟,在外交方面主张全方位、多样化的独立自主外交政策。越南政府指出,今后越南对外工作的重点是"融入国际社会、搞好周边关系、妥善处理大国关系",积极参与地区和国际事务,与东南亚各国维持长久的关系;②新加坡恢复自治后,在外交方面积极推进"大国平衡"政策,并开展经济外交,与亚洲国家间(如中国、印度、日本和韩国)的合作也日益密切。加入东盟后,新加坡一直致力于维护东盟各国间的团结合作及提升区域国际地位,在国际上具有举足轻重的地位。③

2013年,中国提出共建"一带一路"的倡议构想,"一带一路"倡议的实施加深了我国与沿线各国政治、经济及文化的交流,同时也促进了沿线各国的经济繁荣。多元文化的交流势必为图书馆事业的发展带来机遇,面向西南开放,缔结跨境战略联盟,已成为我国图书馆顺应历史潮流的必由之路。

---

①②③ 陈志亭:《我国面向西南开放的图书馆联盟战略环境研究》,硕士学位论文,云南大学,2015年,第23页。

第四章 我国面向西南开放的图书馆联盟战略环境

2. 经济交流合作对图书馆事业发展提出了新需求

随着中国—东盟自贸区的建成,广西、云南等中国西南诸省区作为对接东盟的"桥头堡",开始更加积极地探索与东盟国家合作的新模式,以带动边境线上的发展。云南正在积极与东盟国家打造河口—越南老街、磨憨—老挝磨丁、瑞丽—缅甸木姐等跨境经济合作区。为探索多层次、多形式国际旅游合作模式,打造"澜沧江—湄公河旅游城市合作联盟"提供了契机,由城际间合作带动区域合作,由区域合作推动国家间合作,积极参与和推动旅游大数据中心和旅游网络交易平台建设,探索跨国数据采集、交换、分析、共享的互联网共创模式。①

目前,中国和巴基斯坦建成了自由贸易区,同尼泊尔启动了自贸协定联合可行性研究,并且正在加快推进中国—斯里兰卡、中国—马尔代夫等自贸区谈判。②此外,在区域经济一体化发展的思路指导下,大湄公河次区域、南亚次区域的经济合作,泛珠流域区域合作等区域战略合作也在紧锣密鼓地进行中,区域内文化事业的合作与交流日益升级。在当前区域经济一体化的战略格局下,不断深入的经济交流合作对于更高层面的精神文化建设提出了新的需求,作为社会公共文化事业的重要载体,图书馆事业应充分顺应经济合作不断升级的潮流,为文化事业的交流与合作添砖增瓦。

3. 国民文化水平显著提升,对于图书馆服务的要求不断提升

截至 2015 年末,全国总人口数比 2010 年末总人口增长了 3371 万人。从《2010 年第六次全国人口普查主要数据公报(第 1 号)》中不难看出,具有小学文化程度的人数同 2000 年第五次全国人口普查相比由 35701 人下降为 26779 人,具有初中文化程度的由 33961 人上升为 38788 人,具有高中文化程度的由 11146 人上升为 14032 人;每 10 万人中具有大学文化程度的由 3611 人上升为 8930 人。③教育事业的发展,提高了全国各地区(特别是大城市)的人均受教育年限。④同一时期,公共图书馆机构数由 2884 个增长到 2952 个;公共图书馆总藏量由 61726 万册增长到 69719 万

---

① 王艳龙:《中国与南亚东南亚国家跨境旅游合作达成"昆明共识"》,http://www.chinanews.com/gn/2016/06-15/7905532.shtml,2016 年 6 月 15 日。
② 邱海峰:《中国与南亚合作呈现五大亮点》,《人民日报(海外版)》2016 年 5 月 6 日第 2 版。
③④《2010 年第六次全国人口普查主要数据公报(第 1 号)》,http://www.stats.gov.cn/tjsj/tjgb/rkpcgb/qgrkpcgb/201104/t20110428_30327.html,2011 年 4 月 28 日。

我国面向西南开放的图书馆联盟战略研究

册;公共图书馆图书流通人次由32823万人次增长到38151万人次。由以上数据可以看出,我国公共图书馆事业发展与国民受教育水平呈正相关性。

中国现代化建设的进程不断加速,政治(外交)环境的优化,经济合作的加强,国家改革开放的理念深入民心,以及教育事业的发展都对文化交流提出更高的要求,也都对图书馆事业的发展提供新的挑战。传统的资源建设和信息服务模式已无法满足日益增长的多元文化需求,图书馆的联盟式业态必将成为大势所趋。

4. 各国不断增强的教育合作对图书馆事业发展提出了新要求

近年来,我国与南亚、东南亚各国间的文化共享交流活动变得愈发频繁,从教育合作领域来看,我国和南亚、东南亚国家在教育领域开展了合作办学、互派留学生、教师培训、科研立项等多种形式的合作。

我国还将在引进海内外优质教育资源,与国际国内知名高校和教育机构多形式合作办学上加大力度,在重点学科、重大科研项目和教育服务支柱产业等领域有规划地引进海内外高端学术人才和科研团队,尤其要重点引进南亚、东南亚国家的教育资源。2004年以来,通过孔子学院和孔子课堂在各个国家的举办和实施,世界各地的人民有了更方便快捷的渠道学习汉语以及了解中国文化,在无形中拉近了其他国家与中国的距离,促进了双方的友谊。2011年10月,昆明新知图书金边华文书局在柬埔寨首都金边开业,此举标志着国内出版集团首次在海外开设华文书局,标志着文化"走出去"战略得以进一步延伸。①

图书馆事业需要"走出去",向海外展示我国图书馆事业飞速发展的优良成果,区域之间的文化交流以及教育出版行业的海外延伸,为我国图书馆事业"走出去"奠定了坚实的基石。图书馆是实现对外文化交流重要目标的重要载体,确立面向西南开放的图书馆联盟战略发展思想,顺应时代潮流,把握跨越式发展机遇,是我国图书馆界需要考虑的重要问题。

5. 各国图书馆事业的不断发展迫切需要建设图书馆联盟

当前,多数南亚、东南亚国家的图书馆事业均已取得显著的发展,这为各国建立联盟打下了坚实的基础。印度在2003年成立的印度国家科技数字图书馆是印度图书馆联盟的成功代表,该联盟除了开展联合采购外,

---

① 史广林:《助力文化走出去云南首次在海外开设华文书局》,http://www.chinanews.com/qxcz/2011/10-25/3413679.shtml,2011年10月25日。

第四章 我国面向西南开放的图书馆联盟战略环境

还提供文献传递、馆际互借、馆员培训等服务。2004年建立的UGC-INFONET电子期刊联盟，通过全国通信网络为各成员大学提供电子数据库和全文期刊查阅服务。CSIR电子期刊联盟则主要服务于印度各领域的科技人员，尤其是信息、通信、生物技术、医药及金融服务等领域。① 马来西亚有近500家公共图书馆，672所高校图书馆，全国图书馆藏书总量超过1000万册。② 早在20世纪70年代，马来西亚就在网络书目、书目数据库等方面对图书馆联盟进行建设，如马来西亚机读目录数据库（Malmarc System，Malmarc Database）、连续出版物数据库（Perpunet Database）、国家总目录数据库（National Bibliography Database）、国家标引数据库（National Indexing Database）③。20世纪90年代末，马来西亚公共图书馆建成并开放，各大学图书馆也相继建立了图书馆网络、多媒体数据库、电子资源中心，推出了联机检索等服务项目，如Raja Kita门户网站、Jaringan Ilmu信息网络计划项目和Mylib专业图书馆项目都是这一时期的代表。④ 越南国家图书馆藏书总量达150万册，全国拥有1000所公共图书馆和253所高校图书馆。⑤ 21世纪以来，越南的电子图书馆开始迅猛发展。目前越南已经在国内建设了多个全国性或地域性信息网，如科研教育网（NETNAM，VARENET）、科技与环境网（VIS-TA）、科技信息与文献中心（NACESTID）、商务信息网（VINANET）、知识信息网（FPT）等⑥。2006年，越南国家图书馆协会（Vietnamese Library Association）成立，该协会旨在组织协调全国图书馆编目等联合项目，先后建立了区域性公共图书馆联盟（VISTA）、学术图书馆联盟（STENET）和全国性图书馆联盟（VinaREN）。⑦ 现新加坡国家图书馆藏书总量达1140万册，全国拥有68所公共图书馆和51所高校图书馆。⑧ 新加坡图书馆体系分为三大类，分别为公共图书馆、高校及学术图书馆、政府图书馆，由国家图书馆管理局进行统筹管理。新加坡公共图书馆体系十分成熟和健全，到2010年，全国公共图书馆年借阅总量约3000万册，到访人数超过4000万人次，足见其文化服务之广泛。在图书馆联盟方面，作为新加坡国内图书馆信息资源共享、联合项目共享

---

①③④⑦ 陈志亭：《我国面向西南开放的图书馆联盟战略环境研究》，硕士学位论文，云南大学，2015年，第23页。

②⑤⑧ 陈信、赵益民、张琼：《中国—东盟国际图书馆战略联盟探索》，《图书馆学研究》2013年第4期。

⑥ 百度百科：越南，http://baike.baidu.com/。

我国面向西南开放的图书馆联盟战略研究

与发展的平台,新加坡图书馆协会和新加坡学校图书馆员网络贡献了巨大的力量。①

改革开放以来,我国图书馆事业不负时代的使命,在两个文明建设中发挥了重要的作用。截至2015年底,我国共有公共图书馆3139个,公共图书馆业从业人员56422人,总藏量83844万册,58892万总流通人次,书刊文献外借册次50896万册次。②汉语已成为国际图联的官方工作语言,中国在全球图书馆界扮演着越来越重要的角色,中国的图书馆势必走国际化发展的道路,南亚、东南亚国家的图书馆也正加快向国际接轨……这些都对图书馆联盟的建设提出了要求。其规模、信息服务模式以及资源建设也必将与国际接轨。基于以上分析,我国图书馆事业发展的一个当务之急就是亟待与南亚、东南亚各国图书馆展开优势互补,实行资源共享。

二、建设我国面向西南开放的图书馆联盟的可行性

1. 国家经济整体发展平稳,经济保障有序

2016年,面对错综复杂的国内外经济形势和严峻挑战,我国经济形势发展保持着总体平稳、稳中有进、稳中趋好的局面。图书馆事业作为国家文化教育事业的重要载体,其发展离不开强有力的经济支持。图书馆联盟的建设更离不开各个国家有序的经济保障。

如今南亚、东南亚各国经济整体发展平稳。印度在2014年作为第一批意向成员国积极参与了亚洲基础设施投资银行(简称"亚投行")建设的行列,之后亚洲其他国家也积极地加入亚投行,这些举动都表明了它们想积极投身于区域经济一体化发展的决心,也为与中国建立更为密切的合作交流关系提供了无限可能。③新加坡实现经济繁荣与高度自由开放的经济政策密不可分,新加坡政府支持个人自由新办企业,并鼓励大量国内外私人资本和外资企业在新加坡进行投资。2009年10月,中国与新加坡签

---

①③ 陈志亭:《我国面向西南开放的图书馆联盟战略环境研究》,硕士学位论文,云南大学,2015年,第23页。
② 国家统计局年度数据2017年4月3日,http://data.stats.gov.cn/easyquery.htm?cn=C01&zb=A0Q0501&sj=2015,2017年4月3日。

订了《中新自由贸易协定》,为两国在今后实现经济自由贸易往来打下了坚实的基础。在中国—东盟自贸区平台下,将更加促进中新两国在未来开展频繁的经济合作。① 这些都为将来图书馆联盟的建立提供了良好有序的经济保障。

2. 图书馆相关法律法规不断完善

中华人民共和国成立后,在国家和政府的重视下,图书馆的系列管理制度、行政法规得以先后颁布、实施,极大地促进了图书馆的规范化管理。但与其他公共文化服务机构相比,有的地方政府对图书馆的认识还存在局限性,对其重要性还认识不足,加上图书馆建设管理的行政规章仍缺乏足够的系统性,导致现行的图书馆制度尚存一定程度的缺陷。

随着党的十八届三中全会通过的《中共中央关于全面深化改革若干重大问题的决定》的实施,图书馆建设的顶层设计逐步完善,为图书馆的发展指明了方向和路径。推进公共文化服务标准化、均等化;第三空间、法人治理结构、社会力量引入、智慧图书馆等各个领域的改革创新都在不断促进图书馆转型发展。全民阅读为图书馆注入生机与活力,全民阅读成为社会共识,并成为图书馆的核心业务工作。开放共享理念的普及同样推进了图书馆建设的国际化进程。《公共文化服务保障法》《公共图书馆法》《全民阅读促进条例》等法律法规的制定则有力促进了图书馆法治建设。② 印度的《国家图书馆法》于1976年颁布,旨在规范国家图书馆的管理和其他相关事宜。1995年,由新加坡国家图书馆管理局制定的《国家图书馆管理局法》规定了管理局的建立、组成、功能、权力等法人治理体系。各国图书馆法律法规的不断健全与完善,为图书馆联盟的建立提供了规范有序的法制环境。

3. 信息技术推动数字图书馆建设

印度已获得质量认证的软件居世界首位,获得ISO 9000质量标准认证的公司共有170多家,软件行业在全球居于领先地位,该国正在成为世界上重要的软件中心。③ 长期以来,印度的专利申请数量远远高于孟加拉

---

①③ 陈志亭:《我国面向西南开放的图书馆联盟战略环境研究》,硕士学位论文,云南大学,2015年,第23页。
② 2016年中国图书馆年会主题论坛:《公共图书馆发展的新理念、新经验、新视野》,http://www.lsc.org.cn/c/cn/news/2016-11/08/news_9556.html,2016年11月8日。

我国面向西南开放的图书馆联盟战略研究

国、巴基斯坦、斯里兰卡,保持高速的增长状态,到2012年,专利数量达到了2003年的3.5倍。这些数据足以显示印度已具备了十分有利于图书馆联盟建设发展的宏观技术环境。新加坡政府十分重视建设本国的技术基础,通过跨国公司引进国外先进技术、大力开发科技人力资源、促进微电子工业等高科技工业发展的同时,大力提高基础研发水平。① 由于新加坡具备成熟的信息技术软硬件条件,所以在软件市场规模、信息支出、电脑的家庭普及率和网络用户普及率、图书馆网络服务等方面均走在东南亚国家的前列,并在数字图书馆联盟和图书馆信息技术外包等领域都积累了众多成功的经验。在科技研发方面,马来西亚的"多媒体超级走廊"计划值得一提,通过这个计划,马来西亚政府在国内建立了信息技术公司与多媒体相关企业的发展特区,并在税收、资金等方面提供了优惠支持政策,从而进一步推动了该国信息技术的发展。

上述国家信息技术的发展以及我国随着云计算、Web 2.0、移动网络等技术应用的普及,将为各类图书馆联盟提供信息存贮、传递、共享提供有效的技术支撑,从而保障我国在面向南亚、东南亚构建的图书馆联盟过程中得到全方位的技术提供。

4. 对外开放国家战略为跨境图书馆联盟建设带来重要契机

开放是中国经济实现迅猛发展的一件利器,将为中国全面建成小康社会做出卓越贡献。"十三五"规划明确指出:"开放是国家经济持续提升的必由之路。伴随着我国经济深度融入世界经济的发展趋势,只有坚持互利共赢的开放战略,才能最终实现国家繁荣昌盛。"作为中国国际战略体系新成员的"一带一路"倡议,给中国经济的腾飞带来了全方位的发展机遇,其战略愿景致力于"商贸文化互通、区域经济一体化和共同繁荣"。

近年来,随着缅甸民主化的推进、市场经济改革和对外开放政策的实施,缅甸的经济发展速度开始不断加快,缅甸政府在农业、基建、出口、投资等八个方面进行改革试点并取得了成效;② 柬埔寨一直保持着稳定的政治社会环境,通过担任东盟轮值主席国的契机,扩大与域内外各国交流

---

① 王士录:《东盟各国科技发展的现状与趋势》,http://www.cssn.cn/gj/gj_gjwtyj/gj_yt/201310/t20131026_590781.shtml,2012年9月3日。
② 陈志亭:《我国面向西南开放的图书馆联盟战略环境研究》,硕士学位论文,云南大学,2015年,第23页。

合作，通过吸引外资、拉动内需、扩大出口等措施刺激经济的增长；[1] 2012年10月，老挝加入了世界贸易组织，意味着正式登上全球贸易舞台。通过主办亚欧领导人会议的契机扩大与外界联系，并与多国签订合作协议以吸引多国资金。[2]

在当前各国对外开放的战略格局下，经贸交流频繁，合作成果显著，自贸区建设推进，双边贸易增长，投资规模加大，各个领域的合作都进一步加强。图书馆同样可以凭借开放格局，充分利用特色资源，结合自身发展优势，不断寻求对外交流合作机遇，与其他国家进行交流协作，为图书馆事业发展带来质的提升。

5. 我国与南亚、东南亚各国已建立初步的图书馆交流合作机制

我国与周边国家的图书馆交流项目始于20世纪90年代初。到90年代后期，与许多国家开展了互访活动，如越南、泰国等。还与新加坡国家图书馆签订了合作协议，建立了高层互访机制。

我国与南亚、东南亚各国的图书馆界通过高层互访、合作举办展览、管理人员相互交流等形式，促进了国际交流与合作，有助于建立国家之间的稳定联系，为构建面向南亚、东南亚开放的跨境图书馆战略联盟奠定了基础。

综上所述，构建面向南亚、东南亚各国的图书馆联盟与稳定的政治环境，健全的法制制度，强大的经济与科技实力，日益提升的国民文化素养等因素息息相关。我国面向西南开放的战略和"一带一路"倡议的实施，增强了我国与南亚、东南亚区域的交流与协作。在国家注重提升文化软实力的大背景下，图书馆积极主动承担文化交流的使命，不断探寻图书馆的国际交流协作机制，这不但是国家文化战略意志的重要体现，更是实现图书馆事业大发展的重要举措。

---

[1] 陈志亭：《我国面向西南开放的图书馆联盟战略环境研究》，硕士学位论文，云南大学，2015年，第23页。
[2] 古小松、杨超：《高慢低快：〈2012~2013年的东南亚经济——兼谈中国—东盟经贸关系〉》，《亚太经济》2013年第2期。

第五章 我国面向西南开放的图书馆联盟战略组织体系

我国与南亚、东南亚各国图书馆的联盟构建既要遵循自愿平等、协商一致等一般性原则，又要体现国家利益，保障国家信息安全，并对多元文化兼容并蓄、优势互补。从组织建制来看，联盟应该具备相互支持和制衡的决策机构、执行机构和监督机构。从系统功能来看，联盟应该促进多元文化交流和区域文化的发展与繁荣，进而通过提升各国民众的互信互惠，增强国际友谊，为我国"一带一路"等发展战略的实施提供必要的信息资源保障和民意支持。

第一节 图书馆联盟的构建原则

在构建我国面向西南开放的图书馆战略联盟的过程中，需要遵循构建图书馆联盟的一般原则，以及针对南亚、东南亚各国的具有跨境战略联盟特点的特殊原则。

一、一般性原则

1. 共建共享与自愿平等原则

构建图书馆联盟的最大动力和最终目的之一就是资源和服务的共建共享，不仅包括文献信息资源等传统图书馆联盟的共享内容，而且应该包括人力资源、技术、数据、资金、平台、服务、存储空间、环境等与现代图书馆工作和服务相关的多种要素①。项目组对南亚、东南亚各国的图书馆加入中国图书馆联盟的战略目标进行了问卷调查。虽然各馆在类型、国别、馆藏数量、资源状况、技术应用、管理制度、服务内容等方面存在诸多差异，加入联盟的目的也不尽相同，但是从战略目标与图书馆类型、所在国别、纸质馆藏量的交叉分析结果来看，均未通过卡方、对称度量和方向度量的相关性检验，可以断定受访者对加入中国图书馆联盟的战略目标的选择并不受这三个因素的影响。从选择的频次和比例看，50%的被调查者认为共享文献信息资源是其加入中国图书馆战略联盟的首要目标，其次是提高馆员素养和构建知识网络，均为40%，排在前五位的战略目标还有提升服务能力和推广应用新技术，分别为38.18%和36.36%，其他频次和比例情况如图5-1所示。基于此，在构建我国面向西南开放的图书馆战略联盟的过程中，要有意识地关注和了解各类图书馆的不同情况，重视图书馆联盟主要目标的实现和保障，坚持自愿平等的原则。做到各联盟成员不论其组织规模的大小，人才队伍的多寡，资金实力的强弱，都有权加入或

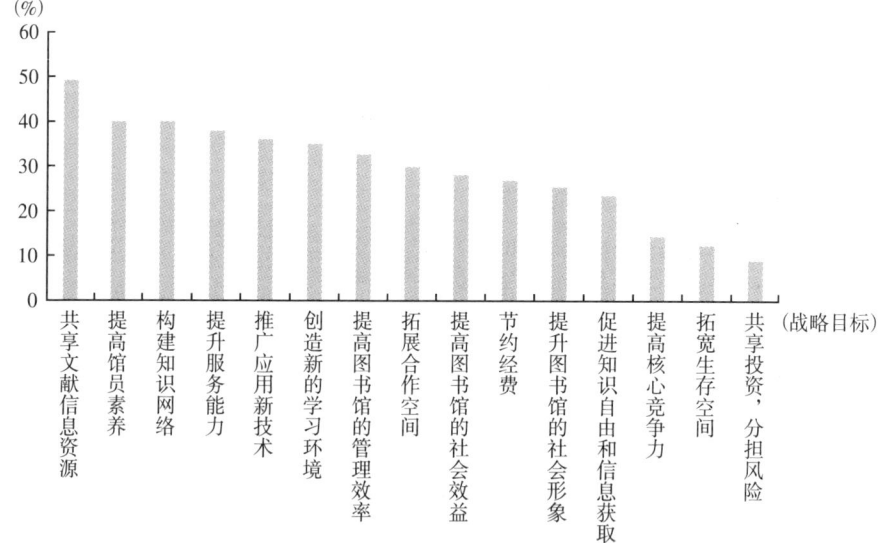

图 5-1 受访图书馆加入图书馆联盟的战略目标

资料来源：笔者整理。

---

① 高凡：《网络环境下的资源共享——图书馆联盟实现机制与策略研究》，四川人民出版社2006年版，第202-204页。

第五章 我国面向西南开放的图书馆联盟战略组织体系

者退出联盟,并且在联盟事务中享有平等的发言权,各联盟成员在联盟内应该做到权利和义务的统一。

2. 民主决策与协商一致原则

图书馆联盟是由多个有共同利益的图书馆组成的松散的联合体,是依赖合同或契约发展的柔性组织。① 联盟内各成员馆之间是平等的,不存在上下级行政隶属关系,通常是通过合同契约来协调各方关系。因此,在构建我国面向西南开放的图书馆战略联盟的整个过程中,需要始终注意遵循民主决策和协商一致的原则。民主是平等和合作最重要的原则②,所有联盟成员都要积极参与到联盟事务的决策和实施当中。成员馆在加入联盟之前,要明确联盟的战略目标、组织体系、管理制度、运行机制及成员馆的权利、义务等,在协商一致的基础上,进行民主决策,充分体现各成员的意志和需求,保障联盟事务的正常进行,促进联盟目标的最终实现。

3. 科学性与标准化原则

任何一个组织的构建和实施都要注意科学性和标准化的问题,构建我国面向西南开放的图书馆联盟也不例外。在战略联盟的需求调研、组织构建、管理实施、评价反馈等各个环节都需要注意科学性问题。在联盟构建的前期,要用科学的方法进行用户需求和相关环境的监测分析,保证数据收集和分析的科学性,为决策的正确性奠定坚实的基础。在对南亚、东南亚图书馆的问卷调查中,超过 2/5(41.82%)的被调查对象认为技术标准(Technology Standard)是影响其所属组织机构与我国建立图书馆联盟的重要影响因素。因此,在图书馆联盟构建和实施的过程中,特别是资源共建共享中的软硬件设施建设、资金管理、人员培训、平台设置等活动环节中,要注意相关技术标准的制定和执行,保障联盟系统及联盟各项目标的顺利实现。

4. 系统性与针对性原则

系统理论认为,世界上一切事物都从属于一定的系统,系统是物质存在的普遍方式和属性。③ 我国西南地区和南亚、东南亚无论从地缘关系还

---

① 董琴娟:《中国图书馆联盟发展研究》,光明日报出版社 2013 年版,第 30—39 页。
② Maitrayee Ghosh, Scbiswas, Vkjjeevan, "Strategic Cooperation and Consortia Building for Indian Libraries: Models and Methods", Library Review, Vol.17, No.9, 2006, pp.608-620.
③ 许军林:《地市级区域图书馆联盟建设研究》,西南交通大学出版社 2011 年版,第 185—187 页。

是社会经济文化发展,都密切关联,具有系统化特征。在构建我国面向西南开放的图书馆联盟的过程中,要注意在统一规划、统一布局、统一协商、统一管理下进行系统性构建。针对性的实质就是图书馆联盟构建既要满足区域经济社会发展的需要,又要注意满足用户的特殊需求。要注意提高资源利用率,体现联盟建设的有效性和实用性。我国西南地区与南亚、东南亚在社会经济、图书情报事业、信息资源等各方面既紧密相连,又各具特色,因此在构建开放型的图书馆战略联盟时要注意联盟的系统性和针对性,强调成员馆价值的发挥,促进联盟整体效益的体现和联合优势的凸显。

二、特殊性原则

1. 以国家宏观战略为指导方向

构建我国面向西南开放的图书馆联盟,首先要遵循我国面向南亚、东南亚各国的基本外交战略。一方面,要坚决遵守联合国宪章,严格遵守我国处理外交事务的各项原则和规章制度。另一方面要遵循"一带一路"倡议中与图书情报事业,特别是与图书馆战略联盟发展有关的各项原则。第一是开放合作的原则。我国除了延边的西南地区,其他地区的图书馆也应参与到联盟建设中;除了南亚、东南亚国家,其他邻近或相关的国家和地区也可纳入联盟的覆盖范围,要让共建共享的成果惠及更多成员馆和用户。第二是和谐包容的原则。要注意尊重不同国家在经济文化方面的差异,以及对图书馆事业发展道路的不同选择,倡导文明宽容,注重不同文明和不同图书馆发展范式之间的对话和交流,努力做到求同存异、兼容并蓄,争取实现和平共处、共生共荣。第三是互惠互利、多方共赢的原则。要关注各方利益,努力寻求成员馆的利益契合点和合作基本点,重视和反映各国图书馆界的独特智慧和创意,各尽所能、各施所长,努力将各方优势和潜力充分发挥出来。①

2. 以国家利益为准则,保障国家信息安全

我国与南亚、东南亚国家在国际关系方面有亲有疏,特别是与其中的一些国家不同程度地存在着边界、领土、意识形态等方面的矛盾和争端,

---

① 中华人民共和国商务部综合司:《推动共建丝绸之路经济带和21世纪海上丝绸之路的愿景与行动》,http://zhs.mofcom.gov.cn/article/xxfb/201503/20150300926644.shtml,2016年6月10日。

以至于国际关系时紧时缓,表现出微妙性、复杂性、敏感性和多元性等特点。①在对南亚、东南亚图书馆的调查中,在与中国图书馆建立合作交流的问题中,交叉检验的 Lambda 显著性值小于 0.05,表明与中国进行图书馆合作交流的重要性认识程度受到受访者国别的影响,不同国家之间存在显著差异。其中,认为非常不重要的一共有 11 人,其所属机构为印度的最多,超过 4/5。分析原因,我国与印度同属世界文明古国,同在金砖国家之列,特别是作为世界上人口最多的两个发展中大国,同为世界所瞩目。21 世纪以来,两国在经济、社会、文化、教育等各方面发展不仅具有很大的共性,而且充满了竞争性。菲律宾等国家和地区在南海等领土争端中更是风诡云谲、暗潮汹涌。这些错综复杂的国际形势和国际关系无疑会影响相关国家对构建我国面向西南开放的图书馆战略联盟的意愿和行动。此外,构建我国面向西南开放的图书馆战略联盟,不仅会受南亚、东南亚各国与中国的关系影响,而且会受中印、中美、中俄等大国之间的政治经济活动的影响,所以,要注意不同国家之间的国际关系,以国家利益为准则,求同存异,注意保障国家信息安全和知识产权。

3. 以构建华文信息资源保障系统为切入点

华文信息资源保障体系是指以汉字为记录文字的,集信息资源的收集、组织、存储、传递、传播、开发和利用于一体的信息资源保障体系。在对南亚、东南亚图书馆的调查中,超过 3/4(75.3%)的受访者认为构建华文信息资源保障体系对于该馆与中国图书馆的交流和联盟构建具有重要的意义,并有不少受访者表示华文文献资料与华文相关信息资源服务在当地很受用户的欢迎。在中国国际地位和影响力日益提高的当下,海外的华人、华侨对祖国的向心力、凝聚力进一步提升,尤其是南亚、东南亚等这些传统的华人聚集地,他们的精神溯源和文化寻根情节将日益凸显。加上面向西南开放的"桥头堡战略"和"一带一路"等区域格局战略的提出和逐步推进,南亚、东南亚各国与我国的经济、文化、教育、社会等方面的交流将更频繁,由此带来的文化交流诉求和意愿将对各国图书馆等公共文化服务组织机构提出更高要求。②所以,构建我国面向西南开放的图书

---

① 马嫚:《从中国—东南亚关系的发展看中国睦邻友好政策的演进》,《太平洋学报》2011 年第 10 期。
② 赵益民、陈志亭:《跨境图书馆联盟建设的创新路径与理论视角》,《图书馆理论与实践》2015 年第 6 期。

馆战略联盟,应该坚持以构建华文信息资源保障系统为切入点,增强图书馆联盟的实践价值。

4. 多元化与特色化原则

南亚、东南亚是世界性的政治、文化"大熔炉",东南亚更是有着"文化博物馆"的美称,而我国与南亚、东南亚各国共同处在"东方文化圈",在文化传统等方面有诸多的"亲缘关系"。各国的政治、经济、文化、教育、宗教活动等异常繁杂,世界上多种类型的政治体制、文化传统、风俗习惯、宗教形式几乎都能够在南亚、东南亚各国中找到自身发展的影子。① 这种多元化的政治、经济、文化、教育、宗教背景使得各国图书馆及图书馆事业的发展状况、馆藏资源、组织机构等丰富多彩,各有千秋,且与各国政治、文化、宗教等密切相关。在对南亚、东南亚图书馆的调查中,联盟文化被认为是影响南亚、东南亚各国图书馆与我国图书馆构建图书馆联盟的首要因素。所以,在构建我国面向西南开放的图书馆战略联盟时,一定要注意到各国多元的文化环境和社会背景,建设多元化、特色化,以及和谐共荣的图书馆联盟。树立注重联盟成员馆独特性的理念,不仅是构建联盟的基本前提,而且应该成为联盟生存和发展的重要支撑。

5. 协同创新与可持续发展原则

创新是一个民族进步的灵魂,是一个国家兴旺发达的不竭动力。我国"十三五"规划纲要提出要实施创新驱动发展战略,从科技、体制机制、科学研究、公共文化服务等各方面促进我国社会经济文化的发展进步。② 尝试构建我国面向西南开放的图书馆战略联盟,这一事件本身就体现了我国图书馆学人在图书馆联盟及图书馆事业跨区域发展方面的创新意识。坚持可持续发展原则,确保联盟战略目标、组织体系、管理制度与所处时代和环境不脱节,增强图书馆联盟的影响力和生命力,谋求各联盟成员和联盟体在社会经济发展中不断进步,实现良性、可持续发展,尤其是要争取国际基金组织、慈善组织及非政府组织的支持。总之,构建我国面向西南开放的图书馆联盟组织体系,不仅要关注我国与南亚、东南亚各类型图书

---

① 陈信、赵益民、柯平:《东盟图书馆联盟发展现状及对我国的启示》,《图书情报工作》2014年第1期。
②《中国国民经济和社会发展第十三个五年规划纲要》(全文),http://www.china.com.cn/lianghui/news/2016-03/17/content_38053101.htm,2016年8月20日。

馆及图书馆联盟的发展变化,而且要注意图书馆与其他相关系统和组织的协同发展,构建跨系统、跨行业、跨区域的图书馆联盟,以此促进我国与南亚、东南亚各国图书馆事业的共同繁荣和发展。

第二节 图书馆联盟的组织架构

组织架构(Organizational Structure)指组织的整体性结构,根据组织管理及控制的需要,涉及组织的管理模式、内部资源、构建流程、运营维护、业务特征等诸多基本要素。在管理学意义上,组织结构实质上是一种职权—职责关系结构。战略联盟的组织架构是按照国家有关法律法规、理事会决议、理事会章程,结合战略联盟实际,明确理事会、轮值执行主席馆、监督机构和联盟内部各委员会机构设置、职责权限、人员编制、工作程序和相关要求的制度安排。建立适应联盟发展的组织结构和管理制度,构建对各项业务发展起强大支撑作用和推动力的组织管理平台,是联盟存在和发展的前提。

一、联盟类型

1. 改造我国现有的图书馆联盟

随着现代信息技术的发展,中国的图书馆联盟也逐步走向成熟。从地域建设规模上划分,目前中国的图书馆联盟可以分为全国性图书馆联盟和地区性图书馆联盟两类。全国性的图书馆联盟包括中国高校文献保障系统(CALIS)、国家科技图书文献中心(NSTL)、中国高校人文社会科学文献中心(CASHL)等。地区性图书馆联盟包括北京地区高校图书馆文献资源保障系统(BALIS)、江苏省高校图书馆文献资源保障体系(JALIS)、上海市文献资源共建共享协作网、吉林省图书馆联盟(CLJ)等。在改造我国现有的图书馆联盟,与南亚、东南亚各国构建跨境图书馆联盟方面,国内各个图书馆联盟都有一定的条件,大致有以下思路:

第一,完善现有联盟的建设模式,创新跨境发展道路。跨境图书馆联盟的建设可由主管政府主导,以社会需求为导向,循序渐进地形成市场化运作模式。这一发展模式主要借鉴上海市文献资源共建共享协作网，即与当地政府积极合作，在政府的推动下，更有效地进行跨境合作，保证跨境联盟的建立和运作的可持续性。以社会需求为导向，需要最大限度地适应联盟覆盖的各国国情，充分考虑各国成员馆不同的利益诉求和用户不同的服务需求，创建符合国际惯例、能被广泛认同的联盟治理结构体系。

第二，利用现有联盟的科研优势，开展跨境学术交流。学术交流、项目研究和专业教育是国内外图书馆联盟常见的职能。我国现有的很多图书馆联盟具备丰富的科研基础，如全国图书馆信息服务无障碍联盟所开展的业务活动可使我国与南亚、东南亚各国的图书馆界达成学术资源上的协作机制。通过整体规划，增强联盟成员馆间的学术联系与协作，集合各馆的科研优势，将联盟打造成集专业人才、信息资源于一体的科研重阵。

第三，利用现有联盟的技术优势，实现跨境技术联合。我国面向南亚、东南亚的图书馆联盟的建设发展离不开技术的支撑，我国现有的图书馆联盟也多具备较强的技术条件。中国高校文献保障系统开发的一些产品和技术，如进行联机编目，建立公共目录检索系统，进行统一认证等，早已能够实现高效快捷的远程访问。跨境联盟可在此基础上，利用各国不断完善的网络基础设施，通过云计算、物联网、人工智能等前沿技术的广泛应用，既为自身发展创造有利条件，又为成员馆之间的交流合作开辟出技术领域的空间。

第四，利用现有联盟的特色资源，奠定跨境共享基础。特色资源建设是推进信息资源共建共享建设可持续发展的动力，我国很多联盟成员馆都创建了自己的特色数据库。利用这些有利条件，跨境联盟可以激励、帮助其他国家的成员馆也挖掘自身的馆藏资源价值，彰显文化特色和地域特色。进而，在各馆特色和专题资源达到一定规模时，联盟可以集中、调配各馆人员、技术和管理等方面的优势，合作开发二次文献数据库、专题数据库、多媒体数据库等，参考 JALIS 的成功经验，建立联盟内的共享平台。此外，联盟建设不仅包括特色资源的建设，还应包括特色活动的开展，我国国内联盟对此也进行了很多有益尝试，积累了丰富的经验。

2. 构建国内外个体图书馆组成的联盟

长期以来，我国一些具备开放思想的图书馆不断探索对外合作交流之路，如国家图书馆依托中国图书馆学会等行业组织，面向国外图书馆界开展各类交流合作项目。上海图书馆也与国内外 1000 余个图书馆建立了文献传递业务联系。在这些基础上,应加强我国图书馆与南亚、东南亚各国图书馆之间的交流与合作,构建由国内外的个体馆组成的联盟。

南亚、东南亚各国与我国的情况相似,每个主要类型的图书馆通常都隶属于特定的系统,都有其上级主管机构,如政府文化部门、高等院校、科研机构等。同一类型的图书馆在资源类型、服务项目、管理模式等方面拥有很多共同的特征,因此,国内外同类型的个体图书馆往往拥有很好的合作基础和共同诉求,比较容易建立业务往来。个体馆自行组建跨境联盟还有另一个自由度的优势,体现在每个个体馆都能自由地选择结盟的对象,在加盟的时间、合作的形式等方面有着很大的灵活性。

个体图书馆之间的交流与联系是多方面的,如具有相似学科专业及科研领域的高校,它们之间的合作既可以谋求学术文献信息资源的共享,也可以开展共同承担科研项目等更高层次的协同活动。另外,个体图书馆之间的工作人员还可以采取交流互访、相互学习的培训方式到对方图书馆学习先进的管理技术与业务知识。

3. 构建由国内外行业组织组成的联盟

中国图书馆事业发展初期,中华图书馆协会成立。1927 年,该协会成为国际图书馆协会及联合会(IFLA)的主要发起单位。成立于 1979 年的中国图书馆学会承担了行业协会的职能,是全国图书馆和机构科技工作者组成的公益性、学术性、全国性的非营利性社会组织,主要通过专题讨论、学术年会等形式宣传图书馆专业知识和技能,培养优质的技术型人才。中国图书馆学会是党和政府联系图书馆工作者的基础纽带,负责开展国内外学术交流活动,加强同国际图书馆界的联系与合作。

值得注意的是,据中国图书馆学会近几年发布的关于国际合作交流的项目动态看来,我国的国际交流合作对象多为美国,友好往来也多为欧美国家,少见南亚及东南亚国家有往来交流合作项目开展。近年来,仅有印度专业图书馆与信息中心协会主席赛特派斯于 2013 年访问中国图书馆学会。其他国家的行业组织,如新加坡国家图书馆管理局、马来西亚图书馆协会等,均未与中国图书馆学会建立长效交流机制。

各国的图书馆行业组织通常既肩负协调本国图书馆界的馆际组织管理,又承担着代表本国图书馆界与国外同行交往的职责。南亚、东南亚很多国家已实施了改革开放的政策,很容易与我国的"一带一路"倡议对接。结合新的国际形势,应该加强我国与南亚、东南亚各国在图书馆行业组织之间的交流与合作，发挥行业组织在统领业界、协调组织方面的优势，加强外向发展，构建新型联盟。

4. 构建由图书馆与相关文化服务机构组成的联盟

在当前高速发展的社会，如果图书馆联盟不具备开放的发展理念，仅限于行业内部运行，未来的发展空间就非常有限，缺乏创新的动力，存在的意义就更难凸显。图书馆跨行业联盟是一种新的合作模式，需加强中国与南亚及东南亚各国的相关文化、教育、经济服务机构间的交流与合作方式，构建开放式、全方位的跨行业联盟。例如，现在国内及东南亚的很多高校图书馆，不仅在联盟内部开放交流与合作，协同对象还涉及农业、航空、医学、教育等领域的机构，为降低成本、整合资源并提供最前沿的资源信息共享系统开辟新的渠道。在联盟的创新运作过程中，应推动由过去行业内的单一合作模式向跨行业的多元合作模式转变，促进与公共文化服务机构，乃至更大范围的合作不断得到拓展，图书馆联盟的异质化特征不断得到加强。加强联盟产业链上下游间的合作，通过资源的整合促进各自的利益，以及战略目标的实现，还能有效降低联盟内部竞争的风险。

在对南亚、东南亚各国图书馆的调查问卷中显示，76%的受访图书馆愿意与教育机构或非营利组织（如中小学图书室、博物馆）进行阅读推广、文化展览等形式的合作（见图5-2）。

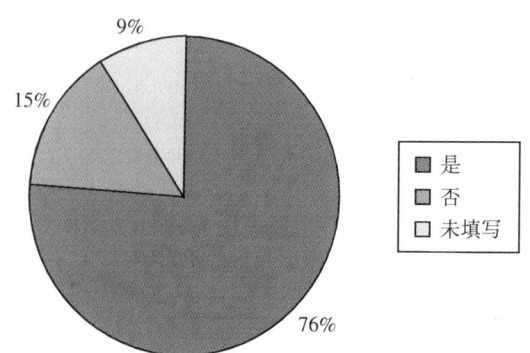

图5-2 南亚、东南亚各国图书馆对跨行业合作的认识

资料来源：笔者整理。

从分层数据的交叉对比来看，各国的绝大多数国家图书馆都支持跨行业合作，在此方面的意愿最为强烈，比持消极态度者多出75个百分点。

第五章　我国面向西南开放的图书馆联盟战略组织体系

高校图书馆也有超过八成的比例持积极态度，比持消极态度者多出 67.3 个百分点，而公共图书馆此项数据仅为 35.7 个百分点。如此大的差距值得注意，为我国重点开展此类联盟建设提供了首选对象，以及最大的开拓空间。

图书馆实施跨行业的战略规划，与其他行业组织共建战略联盟，将极大地推动更大范围的协同进程，以自身专业职能的发挥提升社会地位。在这种多元化的合作体系中，图书馆可以从自身利益出发来选择对自己适合的项目及业务谋求开放式的发展，同时也借助自身优势促进其他行业组织得到更大的发展。

二、联盟的决策机构

南亚、东南亚各国的图书馆联盟发展差异较大，我国面向西南开放的图书馆联盟的构建形式与交流合作项目也各有不同，但在组织管理方面应采用国际通行的机制，以寻求与各国高效的对接。根据法人治理的国际惯例，理事会制度被越来越多的非营利性组织采纳。在对南亚、东南亚各国图书馆的调查问卷中显示，超过 75% 的图书馆支持成立理事会进行联盟事务的管理（见图 5-3）。

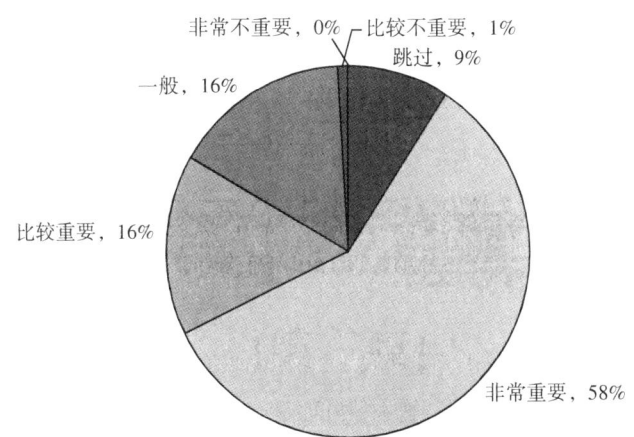

图 5-3　南亚、东南亚各国图书馆对成立管理联盟的理事会的重要性认识
资料来源：笔者整理。

基于广泛的共识，我国面向西南开放的图书馆联盟应成立负责主要事务集体决策的管理机构——理事会（Trustee），也可被称为"委员会"（Board）或"董事会"（Board of Directors）。这样的决策机构应拥有充分的管理权限，一般处于政府主管行政部门之下、馆长之上，以便有效地行使决策权力。联盟的理事会制度要体现所有权与管理权分离的新公共管理理念，体现公共服务供给中"去行政化"的现代公共治理理念，在我国，更要符合政事分开、管办分离的事业单位改革方向。

南亚、东南亚各国历史文化、社会教育各有特色，图书馆事业的发展程度也各不相同。其中，有整体达到发达国家水平的新加坡；有具备独特语言文化并具有悠久华文教育传统历史的马来西亚；有人口众多、城市化水平偏低的越南。很多国家都在不同程度上接受了现代法人治理理念，广泛实施理事会制度。我国面向西南开放的图书馆联盟采用理事会作为最高决策机构，能够很好地与国际接轨，在管理机制上与各国开辟更大的对话空间。

1. 理事会组成人员

成立我国面向西南开放的图书馆联盟理事会，人员构成是需要慎重对待的事项。遴选理事会组成人员，一要保证代表民意的广泛性，应包含一定的南亚、东南亚各国图书馆界及其用户群体的代表。二要重视选任责任心强的贤达人士，提高决策力度。三要按照之前规定的标准程序任免，避免出现重大错误性的人事安排。四要遵循东盟、南盟、国际图联等国际组织的选举会议惯例，取得各国图书馆界的支持。

2. 理事会基本职责

科学制定理事会职责，同样是建立健全理事会制度最重要的过程之一。我国面向西南开放的图书馆联盟理事会含有以下职责：一是与各国共同构建的联盟应以双方共同的战略发展目标为导向，以各国间的合作交流作为重要职责，契合联盟成员馆的核心利益，制定并实施图书馆联盟总体战略发展规划和政策。二是坚持充分的民主管理和参与，主办联盟代表大会。三是审批联盟年度工作计划和财务预算方案，对重大事项进行质询和听证。四是监督联盟各项经费的使用情况，以及审议联盟年度报告和财政收支状况。五是审议图书馆联盟绩效考核指标和服务标准，确保战略规划的顺利实施。六是选举和罢免理事长、副理事长、秘书长、常务理事及其他重大人事任免。七是审议和采纳联盟人事政策、审批联盟各主要分支机

第五章 我国面向西南开放的图书馆联盟战略组织体系

构负责人的任免。八是决定实体机构、办事机构、代表机构、分支机构的创立、变更和注销。九是开展大型表彰和奖励活动,推动联盟事业进程。

3. 理事会的组织机构模式

设置合理的理事会组织机构是理事会是否能顺利开展工作,同时并取得相应优秀业绩的组织建制的有力保障。在我国面向西南开放的图书馆联盟理事会之下,需设置各类专业委员会,与理事会一同构成联盟决策支持系统。例如,可设置咨询委员会、人力、财务、政策、立法、服务、审计及执行委员会等专业委员会,中国及其他国家的图书馆联盟、图书馆或行业组织可以根据自身的优势,分别承担专业委员会的职责。各国的联盟或行业组织也能作为联盟派驻各国的分支执行机构,为管理咨询服务和理事会决策提供专业咨询。委员会成员的选聘办法和具体职责应经理事会会议审议批准,并公示方式告知。在委员会成员受聘期间,理事会必须负责,同时必须承担相应的诚信义务和勤勉义务。

4. 理事会议事具体条例

理事会本身作为决策机构和民主议事机构,必须遵从科学决策原则和民主决策原则,尤其是在会议制度上必须遵循平等协商、自由发言和程序民主原则。我国面向西南开放的图书馆联盟的理事全体会议应在各国间轮流每年举行一次,由年度轮值主席馆主持召开,重点讨论各国图书馆界的联盟战略发展议题及图书馆间交流合作项目。为使理事成员有效履行职责,会前应向理事提供合适而有动态更新的信息,并于会议召开前将会议议程等相关材料发送给理事,以便做好充分的会议准备,提升会议质量。会议决议实行多数表决原则,理事会若对重大事项表决时,须取得出席会议的过半数理事的赞同方可生效。当相左意见的表决票数相同时,理事长有权投决定票。理事会秘书对所议事项的决定做好真实、完整的记录,理事会会议形成的决议文件,应在出席会议的理事见证下,由理事长(会议主持人)签名、盖章,并署上日期,方为有效。

5. 理事会制度建设

我国面向西南开放的图书馆联盟理事会是一种民主决策机构,其一切活动都要体现民主、公开、效能、责任等特点。为了体现这些特点,必须建立健全相关的制度规范。理事会的各项章程是非常重要的制度性文本,其中应包括联盟的战略目标、中外双方的权利与义务、运作机制等内容。理事会的各项主要内容制度名称,都应该在理事会章程中做出原则性指标

我国面向西南开放的图书馆联盟战略研究

和具体的规定。年度报告由轮值主席馆负责编制,报送理事会审议,并将审议后的报告及时公之于众。理事会制度的具体内容,除之前论述的理事会议事原则和理事会章程中规定的理事会组成和理事职责之外,还有具体的内容规定:一是信息公开制度,年度报告要提交给行政主管及相关部门,并在每年相对固定的时段向公众公开,接受政府机关及社会的评议。在日常运行中,也应随时通过媒体、网站、宣传册等多种形式向社会公开联盟的服务内容、服务标准、财务审计制度、政策依据、运作状况、发展规划等内容,以及变化调整等情况。在运行过程中涉及公众利益的重大举措应通过听证会等形式接受公众听证。二是绩效评估制度,由行业主管部门会同有关部门制定图书馆行业绩效评估标准体系,评估工作应委托第三方评估机构负责。除了对所管辖图书馆的绩效评估,还应包括理事会自身的业绩评估以及联盟成员馆主要管理层(馆长及其副职)的业绩评估。为此,制定"馆长(副馆长)聘任具体条件和岗位责任"制度也是有必要的。三是年度报告制度,年度报告应包括年度发生的重要决策、重要活动、预算执行情况、计划与目标的完成情况、主要财务状况、运作中出现的问题等。四是审计制度,审计机关依法对联盟的财务状况实施具体审计监督,并在法人代表离任时或任期届满时对其实施经济责任审计,没有审计不得解除其经济责任的关系。联盟的信息发布应细致、及时,有统一的实时更新的信息平台,以便成员馆间更好地沟通和交流。①

三、联盟的执行机构

根据构建现代法人治理结构的要求,我国面向西南开放的图书馆联盟在成立理事会的同时,还应确立决策权和执行权分离的分权模式。

理事会是决策机构,首要职责是进行战略规划,其次是确定联盟的机构设置和人员配置,协调联盟成员馆之间的关系,促进联盟的和谐稳定和协同发展。各类专业委员会一方面对理事会决策提供专业咨询和管理咨询服务,与理事会一同构成联盟决策支持系统,对联盟管理层起着制定、发布管理决策的作用。另一方面在轮值主席馆的组织协调下执行理事会的各

---

① 蒋永福:《论图书馆理事会制度》,《图书馆》2011年第3期。

项决议,发挥管理执行机构的作用。例如,咨询委员会就是理事会征求决策参考意见的特设机构。在联盟理事会有重大政策举措出台实施时,需向咨询委员会咨询意见和建议;咨询委员会对决策进行解读,答疑释惑,正确引导舆论。相应地,政策委员会在研究制定政策、起草法律法规时发挥作用。人力资源委员会最重要的职能在于招揽高级人才,对联盟内部的人才进行合理配置,优化人才发展模式,并配合联盟制度的推行,修订适宜的人力资源制度和流程,使人力资源管理更加规范和高效。财务委员会的职责是分析联盟资金的筹措方案,提出决策参考建议。具体包括分析联盟资本结构,强化资金的管理力度,统筹合理安排经费的使用,增加资金配置方面的计划性和透明度,以此作为理事会检查联盟运营的重要依据。审计委员会的职责在于监督联盟的会计、财务报告以及联盟会计报表的审计,帮助理事会提升战略决策的透明度和科学性,该委员会关注联盟的整体发展状况,并确保联盟运营风险的最小化。执行委员会是联盟依照行业相关法律法规和联盟章程有关规定所特设的执行机构,职责在于研究制定联盟中长期发展战略,并向理事会提出建议,根据联盟的战略目标,以及理事会确定的年度计划,针对运营策略、合作项目和管理流程与制度,提出实施督促和绩效评估的意见。

联盟决策的管理执行机构由按年度设置的轮值主席馆担任,接受理事会的指令,负责联盟的日常事务的运行管理,对理事会负责,接受理事会的监督,向理事会汇报工作,组织协调各专业委员会执行理事会决策,开展各项工作。

四、联盟的监督机构

法人治理结构来源于经营权分离,以及由此产生的委托与现代组织管理中的所有权代理模式,是由管理层、决策层和监督层三个方面进行相互协调、相互制衡,构成关系。[①] 因此,在决策和执行机构之外,联盟还应设置监督机构(监事会),以便评估战略绩效,监管战略实施过程。如图 5-4 所示,联盟理事会行使管理决策权,各类专业委员会对理事会提供专

---

① 田凯:《中国非营利组织理事会制度的发展与运作》,《经济社会体制比较》2009 年第 2 期。

业咨询，参与决策制定。轮值主席馆负责组织协调联盟成员馆，执行理事会的各项决议及章程。监督层由外部监督部门（社会与政府）及内部监督部门（监事会）构成，监督方式包括内部监督和外部监督。

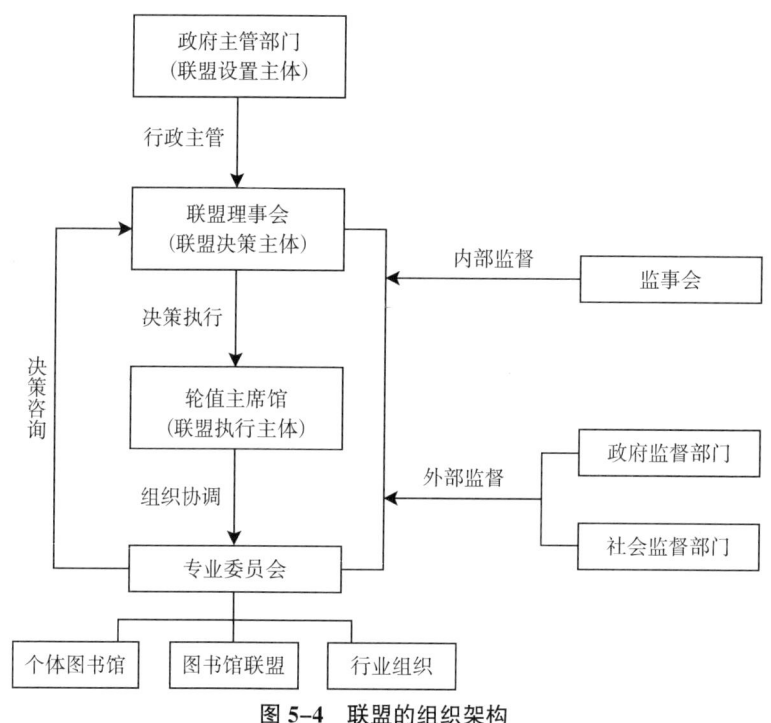

图 5-4 联盟的组织架构

资料来源：笔者整理。

联盟监督机构——监事会的职责首先是对理事会议程的合法性以及执行管理层对理事会决议的贯彻程度进行监督，工作类型可分为事中监督和事后监督。其次是以财务活动为重点，对理事会及管理者的经费使用行为进行有效监督，这是内部监督的重要方面。在理事会章程中应明确理事会和监事会的各自权利与义务，在工作实践中应制定评估和管理方案，全方位确保监督管理活动的正常进行。通常，监督机构功能发挥需要满足几个条件：一是了解足够的联盟运作信息；二是具备监督所需的专业知识和能力；三是能够不受理事会影响，独立行使监督权利。理事会与监事会应定期选举，并就年度工作情况做出详尽的报告，报送给行政主管及相关部门，并在每年相对固定的时段向公众公开，配合政府及社会的外部监督。

第五章 我国面向西南开放的图书馆联盟战略组织体系

需要着重指出的是,联盟下设的审计委员会和监事会职能的区别与互补性。两者有共同的目的,都是监督联盟管理者的行为。不同之处在于:审计委员会参与理事会决策,其监督特点是事前监督、制定决策监督以及根据对管理者业绩或能力的考核结果,选择和监督管理者(决策执行者)。监事会主要监督理事会和管理执行机构违反法律、法规或联盟章程的行为,重点关注联盟理事会和管理执行机构的行为是否符合法律规定,联盟财务状况,是否符合联盟的使命、愿景和发展预期,是否兼顾联盟成员馆的利益。监事会的监督主要表现为事后监督和落实决策监督。事后监督包括工作检查、决议落实、绩效评价与实施反馈,对审计委员会监督的职能起到了重要的补充作用,也是对联盟理事会和管理执行机构做出评价与取舍的重要依据。两者协同工作,从而可以降低联盟治理成本,完善内部监督,构建起联盟治理结构中的立体监督体系。

跻身世界先进行列的新加坡图书馆系统,其成功的关键因素就在于改革了管理体制。1995年,新加坡国家图书馆管理局(National Library Board Singapore,NLB)成立,该组织由决策层(董事会)、执行层(高级管理团队)与监督机制(内部审计)组成。① 由该局成功的经验可以看出,作为决策机构的董事会的主要领导者通常由政府指派的高级别官员担任,为保证在运作上的公共服务性质,董事会的其他成员还包括业界专家、社会监督人士和联盟员工代表等,以体现其公共组织的特征。另外,NLB作为从政府部门分离出来的法定机构,其运作也必须和其他公共部门一样充分地公开,接受政府、社会的监督。充分体现了决策、执行、监督相分离的法人治理结构特点。NLB的运作和管理模式作为经典模式已获得许多殊荣,我国面向西南开放的图书馆联盟采用现代法人治理理念,能够很好地与国际接轨,在管理机制上与各国开辟更大的对话空间。

南亚、东南亚各国历史文化、社会教育各有特色,图书馆事业的发展程度也各不相同。构建我国面向西南开放的图书馆战略联盟,在组建阶段就可能因所需关键资源能力分析的正确性问题、文化冲突问题、目标冲突问题、图书馆选择问题、联盟合作方案设计问题、合作的协议完备性问题等出现风险。在运作阶段又会因联盟图书馆的沟通问题、逆向选择问题、

---

① 崔丽:《新加坡国家图书馆管理局的法人治理结构》,《图书与情报》2014年第3期。

文献传播的知识产权问题、成员中途退出问题以及不履行职责、不按规定完成各自任务和败德问题等产生风险。为防范、应对一系列可能产生的风险问题，联盟设计合作方案要明确成员图书馆的业务划分、职责、要求、共享利益分配方法和风险共担格局。方案要对联盟所提供的馆际互借、文献传递、联合参考咨询、集团采购、合作开发等利用流程图和定量化方法进行描述、分析和评估；要对联盟合作方案进行运作分析，重点是对各图书馆参与运作过程及其业务活动的能力进行试运行，并判断能否满足需求，进而确定最佳的联盟合作方案。否则，需重新选择图书馆进行集成整合修改合作方案。联盟组织设计、规章制度的建立应由成员图书馆共同完成；联盟组织应设置联盟风险管理机构；组织设计及规章制度的建立应以成员馆责、权、利的对称性为原则；规章制度应包括健全的激励机制和约束机制，并以激励为主、约束为辅；在日常运营与管理规章制度的基础上辅以必要的检查机制和反馈机制。①

第三节　图书馆联盟的系统功能

协同机制理论将图书馆联盟看作一个系统，既强调图书馆联盟系统内各子系统、各单元、各要素之间的内部协同，又强调系统与系统、系统与周围环境要素的协同。② 战略联盟是一个由若干要素、若干子系统构成的综合体，在构建和实施我国面向西南开放的图书馆战略联盟的过程中，要注意联盟系统构成形式的恰当选择，以及联盟系统功能的保障和联盟社会职能的实现。

一、图书馆联盟的系统形式

国内外现行的图书馆联盟系统主要有三种构成形式，分别是理事会

---

① 孔繁超：《图书馆联盟风险防范体系的架构研究》，《国家图书馆学刊》2010年第1期。
② 赵益民、陈志亭：《跨境图书馆联盟建设的创新路径与理论视角》，《图书馆理论与实践》2015年第6期。

(董事会)形式、实体组织机构形式和协议联盟形式。① 理事会(董事会)联盟形式,一般由联盟理事会(董事会)、管理委员会(轮值主席馆)、执行董事、联盟事务管理办公室及工作组构成。其中联盟理事会(董事会)是联盟的决策机构,主要负责联盟的创立、目标设计、制度建设以及发展规划等决策事务。联盟管理委员会和执行董事是联盟的管理机构,负责联盟日常工作的安排和部署,联盟的执行机构是联盟事务管理办公室和各个工作组,协调负责联盟各项工作的有序推进和圆满完成。这种形式的联盟系统,各组织机构有较明确的分工和职责,相互配合,各司其职,共同促进联盟目标的实现。同时,这种联盟系统,有利于打破因国别、政治体制、行政管理体制等原因导致的系统条块分割的局面,在构建我国面向西南开放的图书馆战略联盟中,特别是跨国联盟的构建,可以合理采用这种形式的联盟系统,促进图书馆联盟目标的顺利实现。

实体组织机构形式的联盟系统,如中国高等教育文献保障系统(CALIS),其主要由CALIS管理中心、联机编目中心、技术中心、研究开发部、业务发展部、运行系统部和引进资源工作组等构成。这种形式的联盟系统,管理结构完整,功能比较完善,各部门相对比较独立,处于平行的状态。构建我国面向西南开放的图书馆战略联盟,不可避免地会受国别、地域、文化、历史、技术、经济等因素的影响,除了馆对馆这种双向合作的联盟之外,其他联盟系统若是没有强有力的协调组织机构,采用这种形式的联盟比较容易造成系统间条块分割,影响联盟整体的运行和功能的发挥。

协议联盟系统形式指的是各联盟成员通过签署相关协议,组成联盟系统,实现联盟目标。这种联盟系统组织与管理比较灵活,一般没有统一的组织管理模式,既不是采用理事会(董事会)形式,也不是实体组织管理形式,联盟成员比较独立,比较适合于有较强烈的联盟发展需求和基础设施比较完善、技术标准化要求较高的组织机构。在构建我国面向西南开放的图书馆联盟的过程中,对于一些基础设施、技术标准等方面发展比较完善,并有较强合作意愿的图书馆或行业组织,可以采用这种形式的联盟系统,一方面可以发挥彼此的优势,另一方面可以促进联盟整体功能的实现。

---

① 董琴娟:《中国图书馆联盟发展研究》,光明日报出版社2013年版,第33-36页。

我国面向西南开放的图书馆联盟战略研究

总之,在构建我国面向西南开放的图书馆战略联盟的过程中,应根据联盟的战略目标和构建原则,在构建跨国联盟、国内联盟、国内外个体图书馆之间的联盟、国内外联盟之间的联盟以及国内外跨行业联盟等各种不同规模、不同种类的联盟的过程中,要注意选择和采用适宜的联盟系统形式。

二、图书馆联盟的功能

综合调查和研究现行的国内外各种类型的图书馆联盟,其主要功能有合作建设馆藏体系、合作开展馆藏文献数字化、联合编目、集团采购、文献传递与馆际互借[①]、联合参考咨询、共享存储[②]、人员培训、信息交流与发布等[③]。但是,随着数据时代的到来,图书馆联盟所面临的环境、技术和用户需求等都发生了巨大的变化,未来图书馆战略联盟功能的重要性依次为预算管理(Budget Management),包括宣传推广和营销;合理使用权限谈判(Negotiating Licenses),包括新的合理使用权限的开拓和已经拥有合理使用权限的续约;数字活动(Digital Initiatives),包括数字典藏、特殊馆藏、馆藏保护、联合目录、馆际互借;印刷型馆藏(Print Collections),包括合作馆藏管理和共享存储;学术交流和开放存取;职员培训和研究项目。[④] 从中不难发现,联合目录、馆际互借与文献传递等图书馆联盟的基本功能的重要性在不断下降,而预算管理、合理使用权限谈判、数字活动等功能的重要性在不断上升。此外还出现了学术交流与开放存取、研究项目等新的功能,这些无疑都对图书馆联盟系统提出了新的要求和挑战。

在构建我国面向西南开放的图书馆战略联盟的过程中,一方面要注意联合编目、联合参考咨询、文献传递等图书馆联盟基本功能的发挥,另一方面要特别注意以下功能的开拓和提升:

---

① 于良芝:《图书馆情报学概论》,国家图书馆出版社2016年版,第271-273页。
② Saleh A., Al-Baridi, "Survey of Selected US Academic Library Consortia: A Descriptive Study", The Electronic Library, Vol.34, No.1, 2016, pp.24-41.
③ Bassil Ebiwolate Posigha, Vera Zacheaus Godfrey, Felicia Doubraseimode, "The Trend of Academic Libraries Consortia in the North Central and South East Geo-political Zones of Nigeria", Library Review, Vol.64, No.4, 2015, pp.305-320.
④ Katherine A. Perry, "Where Are Library Consortia Going Results of a 2009 Survey", Serials, Vol.22, No.2, 2009, pp.122-130.

第一，充分发挥文献信息资源的共建共享共用功能。文献信息资源的共建共享共用是构建各类型图书馆联盟的基本出发点和立足点，构建我国面向西南开放的图书馆战略联盟当然也不例外。南亚、东南亚是传统的华人聚集地，近年来随着中国国际地位的不断提升，与中国各种形式的交流合作日益增多，各层次人员互访和交流更加频繁，对于华文信息资源等相关资源和服务的需求不断增强。所以，构建我国面向西南开放的图书馆战略联盟，一方面可以通过加强华文信息资源的组织和利用，增强文献信息资源的共建共享共用效果；另一方面可以通过适当的方式开展馆藏资源的数字化和存储共享业务，扩大文献信息资源共建共享共用的范围。此外，以区域图书馆联盟的形式采购文献信息资源和进行合理使用权限的谈判，可以增强图书馆联盟的议价能力和谈判砝码，降低成员馆文献信息资源建设成本，促进图书馆联盟系统文献信息资源的稳步增长和持续发展。

第二，提升对外交流合作的能力与业务水平，促进区域图书馆事业的新发展和学术研究的新繁荣。由于受社会、经济、文化、语言文字等诸多因素的影响，我国及南亚、东南亚部分地区图书馆从业人员素质、业务水平、图书馆事业发展程度等相比于欧美等发达国家还存在较大的差距。构建我国面向西南开放的图书馆战略联盟，一方面有助于加强馆际人员的交流与培训，提高图书馆从业人员的业务素质和研究能力；另一方面，可以有效提高图书馆业务水平和工作效率，满足多样化的用户需求，促进我国和南亚、东南亚各国图书馆事业和学术研究的整体发展和繁荣。

第三，积极开拓图书馆战略联盟的宣传推广和营销功能。在当今这个瞬息万变的时代中，图书馆及图书馆事业需要借助一定的平台和途径对其使命、目标、价值、战略规划、工作业绩等进行宣传和推广，而构建我国面向西南开放的图书馆战略联盟，本身就是一次宣传和营销各图书馆及图书馆联盟事业的宝贵机会。构建我国面向西南开放的图书馆战略联盟，不仅要努力实现各项联盟目标和功能，而且要争取将其建设成像 OCLC 一样享誉全球、涵盖区域内众多图书馆、惠及广大民众的品牌图书馆联盟，努力发挥其品牌的宣传力和影响力，提高图书馆的知名度和社会地位。

三、图书馆联盟的社会职能

图书馆战略联盟的社会职能是图书馆战略联盟系统功能的延伸和拓

展，是图书馆联盟社会意义和现实价值的集中体现，构建我国面向西南开放的图书馆战略联盟，其社会职能主要涉及文化交流、社会稳定、信息安全与知识产权、国家宏观战略实施等方面。

首先，通过构建我国面向西南开放的图书馆战略联盟，促进多元文化交流和区域文化的发展与繁荣。构建跨境的图书馆联盟体系，在国际文化交流与融合、人才交流与培养、文化遗产保存和传承、民族特色文化传播与发展等各方面都具有重要的作用，不仅能够促进民众信息素养和文化知识水平的提高，而且有利于各国家和地区多元文化的交流、融合、繁荣和传承，有利于增强国家文化软实力、民族文化自信心和民众向心力。

其次，通过构建我国面向西南开放的图书馆战略联盟，提升民众的互信互惠，增强国际友谊，促进经济繁荣和世界和平发展。一方面，通过构建华文信息保障系统等具有地区特色的图书馆联盟项目，有助于国家文化中心、孔子学院、智库等文化交流机构在域外的成功设立和持续发展；另一方面，构建跨境的图书馆联盟，可以为各国的留学生、驻外企事业单位、差旅人员、侨民侨胞等特殊群体提供自由、便捷、高效地获取丰富、权威文献信息资源的途径，降低其在国外学习、工作、生活的信息成本，减少文化交流障碍。这不仅有助于增进彼此的了解和认识，促进双边、多边国际友谊和民族关系的发展，而且有利于夯实国际合作和交流的民意基础，促进区域社会经济文化的和谐稳定与和平发展。

再次，通过构建我国面向西南开放的图书馆战略联盟，保障国家信息安全和知识产权。在信息社会中，信息安全和知识产权的重要性不言而喻，包括我国在内的很多国家和地区都将信息安全、知识产权提升到了国家战略的层面上加以强调和重视。相比欧美等发达国家，我国和南亚、东南亚很多国家和地区的信息化起步较晚，在信息安全和知识产权保护方面多处于劣势，与其被动地遭受信息安全和知识产权的威胁和挑战，不如主动地通过合法共建的共享平台提供一些不涉及国家信息安全和知识产权的文献信息资源，以满足民众正常的文献信息需求。我国面向西南开放的图书馆战略联盟无疑可以成为这种公开和共享普通文献信息资源的组织平台。这一方面有利于减少针对国家信息安全和知识产权的攻击和威胁，另一方面有利于配合相关机构推行更加精准、高效的信息安全和知识产权保护措施。

最后，通过构建我国面向西南开放的图书馆战略联盟，为我国"一带一路"倡议和宏观战略的实施提供必要的信息资源保障和民意支持。"一带一路"倡议和国家宏观战略的实施是一项系统性工程,需要有关各方面的积极配合和大力支持。构建我国面向西南开放的图书馆战略联盟,一方面可以为其提供丰富的文献信息资源、高效便捷的数字化搜索平台和专业化的信息资源服务,奠定"一带一路"倡议和实施的信息资源基础,从而促进"一带一路"倡议的顺利实施和稳步推进。另一方面,可以提供多语言、多民族、多宗教、跨地域的文化交流机会,努力开拓文化的先导角色,发挥其纽带作用,促进"文化搭台、经济唱戏"发展模式的贯彻落实。同时,构建我国面向西南开放的图书馆战略联盟,不仅可以为各组织机构的工作人员提供大量多角度、全方面、高品质的学习交流机会,而且可以为广大用户、各国留学生、驻外企事业单位、差旅人员、侨民侨胞等提供丰富多样、高效便捷、经济实惠的文献信息资源和专业化服务,从而为"一带一路"倡议和战略规划的顺利实施提供坚实的用户基础和广泛的民意支持。

第六章 我国面向西南开放的图书馆联盟战略规划体系

经过研究组的考察、调研和对基本数据的分析，我国面向西南开放的图书馆联盟的战略规划已具备了必要的前期基础。战略规划内容不仅反映联盟的战略发展方向，而且体现出联盟的战略定位及社会职能。联盟的战略目标体系包括愿景、使命和逐级细化的行动目标。联盟的战略定位体系包括资源评价、模式定位和决策机制。联盟的战略方案体系包括国际性的跨行业合作、华文信息资源保障体系构建、多元文化交流，以及在"一带一路"倡议环境中的发展路径。

第一节 图书馆联盟的战略目标

我国面向西南开放的图书馆联盟的战略目标是一个对发展远景进行预测和规划的纲领体系，包括描述联盟未来状态的愿景，体现联盟存在价值的使命，以及由此形成的一系列行动目标。

一、愿景

愿景是对图书馆联盟长远的未来发展进行的预期描述，方向性地陈述联盟的远景目标，反映并指引联盟的未来发展方向。愿景的本质是一种充满号召力的目标，指向特定的、可靠的、引人注目的未来状态，促使联盟的战略管理者能够构筑从现在通向长远未来的重要桥梁。同时，在联盟的战略目标、战略定位和战略方案的制定与规划中发挥指向性的作用，其合理性、可行性必须体现在联盟为此准备和能够寻求到的战略资源上。

我国面向西南开放的图书馆联盟的愿景应该是中国与南亚、东南亚各国图书馆及信息机构互信合作,联盟覆盖区域内的所有人得到平等、泛在的知识信息服务,各国信息资源开发与利用更加充分,各民族文化交流更加和谐,社会更加稳定,经济更加发展。

二、使命

为了实现愿景,联盟需要证明自身存在的意义,使命的确立是通行的做法,也是明确联盟战略目标的前提。对使命的描述能够指引联盟的发展方向,增强执行力度和公众对联盟的认知。

我国面向西南开放的图书馆联盟应以推动中国和南亚、东南亚各国的信息交互与知识共享为使命。一方面,联盟将建设成为一个资源丰富、设施先进、高水平、现代化的,以数字化网络化共享技术为基础的文献资源保障与服务协作体系;另一方面,联盟将通过支持交流、学习和创新活动,促进人们在各领域内外的合作。

南亚、东南亚在中国的地缘政治中占据重要的位置,与南亚、东南亚国家的关系对中国的政治、文化、经济和安全等领域有着显著的影响,所以联盟的使命意义重大。联盟需要加强各国图书馆的交流合作,促进各民族文化的传承和传播,担负起文化服务行业协作联合体的社会职能,为美好愿景的实现做出积极的贡献。

三、总目标

我国面向西南开放的图书馆联盟战略目标是多层次、多维度的,是未来愿景的实作性体现。制定战略目标时应该秉承系统、平衡、权变的原则,确保清楚明确、合理可行。根据图书馆的使命与愿景,选定目标参数,阐明需要在什么时间内、以怎样的代价、依次由哪些人员完成哪些任务,并取得怎样的结果,同时关注不同战略阶段目标的连贯性、多目标之间的协调性。

1. 拓宽资金来源,保障联盟建设

根据本书的调研及分析结果,南亚、东南亚各国对图书馆联盟的资助力度有限,如老挝、缅甸和柬埔寨等这些发展比较落后的国家,经济文化教育发展水平较低，图书馆藏书量少，管理模式落后，图书馆的现代化主要依靠外部资金的资助。因此这些国家面临的首要困难是资金来源问题，即应如何获得外部资金来建立图书馆联盟并维持其运转。对欠发达国家在教育、文化等方面的资助，会在联盟建立之初通过各种方式向国际组织争取，创造条件，吸引国际组织的经费及设备投入。国际组织包括国际图联、国际货币基金组织、联合国教科文组织、各类慈善基金，如福特基金、美琳达—盖茨基金等。我国与南亚、东南亚各国的图书馆联盟必须在此基础上寻求更加广阔的资助渠道。

2. 坚持共享理念，实现全面服务

面向南亚、东南亚各国的图书馆联盟是全国性的联盟，应坚持"资源共享、互惠互利"理念，逐步破除制度、机制等障碍，力求将数字化鸿沟最小化，资源共享的效益最大化。全国性图书馆联盟在成本和协同方面的优势凸显在部分国家已得到初步展现，如越南的 VinaREN、菲律宾的 eLib 等，其成熟的经验可资借鉴。我国面向西南开放的图书馆联盟应积极响应"共享"理念，力求达到和而不同的战略发展境界。在此基础上，为响应我国"一带一路"的倡议，凝聚厚重的历史文化，承载普适的人伦价值，联盟需要在南亚、东南亚各国倡导和推广高质量信息服务，构建适合于南亚、东南亚各国的知识服务网络，利用联盟成员馆的馆藏资源响应全社会的信息需求，在各类组织和个人之间促进频繁、有效的交流。同时，应该推动各国公共信息和文化遗产的互通有无、特色创新，促进学习和创造力的发展。

3. 重视现实差异，谋求多元合作

南亚、东南亚各国的社会经济、文化发展水平差异较大，反映出我国面向西南开放的图书馆联盟建设既有广大的发展空间，又要构建多元的发展模式。一方面，就较为发达的国家而言，先进管理理念、技术、方式的引进，实现资源共享是主要任务；就发展中国家而言，图书馆界需要在共同发展、互惠互利的基础上，进行广泛的交流与合作；对发展水平比较落后的国家，我国图书馆界可给予力所能及的帮助，在文献资源和现代化技术上提供支持帮助，以求提升我国面向西南开放的图书馆联盟在国际上的地位和影响力。另一方面，图书馆处于复杂的社会体系中，与其他公共文化服务机构在制度保障、资源分配、用户需求等多个方面均存在合作与竞争关系。图书馆联盟必须在与"强势"机构的协作中争取更多的社会资源，让图书馆能够参与到社会文化的共建共享当中，通过与多种类型的组织机构形成更大范围的利益共同体，提升图书馆联盟的战略话语权和公众影响力。

图书馆联盟的战略总目标反映出履行图书馆核心使命的职责，将会打破各国图书馆的封闭性发展模式，强化各国图书馆之间的协同效应，整合各馆资源、优势互补、协作共赢。同时，将数字化技术和网络环境的打造与传统业务结合，迎接挑战、抓住机遇、融合创新、共谋发展。

四、分目标

我国"一带一路"倡议思想，在格局上开辟了全方位对外开放的发展模式，带动了沿线国家的经济、文化发展，使其能够得到共同发展与进步，对全球治理和文化交流提供了新的解决方案。同时，我国的文化自信也为实现"两个一百年"奋斗目标和中华民族伟大复兴的中国梦提供了不竭的精神动力和文化保障，必然会极大地促进面向西南开放的文化传播。

2013年3月，习近平主席在俄罗斯莫斯科国际关系学院演讲时提出"新型国际关系"和"命运共同体"，这是为了处理好国家之间的关系，保持国际社会稳定发展，形成新的良好的国际关系，而提倡的一种合作共赢的"中国方案"。"命运共同体"的理念在周边国家落地生根、开枝散叶，让全世界都参与到其中，也为我国面向西南开放的图书馆联盟战略奠定了强大的思想根基。

党的十八大报告中提出实施创新驱动发展战略。经过全国上下的努力，党的十九大报告总结了通过创新驱动发展战略的大力实施，创新型国家建设取得了丰硕的成果。创新是引领发展的第一动力，在经济、文化、人才、制度建设等领域都发挥着战略作用。图书馆联盟要实施创新战略，促进文化传播，为知识财富的催生与增值、信息资源的共建和共享提供了技术性支撑。

基于以上考虑，结合使命和总目标，我国面向西南开放的图书馆联盟需要制定出更加明确的战略性分目标，通过联盟成员馆的合作来共同实现。完成具体的战略目标是每一个成员馆的责任，也需要多个联盟之间的通力配合。结合我国"一带一路"倡议思想，面对复杂的国际环境，应对我国与南亚、东南亚之间的文化传播需要，可以从四个方面制定战略发展

第六章 我国面向西南开放的图书馆联盟战略规划体系

的分目标。

1. 加强科学管理

通过联盟成员馆之间的资源调配，做好规划预算，降低管理、服务以及资源建设的成本。寻求形式多样的投资渠道，特别是国际组织的资金注入，需要创设有吸引力的条件，如培训公益性质的国际人才，研发跨境合作的信息平台，打造线上线下的会展中心，提供营销推广的宣传空间。与此同时，联盟内的项目合作需要资源共享，也需要风险共担。对于战略的实施，要有第三方的监督，确保经费的合理使用和绩效的科学评估；还需要提高馆员素养，增强服务能力，促进图书馆联盟的文化建设，强化品牌效应，提升社会形象。

2. 应用信息技术

跨境图书馆联盟的运营，需要利用最新的信息技术。随着"一带一路"倡议的推进，中国基础设施建设能力不断对外输出，不仅在交通、物流、通信、网络等层面为跨境联盟的构建奠定了坚实基础，更在技术合作方面拓展了无限的空间。联盟对信息技术的应用，应重点关注数字内容，开发无缝关联的服务平台，更多地使用移动设备和电子阅读器。在互联网环境中，为数字设备预装当地语言的信息资源，包括联盟成员馆收藏的特色共享资源和公共信息资源。要将联盟打造成为信息技术高地，提升竞争优势，就需要各国图书馆充分发挥技术人才的能量，勇于在业务活动中引入技术发展的成果，让前沿科技在联盟内得到广泛的应用，为用户带来良好的服务体验。

3. 开展全面合作

在复杂的公共文化服务体系中，图书馆与其他相关机构在多个方面均存在合作关系，如政府、学校、科研院校、文教卫体组织等，它们之间相似的服务性质和资源优势有助于彼此服务功能的认同，在资源共享及协同开展服务方面也能达到一定程度的效果。图书馆联盟需要与各国更多的公共文化服务机构建立全方位的合作关系，挖掘特色资源，加强特色产品研发，创新服务形式和服务内容，整合"产、学、研、用"链条，让社会资源能够充分参与到文化的传播与共享之中，促进知识自由和信息获取。

4. 兼容协同发展

吸收G20峰会提出的"创新、活力、联动、包容"理念，基于此，创造新的学习环境成为联盟建设的一大战略目标。确保图书馆联盟充满活力，需要增强与相关文化服务机构的交流合作，也需要各国联动，包容不同的国情、文化和发展水平的国家和地区。发达国家的成员馆在创新自己先进管理的同时，要为发展水平较为落后的成员馆提供合作和生存空间。发展中国家的成员馆要保持合作意愿和参与热情，不断通过全方位的培训和宣传，建设专业人才队伍，推广信息服务内容，刺激社会用户需求。

第二节　图书馆联盟的战略定位

战略定位是指明确界定图书馆联盟的主要用户群以及需要达到的服务水平与质量。战略定位需要进行合理、明确的战略分析，根据影响图书馆现状的关键因素来进行科学的分析，并根据现有的情况进行目标分析。战略定位的具体工作，主要包括明确宗旨，进行外部环境分析，对内部进行优势和劣势的分析，以及确定合适的目标。在我国面向南亚、东南亚的图书馆联盟的建设与发展中，实施正确的战略规划是保障其能够可持续发展的必要条件。在科学的战略规划中，明确的战略定位不可或缺。

一、战略资源评价

面向西南开放的图书馆联盟是基于互联网的跨地域分布的行业联合组织，其成员是相对独立和自治的实体，原有的隶属关系不变，互相之间的关系是平等的、契约式的。联盟的实际运作通过相应的规范和协议来控制和协调。成员馆在联盟范围内协调合作，通过对外部资源的有效集成和整合，来达到战略目标的最终实现。图书馆联盟这种契约式的组织结构特点，使其成员能够突破条块分割的管理体制，在利益互惠的协议规定下实现合作。这种合作还可以根据社会需求的变化迅速完成必要的调整，因而具有适应时代发展的创新能力。对联盟馆的战略资源进行全面评价，显得至关重要。

战略资源是图书馆所拥有或控制的，用以维持其生存和发展的关键性活动要素，主要涉及经费、人员、设施、文献、管理、形象等。图书馆联盟是图书馆为了实现资源共享，利益互惠而共同协商，组成的图书馆联合

第六章 我国面向西南开放的图书馆联盟战略规划体系

体。作为一个非营利性组织,通过制定合作协议来完成信息资源的共建共享,为组织的未来发展方向制定重大决策和实施这些决策的过程就是战略管理。战略资源评价是战略管理中较为重要的一个阶段,南亚、东南亚各国的国情多样,图书馆事业发展水平不一,我国面向西南开放的图书馆联盟需要根据不断变化的内外部环境,对战略目标进行适当的调整。

战略资源评价既是一种方法,也是一个过程。作为一种方法,它要检视组织战略的优劣,以及组织战略管理工作的得失;作为一个过程,它要融入各种要素,以确保战略的顺利实施,并达到评价与监控战略实施与目标实现的目的。作为公共服务机构,图书馆联盟的成员与其他相关部门的协同合作显得比竞争更为重要,可从资源的价值性(Value)、稀缺性(Rarity)、不可模仿性(Immutability)、组织性(Organization)和协作性(Cooperation)等方面入手,对战略资源做出评价。①价值性是指资源具备的有利于战略发展的使用价值,如利用机会或避开威胁。②稀缺性和不可模仿性是指资源针对竞争对手而言,具有不被轻易、迅速、低成本地获取、模仿、替代的特性。③组织性是通过制度体系、报告机制、管理控制系统等方式,实现图书馆对自身资源的配置与调控。④协作性是利用联盟、合作、外包等形式,开发内外资源,提高利用率,促进其效益的最大化。资源的这些特征会随竞争环境和社会需求改变,如科技的发展能够促使某些资源失去不可替代性,组织文化的变革可以提升某些资源的潜能,而另一些资源的使用价值却可能因读者的需求变化而丧失其原有的使用价值。

战略资源评价机制是跨境图书馆联盟取得成功的关键。图书馆战略联盟绩效评价机制是一种有标准、准则、子准则及方案的运行机制,它根据一定的联盟目标和标准,通过系统的收集信息和定性定量分析,对跨境图书馆联盟的战略活动所带来的直接和间接的社会效益,以及自身竞争能力和创新能力的提高程度做出价值判断。其中,准则层包括能力、贡献、互补性、兼容性和信誉五方面,子准则层将服务、技术、财务、资源、人才、信息、管理贯穿其中,为联盟成员馆制定各自方案提供准则上的指导,从而达到各取所长、合作共赢的目的。

在制定我国面向西南开放的图书馆联盟战略资源评价的过程中,要注意对战略规划的实施情况进行详细阐述,并且注重征求反馈意见,根据反馈意见及时进行补充完善和版本更替,保证战略规划的时效性及连续性。

在具体的资源评价方面,首先,可以结合国内外经验,建立完善的指标体系,进行规范化资源评价。其次,联盟馆之间可自发成立规划与评价委员会,实行互相评估与监督,主要负责图书馆战略规划的制定与阶段性评级。最后,除同行评估外,还可以与外部机构的定期评价相结合,进行多层次评价,才能使图书馆联盟战略规划得到及时有效的实施。

为了探查南亚、东南亚各国图书馆对自身的战略评价,本书在对各国图书馆开展的问卷调查中,提出了"若有可能与中国实现交流合作,贵馆有哪些方面的优势"的问题,问卷主要从运行经费、信息技术、管理模式、专业人才、馆藏资源等方面出发,考察了各馆的战略资源情况。从各馆的回答与各馆的类型、所在国别、纸质馆藏量的交叉分析上来看,卡方检验、对称度量检验,以及方向度量检验中的Goodman、Kruskal Tau和不确定性系数均未通过显著性检验。可见,各馆对合作项目的选择并不受到以上三个因素的影响。调查数据(见图6-1)显示,南亚、东南亚各国图书馆在交流合作过程中,最具优势的资源是信息技术,达到28%,其次是馆藏资源,占比达23%,而运行经费则为很多馆的最大劣势,管理模式和专业人才方面的资源也相对薄弱。

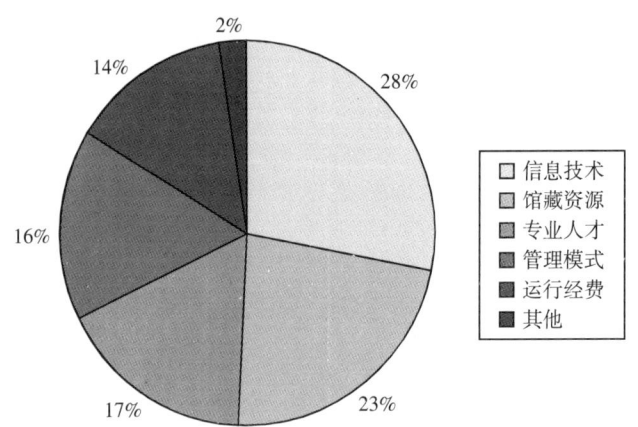

图6-1 南亚、东南亚各馆的交流合作优势资源

资料来源:笔者整理。

这个问题的受访馆最多的集中在印度,该国最大的优势是馆藏资源,其次是信息技术和专业人才。以此为例,我国与印度构建的图书馆联盟,合作的重点领域应更倾向于馆藏资源的开发与信息技术的应用。

第六章 我国面向西南开放的图书馆联盟战略规划体系

战略资源评价不能简单依靠单方面的判断。我国与南亚、东南亚各国构建的图书馆联盟需要根据战略目标来明确需要共建、共享的资源,也需要根据具体的合作项目来明确资源的价值。因此,战略资源评价既是一个双方乃至双边的博弈过程,也包含着动态的评价结果。

二、战略模式定位

战略模式定位在很大程度上取决于竞争活动的开展,如何认识竞争、应对竞争、明确定位,成为从个体生存到事业发展都必须考虑的首要问题。就图书馆联盟而言,科学定位是制定战略规划的逻辑起点,旨在确立区别于其他联盟和相关机构的标志性特征,是图书馆联盟发展的历史与现实结合的能动反映,对联盟的发展方向、运行理念、管理水平、建设方略、社会声誉和地位都起着重要作用。[①] 图书馆联盟的战略模式定位是以图书馆的未来发展为重点,为赢得持久的竞争优势所进行的战略谋划和战略选择,目的是谋求一套适合联盟战略发展的典型方案。尽管联盟战略包含组织战略、人力资源战略、成长战略、机会战略、创新战略、财务战略、拓展战略等内容,但以成套解决方案为选项的基础性战略却是必须确定的规划前提。

战略模式的定位需要考虑发展环境、社会需求、资源、服务等方面的因素,我国面向南亚、东南亚各国的图书馆联盟的战略模式,就可以进行发展环境定位、社会需求定位、资源定位和服务定位。

1. 发展环境定位

战略环境定位主要是从宏观的行业发展环境入手,包括政策法律、国民经济、公共文化、大众教育、信息技术等方面。从图书馆事业发展大局出发,掌握图书馆联盟发展大环境,以确保图书馆联盟积极、合理、快速地发展。政策法律属于上层建筑,是指导纲领和规范指标,我国面向西南开放的图书馆联盟发展战略的合理定位,应符合各国相关政策法律,并相应地利用政策法律优势,制订战略发展计划,以有效推动联盟的发展。国民经济是发展的经济基础,国民经济的良好发展,一方面保证了联盟有较

---

① 李浩:《省级公共图书馆的科学定位与和谐发展》,《新世纪图书馆》2009 年第 2 期。

为充足的经费进行发展;另一方面,也为联盟运行的各类支撑要素提供了经济保障,促进其有效地实施。良好的公共文化和大众教育为图书馆联盟的发展奠定了文化环境基础,在一定程度上保障了图书馆的读者群,保障了图书馆的利用率;信息技术的发展则为图书馆联盟的构建提供了技术层面的支持与保障,为图书馆联盟后续的资源共享、远程合作等方面提供了更为便利的条件。因此,图书馆联盟在进行战略定位时,应首先从全局出发,从大环境着手,充分考虑图书馆联盟的国际、国内发展环境,合理有效地进行战略定位。

2. 社会需求定位

图书馆联盟的社会需求很大程度上来自于用户的需求,跨境联盟同样如此。用户承载着图书馆联盟的服务价值,代表着联盟的物能输出,属于联盟的重要及稀缺资源。由于南亚、东南亚各个国家拥有自身特有的文化环境,在资源、制度方面有所差别,用户群体也会相应有所不同。因此,在考虑图书馆联盟的社会需求定位时,要充分考虑同类型用户群体的整合,如南亚、东南亚地区华人较多,与中国共同构建图书馆联盟时,华人用户群体可成为合作交流的纽带,可将图书馆联盟的主要服务对象首先定位为各国华人居民,以点带面,从共同点需求入手,不断拓展业务范围和用户对象,不断挖掘社会其他阶层和民族的现实需求。

目前,信息服务领域的分工细化,领域众多,如决策咨询、科学研究、海量存储等活动和业务被逐渐分流出去,使图书馆联盟流失了一定的社会需求。所以,图书馆联盟在未来的定位中应该扬长避短,一方面充分满足用户的日常信息需求,以努力使图书馆成为每一位用户不可或缺的"日用品"为目标;另一方面,紧密结合南亚、东南亚各国的国情特色,发挥联盟的协作优势,满足跨文化、跨国境的社会需求。

3. 资源定位

资源代表着系统的物质能量输入,利用的效率直接决定了系统的竞争能力。① 资源作为图书馆联盟必不可少的重要因素,不仅保障了联盟自身的有效运行,而且作为联盟的竞争优势,对联盟的竞争、发展极其重要。图书馆联盟的资源可分为馆藏文献、运行经费、基础设施、电子设备、社

---

① 赵益民、詹越、柯平:《基于生态竞争的公共图书馆定位研究》,《国家图书馆学刊》2008年第4期。

会形象等多个方面。馆藏文献、基础设施、电子设备等资源是联盟必不可少的方面，这些资源标志着联盟的发展规模、运行实力，特别是以文献为基础的信息资源，它是联盟的立身之本。因此，对于联盟资源的定位，这三方面尤为重要，尤其是馆藏文献。运行经费作为联盟的常规资源，也是其最为重要的稀缺资源，但在传统体制中，仅靠财政拨款无法满足公共事业的必要投入，因此可通过一系列公共文化基金组织，面向所有申请加盟者设置立项契约，在开放性的基金供给中体现公平和民主的意向。除了以上资源，还应树立好图书馆联盟的社会形象，重视各国民间资本的采集和利用，开辟资金来源渠道，为充分的合作和良性的竞争搭建物质平台，提供必要的资源保障。总之，资源作为图书馆联盟发展的重中之重，应该极其重视联盟的战略定位与资源的匹配，寻求我国图书馆界与南亚、东南亚各国图书馆界的资源匹配度，将优势互补的可能性最大化。

4. 服务定位

服务是图书馆联盟在自身结构基础上的功能体现，也是物能输入与输出之间的关键连接，更是图书馆联盟参与社会合作与竞争的主要手段。基于信息资源保存与管理的公益性知识（增值）服务是图书馆联盟的核心职能，也是最基本的服务定位，其他的服务职能要么是以它为基础的拓展，要么是对它的丰富和补充。因此，图书馆联盟在服务定位时，要抓住这一核心，在进行常规的资源服务时，还需体现自身的专业优势，深入到知识单元及其连接层面，探索其他行业无法提供的附加服务价值。除此之外，图书馆联盟在进行服务定位时，还应注重联盟的员工素养、管理机制、创新服务、网点布局和技术应用等，这些都应是联盟服务核心职能的发展、补充与保障，用以促进图书馆联盟服务的发展，保障联盟服务的正常运行。在进行我国面向西南开放的图书馆联盟服务定位时，应充分考虑南亚、东南亚各国的图书馆事业发展现状，针对不同的发展水平和阶段，采取不同的战略合作方案。在具体的战略实施策略中，要将联盟的服务与信息资源和社会需求结合起来，使联盟服务能有针对性地扬长避短，增进我国与不同国家的协同效率，满足不同民族的发展需要，促进多元文化的和平传播。

三、联盟战略决策

战略决策是关于全局性、长期性、战略性的重大发展问题的决策。战略决策是战略管理中极为重要的环节，在战略实施过程中起着承前启后的枢纽作用。为做好我国面向西南开放的图书馆联盟的战略决策，需要从明确联盟战略定位、编制联盟战略规划、优化联盟运行实施方案等方面进行决策思考。明确联盟战略定位在上文中已讨论，在此不过多赘述。联盟的战略定位明确后，战略规划的制定与实施方案的优化便成为战略决策的重中之重。

1. 编制联盟战略规划

战略规划是面向未来的策略体系，层级最高的使命、愿景最为宏观，纲领性最强；层级最低的行动计划则最具操作性，与实践联系最为紧密。详尽的战略规划往往以规划文本的形式出现。图书馆联盟为实现战略目标，必须首先对未来的发展态势做出合理的预测，尽可能地把握图书馆事业及相关行业的发展规律，尤其是针对用户需求的响应决策方面，更应做出理性判断。因此，合理地编制图书馆联盟的战略规划，在明确组织使命和愿景的前提下，最重要的就是进行发展预测。做出科学的预测后，就要对需求做出响应。用户的文化、信息需求对联盟极为重要，是战略规划的主要影响因素，更是编制具体的行动计划必须重点考虑的核心问题。在需求响应时，应将潜在需求和现实需求相结合，对于潜在的需求，可通过挖掘联盟潜能来拓展服务领域，培育未来竞争优势；对于现实需求，则要判断联盟的现状是否能够满足，如果暂时无法满足，应及时寻求国内或国际相关组织的合作。值得注意的是，联盟建设应该正视历史形成的发展障碍，认识到并非所有的用户需求都应该得到响应，应根据联盟的现实状况，对一些需求响应进行一定的取舍。

南亚、东南亚各国文化差异较大，我国与各国的图书馆联盟应强调使命和愿景的普适性，考虑是否能被主要利益相关者接受？是否符合联盟的社会职能？能否顺利执行、实施？经济、政治、文化等方面的可行性如何？诸如此类的问题均需要解决。具体而言，战略规划既要确保联盟的资源和能力能够促进自身的战略发展，外界环境的干扰和阻碍又在可接受的限度内；同时，在不伤害利益相关者根本权益的前提下，联盟还要能通过

第六章 我国面向西南开放的图书馆联盟战略规划体系

一定方式克服发展中的阻碍,化解无法预期的危机,充分考虑国内国际环境的和谐均衡,确保战略规划的顺利实施。

2. 优化联盟实施方案

图书馆联盟的战略管理是一个长期策略的制定与实施的体系,从总体战略的愿景、职能战略的目标、业务战略的任务到行动计划的措施,整套的策划和谋略统称为战略方案。由于规划过程的主观性、非线性等特征,战略实施方案往往需要以全局的视野和统筹的思维进行优化,针对战略行动计划、任务和目标进行重组、调整和排序,确保跨境的联盟成员馆的协同效能的最大化。

全套的战略实施方案应由总体战略、职能战略、业务战略和行动计划等部分构成。总体战略是一种观念性的总目标,是由图书馆战略模式定位获得的基本认识,具有指导性意义;职能战略是基于组织愿景制定的分目标,是总体战略的明确呈现;业务战略则是职能战略更为细化和具体的表现,包括图书馆资源、员工、设施、管理、服务、读者等要素,以此派生出行动计划;行动计划是更具操作性的执行措施,是最基础的战略方案构成要素。这些不同层级的战略体系需要联盟在创建之初进行整体规划,也需要定期(如五年一次),甚至不定期地实时调整,以此形成一套既有成熟、稳定的发展指导思想,又有灵活修订机制的战略实施方案。

从战略性质来看,总体战略时效最长,风险最大,最具开创性与全局性,定位于与现状具有较大差距的领域,属于跨越式的发展思路,需要我国与南亚、东南亚各国图书馆根据文化传承和互利共赢的原则共同商定。行动计划时效最短,风险最小,最具操作性与可行性,但涉及范围最窄,定位于与现状具有较小差距的领域,可以根据联盟成员馆之间的交流合作项目进行阶段性设定和调整。职能战略和业务战略的特征界于总体战略和行动计划之间,以战略分支目标和任务为诉求的中间层次担负着承上启下的战略方案构建职能,是图书馆联盟实践活动与未来愿景之间的桥梁与纽带,需要综合考虑国内外联盟成员馆资源和能力的配给,利益群体的需求,风险与绩效的均衡,规划实施的监控与测评等问题。[①]

---

① 赵益民:《图书馆战略规划流程研究》,国家图书馆出版社2011年版,第157页。

第三节　图书馆联盟的战略方案

战略方案是图书馆联盟管理研究的一个重要方面，但目前对战略方案的研究尚显薄弱。首先，图书馆联盟研究的核心作者和高产作者较少，没有形成稳定的高水平研究群体，研究表层化，广度和深度都不够。其次，以往的研究偏重于发达地区的研究，相对发达地区，文化、经济、政治都比较落后的云南，伴随着"桥头堡"建设的提出和不断深化，以其为中心延伸辐射的图书馆联盟战略跨境研究，可成为我国图书馆联盟发展的先驱和引擎。最后，综观图书馆联盟的相关研究，图书馆的区域联盟和联盟管理的研究分别只占8.62%、7.61%，[1] 显得相当地薄弱，而对模式的研究，更是微乎其微。因此，本项目组将以对国外图书馆联盟管理的研究为基础，根据南亚及东南亚各国图书馆的发展现状，力图设计出我国面向西南开放的图书馆联盟战略方案。

项目组对南亚、东南亚各国的图书馆就"与中国实现交流合作，双方的合作项目应包括哪些"这一问题进行了调查，调查问卷主要从共建非商业数据库、馆员培训、联合编目、高层访问、馆际互借等17项合作项目出发，调查了各个图书馆对于合作项目的态度。从与图书馆类型、图书馆所在国别、图书馆纸质馆藏量的交叉分析上来看，在卡方检验和对称度量检验的显著性值，方向度量检验中的Goodman、Kruskal tau和不确定性系数的显著性值均未通过检验，因此受访者对合作项目的选择并未受到以上三个因素的影响，在这里也将不从这些因素进行考虑。从受访者选择项目的频次和比例方面来说，根据调查问卷12题（见附录2）的数据分析结果显示，受访图书馆在选择双方合作项目中，所占比例最高的是馆员培训一项，达到了10.4%，除此之外，比例在8%以上的有4项，分别是共建非商业数据库，占比9.6%；学术研究，占比9.2%；高层访问，占比9.0%；以及用户教育，占比8.8%。具体的频次和比例如图6-2所示。

---

[1] 谈大军、高波、贾素娜：《1998~2007年我国图书馆联盟研究综述》，《情报理论与实践》2010年第4期。

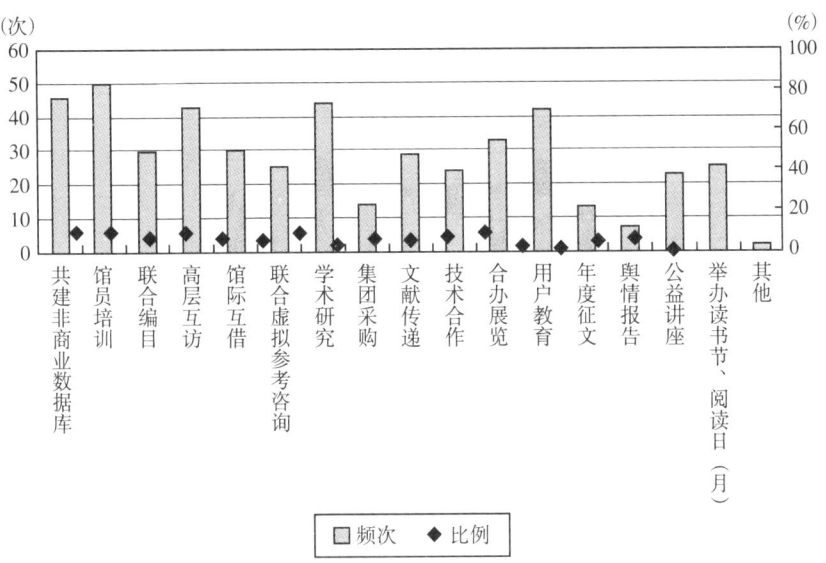

图 6-2 受访图书馆所选合作项目的频次与比例

资料来源：笔者整理。

由各合作项目被选的频次和比例可以看出，南亚、东南亚各个国家的图书馆对于共建非商业数据库、馆员培训、高层互访、学术研究、用户教育等项目是十分感兴趣的。在选择频次上，大于 20 次的有 13 项，说明这 13 项合作项目对大多数图书馆来说都是有需求的或感兴趣的，因此，项目组在提出战略方案时，可从这 13 个项目进行考虑，让提出的战略方案更加符合南亚、东南亚国家的图书馆要求。同样，从选择频次上可以看出，小于 20 次的仅有四项，分别是集团采购、年度征文、舆情报告和其他。其中，集团采购的选择频次虽然小于 20 次，但是也有 14 次，只能说明许多南亚、东南亚地区的图书馆对联盟合作进行集团采购不是特别的重视，原因可能基于不同国家、地区的文化、语言、经济等方面的不同发展，致使读者需求有所不同，进行集团采购并不能较好地满足各国、各地区读者的需求。除了选择"其他"项以外选择频次最低的两项为"年度征文""舆情报告"选择频次分别为 13 次和 7 次，这两个合作项目得不到重视的原因很可能是对于南亚、东南亚各国图书馆来说，年度征文和舆情报告的实施意义并不是很大。因此，在进行战略方案提出时，对集团采购、年度征文、舆情报告不会过多地进行考虑。

综上所述，项目组将从图书馆联盟的国际性行业协作、华文信息资源保障体系的建立、面向文献信息需求的多元文化交流、"一带一路"倡议环境下基于信息资源共享的跨国图书馆联盟等方面，对南亚、东南亚图书馆联盟的战略方案进行详细阐释。

一、开展国际性跨行业协作

图书馆联盟是一个复杂的系统，包括实体联盟和虚拟联盟等多种形式。因此，图书馆联盟的国际性行业协作需要从传统的协作业务和创新的协作模式、方法来考虑，其中，传统的协作业务包括进行联合编目、馆际互借、文献传递、技术合作等，创新协作模式主要为利用现代科技加强联盟的国际性协作。

中国与南亚、东南亚地区国家的图书馆联盟进行的国际性协作应通过协同机制来实现，即以现代技术为依托，充分利用网络，综合运用现代管理理论与方法，对整个联盟系统进行规范、组织、协调、控制，加强联盟系统各要素的协同管理，使中国与南亚、东南亚各国的图书馆联盟既成为实现图书馆与用户交互的信息资源服务平台，又成为实现联盟成员馆共同远景目标的战略管理平台。

以目前中国与南亚、东南亚图书馆联盟发展现状为基础，结合世界部分跨境图书馆联盟建设的成功经验，可提出利用现代科技，基于知识网络，进行多形式的共建共享、相互支持、共同发展的协作模式。

在互联网高速发展和广泛使用的时代，建立虚拟的图书馆联盟，利用先进的现代科学技术，进行联盟的国际性协作是必然的发展趋势。传统的联盟协作模式需要制定统一的技术标准、通用的联合编目，以确保联盟成员间能够有效地进行协作。但在进行文献传递、文献复印等协作业务时必须以传统的纸质文献为资源共享的基础，服务的形式和内容受到很大限制，是一种松散的合作组织形式。在互联网环境下，联盟中各成员的交流将更加密切，协作业务也将呈现多元化。建立的创新性协作模式是一种以传统协作业务为基础，以现代化信息技术为支撑，结合跨境联盟的协作特点，通过横向的组织间知识与信息交流，帮助合作主体共同遵守规则和政策的一种信息资源服务利用的模式。在这种模式下开展国际性协作，应注意若干方面的问题。

第六章 我国面向西南开放的图书馆联盟战略规划体系

1. 立足文化教育资源

建立以中方图书馆为主,南亚、东南亚各国图书馆为辅的跨境图书馆联盟。图书馆联盟至少由两个及以上国家组成,成员机构以各国图书馆、孔子学院(图书馆)为主。中方图书馆作为联盟领导者,不仅要在联盟制度建设、保障体系建设等方面起到引领带头作用,而且在联盟运行所需资源、经费、人员管理等方面做出统筹管理,带领南亚、东南亚各国图书馆进行资源信息共建共享。南亚、东南亚各国图书馆作为联盟成员,应积极配合联盟的各项活动,辅助联盟领导国完成联盟建设,并且以本国自身的资源和技术特点为突破口,巩固中国与南亚、东南亚各国跨区域间图书馆协作的基础,累积一定建立跨境开放式图书馆联盟的管理经验与技术。然后,在传统协作业务的基础上,积极探索虚拟联盟的发展,运用现代科学技术,如人工智能、物联网、云计算等,加强跨区域联盟间的协作,并建立多种形式的共建共享,相互支持,共同发展。[①] 积极谋划建设具有特色的图书馆资源,包括具有国家特色的政治、经济贸易、农业生产、节日习俗、各类文化资源等,其中各类文化包括儒学、宗教文化、"那文化",以及非物质文化遗产等,促进图书馆联盟成员国之间的交流协作。

2. 实施多元协作模式

联盟的建立应该在利用现代科技,进行基于知识网络组织的协作模式的同时,不应将传统的协作业务摒弃,应相互促进,共同发展,建立传统协作模式与现代化网络组织协作模式有机结合的跨境图书馆联盟。在线下协作中,积极与南亚、东南亚各国、各地区的图书馆进行交流、互助,通过进行高层访问,充分了解各图书馆的发展现状与特色。根据各个国家、各个图书馆的特色制定出相应的协作方案,再通过馆员培训、学术研究等方式,不断促进中国与南亚、东南亚各国图书馆的协作交流,使之共同发展、进步。在线上的协作中,充分发挥现代化技术与互联网的作用,除了进行联合虚拟参考咨询、联合编目、文献传递等,还可通过网络进行线上的学术交流、馆员培训等,打破时间和空间的障碍,更加及时、方便地促进我国图书馆与南亚、东南亚各国图书馆的协作、交流,加强图书馆联盟成员间的联系。2016年3月,新西兰国家图书馆主办了第24届亚洲及大

[①] 李湘萍:《2012中国—东盟文化论坛商讨亚洲图书馆交流合作》,http://www.caexpo.org/gb/news/zdnews/9th/2012whlt/hynews/t20120918_103343.html,2012年9月18日。

洋洲地区国家图书馆馆长会议（Conference of Directors of National Libraries in Asia and Oceania, CDNL-AO22），会议主题是"图书馆通过国际合作增加价值"（Adding Value Through International Cooperation），以加强各国图书馆馆长之间的交流。2013~2016年，国际图联和缅甸图书馆协会（Myanmar Library Association，MLA）共同实施了"建立强大的图书馆协会"项目（Building Strong Library Associations，BSLA），项目内容重点关注图书馆合作伙伴关系和图书馆发展。2016年3月，斯里兰卡大学图书馆员协会国际会议在贾夫纳公共图书馆召开，会议主题是"图书馆与知识可持续性息息相关"（Libraries as Partners of Knowledge Sustainability），图书馆员及相关专业人员可借此机会从地区、国家和国际角度出发，进行知识技能交流。

3. 重视各国国情差异

由于南亚、东南亚国家之间有着不同的国情、特色的宗教文化，联盟的建立不应只是局限于囊括南亚、东南亚各国图书馆的宏观联盟，应该根据各国自身的特点，分别建立不同的联盟组织。如可以根据地域划分，将南亚与东南亚区分开来，分别建立中国—南亚图书馆联盟，中国—东南亚图书馆联盟，因为南亚与东南亚国家在民族、文化、宗教信仰上还是有所差别的，中国与南亚、东南亚国家的合作方式与内容也应有所区别。就宗教信仰的区别来说，对南亚国家的协作主要以印度为主，印度主要信奉印度教、伊斯兰教，因此在信息资源、文化等的协作上，联盟就应该充分地尊重印度的宗教信仰，从印度的文化、知识、特色信息资源出发，制定出合理、有针对性的协作方案。对东南亚的协作主要包括泰国、缅甸、越南、新加坡、马来西亚等，东南亚的各国所信奉的宗教纷繁复杂，主要有佛教、罗马天主教、伊斯兰教等，而且每个国家又有所细微的不同，如泰国、柬埔寨、老挝、新加坡等主要信奉佛教，伊斯兰教信仰国家主要有印度尼西亚、文莱、马来西亚等，而东帝汶以及菲律宾等国家主要信奉罗马天主教。因此，图书馆联盟在与之进行协作时，要根据不同的特点进行不同的对待，具体问题具体分析，充分尊重它们的宗教信仰，并结合其宗教与中国的联系，进行良好的协作、交流。由于中国、南亚与东南亚各个国家地区不同的文化特色，各个图书馆的资源有所侧重，利用图书馆联盟进行国际性协作，需要联盟内各成员馆都有良好的对知识进行组织、协调的能力，各成员馆间不断进行交流，使各个国家图书馆信息资源有效融合，进一步加快相关资源的整合利用，以利于图书馆联盟成员馆之间的文化交流、相互协作。

4. 加强跨行业协作

图书馆联盟的建设发展应加强跨行业协作。跨行业协作主要是做好图书馆与其他政治、文化机构在政策、经济、技术、资源上的交流合作，以促进图书馆联盟的发展。这些相关机构主要包括政府、档案馆、博物馆、出版商、网络运营商、数据库商等专业技术机构等。图书馆联盟可以和政府部门进行交流合作，争取得到政策、资金方面的支持，同时也为政府提供智库服务。图书馆联盟可与档案馆、博物馆等机构进行合作，加大业务交流，并可以通过公共文化服务机构的途径收集资料，不断充实、扩大联盟的馆藏资源，如印度国家档案馆作为亚洲地区先进的档案馆，其保护技术、管理经验、培训课程都受到联合国教科文组织的推介，也使它们的涉外事务得到充分的发展。在涉外档案收集事务中，印度国家档案馆收集了大量的中文档案，可以为图书馆联盟提供丰富的中文文献资料，而且通过涉外档案开放利用的一些政策，可以更为方便地向联盟提供利用。出版商、网络运营商、数据库商等专业技术机构则可以为图书馆联盟创建特色数据库提供技术支持，促进图书馆联盟高效发展。泰国的国家电子与计算机技术中心（NECTEC）、泰国科学技术研究院下属的科技开发局（STDB）等可以为联盟的数据库建设提供技术支持，而且可依靠泰国的科技开发政策，如技术转让和技术推广政策、研究和开发政策、科技人才政策等，为数据库的建设提供政策、技术、人才等的保障。可见，图书馆联盟的发展不能仅靠图书馆自身的力量，还需要进行一定程度的跨行业协作，整合各行业的资源和技术，促进联盟向更加广阔的空间发展。

二、构建华文信息资源保障体系

华文信息资源保障体系是基于我国的文化自信，为讲好"中国故事"，在我国与整个南亚、东南亚地区内，以统一规范的汉语与汉字为承载基础，通过以图书馆联盟和各国出版发行、教育科研、文化艺术等社会公共文化服务机构进行协调合作，对华文信息资源进行收集、整理、存储、传递、利用的信息资源保障体系。它是以文献信息为基础、以信息资源共建共享与传递服务为直接目标，以积累传承中华典籍文化、弘扬中华传统优秀文化、促进各国文化交流、推动各民族文化繁荣和思想进步为终极目标，对华文信息资源进行收集、加工、利用的现代化收集系统与资源共享服务系统。

1. 华文信息保障体系建设的背景及必要性

南亚、东南亚是华人华侨的聚居地,其中主要集中在东南亚地区。至2013年,南亚地区的印度约有华人华侨14万多人,巴基斯坦约有4000多人,斯里兰卡约有600人,孟加拉国约有480人;东南亚地区的印度尼西亚约有华人华侨1800万人,泰国约有700万人,马来西亚约有639多万人,缅甸约有600万人,菲律宾约有200万人,新加坡约有276万人,越南约有114万人,柬埔寨约有60万人,老挝约有30万人,文莱约有6万人,东帝汶约有2万人。① 因此,在这些地区,有一定的华文使用基础,对华文信息资源有一定的需求,华文信息保障体系的建设,对传承、利用中华文化具有突出的作用与意义。而且,华文信息资源保障体系的构建在南亚、东南亚地区有一定的社会基础,因为在这些国家中,华人华侨与当地的政治经济文化等高度融合,也在一定程度上影响着当地的经济社会事务。

随着全球经济一体化的发展,中国作为世界第二大经济体,影响力越来越大,国际贸易的范围越来越大,开展贸易的地区对汉语学习的需求也越来越大,华文学校及孔子学院的创建数量日益增多。截至2015年12月1日,国家汉办统计全球134个国家(地区)有500所孔子学院和1000个孔子课堂。孔子学院设在全球125个国家(地区),共计500所,其中亚洲32国(地区)建有110所;孔子课堂在72国设有1000个,在亚洲18国共设有90个;南亚、东南亚地区共有41所孔子学院、24个孔子课堂,具体分布情况如表6-1所示,基本形成了一个以孔子学院为中心的汉语交流中心网络。孔子学院数量和规模的不断扩大,反映了文化交流的深入,信息交流渠道的多样化,是信息需求形态的具体体现。

表6-1 南亚、东南亚各国孔子学院和孔子课堂分布情况

单位:所,个

国家	孔子学院数量	孔子课堂数量	国家	孔子学院数量	孔子课堂数量
越南	1	0	柬埔寨	1	3
老挝	1	0	泰国	14	11

---

① 华人经济年鉴编辑委员会:《华人经济年鉴2012~2013》,中国华侨出版社2013年版,第10页。

第六章 我国面向西南开放的图书馆联盟战略规划体系

续表

国家	孔子学院数量	孔子课堂数量	国家	孔子学院数量	孔子课堂数量
缅甸	0	3	马来西亚	2	0
印度尼西亚	6	0	菲律宾	4	0
新加坡	1	2	印度	2	0
巴基斯坦	4	1	孟加拉国	2	1
斯里兰卡	2	1	尼泊尔	1	2

资料来源：孔子学院总部、国家汉办：《关于孔子学院》《孔子课堂》，http://www.hanban.edu.cn/confuciousinstitutes/eode_10961.htm，2016年10月20日。

虽然孔子学院、华文教育在南亚、东南亚地区得到了广泛的推广与发展，但是，目前很多国家的华文教材无法统一，而且需求量十分巨大，而且华文学校大多依附于汉语学校，没有独立的文献信息保障系统，出现了对华文信息资源的严重缺乏的问题，因此，保障华文教育的华文信息资源，满足华文信息用户的迫切需要，成为建立华文信息保障系统的根本动力。

根据项目组调查问卷中关于"构建华文信息资源保障体系的重要性如何？"问题的数据分析结果显示，在受调查的121个南亚、东南亚图书馆中，83个图书馆认为构建华文信息资源保障体系是重要的，占总数的68.6%，其中53个图书馆认为是十分重要的，占到总数的43.8%。认为构建华文信息资源保障体系不重要的图书馆仅有2家，占总数的1.7%，没有图书馆认为构建这一体系非常不重要，有11个图书馆未填写，但并不排除这些图书馆对华文信息资源保障体系没有很好的理解与把握的可能性，具体的比例如图6-3所示。

在"构建华文信息资源保障体系的重要性"这一问题中，从调查问卷中所显示的频次和比例的数据上来看，大多数图书馆都认为构建华文信息资源保障体系是十分重要的，有建设的必要性，即使有20.7%的图书馆认为建设重要性一般，但也并没有否定这一体系的建设，对于这20.7%的图书馆来说，华文信息资源保障体系也是有建设的可能性的。

除了对频次和比例进行数据分析外，项目组还就构建华文信息资源保障体系的重要性对图书馆所在国家、图书馆类型、图书馆纸质馆藏数量进行了交叉分析，从交叉分析显示的结果中可看出，图书馆类型和图书馆纸

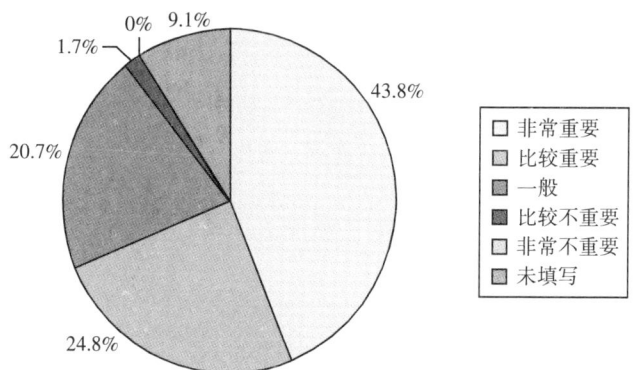

图 6-3 构建华文信息资源保障体系的重要性认识

资料来源：笔者整理。

质馆藏数量在卡方检验和对称度量检验的显著性值，方向度量检验中的 Goodman、Kruskal tau 和不确定性系数的显著性值均未通过检验，因此对构建华文信息资源保障体系的重要性认识并不受到图书馆类型和图书馆纸质馆藏数量的影响。在与受访者国别的交叉检验中，方向度量中的 Lambda 检验的显著性值为 0.035544071，小于 0.05。虽然卡方检验和对称度量检验的显著性都大于 0.05，但至少通过了方向度量检验。从中可以看出，在构建华文信息资源保障体系的重要性认识上，受到受访者国别的影响。具体而言，南亚国家对华文信息资源保障体系的认同感低于东南亚国家。因为这题中选择"比较不重要"的 2 名受访者分别来自印度和斯里兰卡，而且在选择"一般"的受访者中，最高的比率（36%）也是来自印度，但是值得注意的是，选择"非常重要"比率最高的也是印度（超过 26%），这样的情况也出现在斯里兰卡受访者的数据上，分别列出每个选项最高比率的三个国家，印度和斯里兰卡都出现在了"非常重要""比较重要""比较不重要"的前三位，说明这两个国家对华文信息资源保障体系，乃至中华文化的态度并不十分统一。但从抽样的绝对数量来看，持较积极态度的人占大多数，表明在南亚、东南亚地区建设华文信息资源保障体系是可行的，也有一定的必要性。

2. 华文信息资源保障体系建设模式及具体要求

华文信息资源保障体系建设模式，需要跨境协作，它以图书馆联盟的资源共享为主导，以馆藏信息资源共享通道为基础，以各个国家设立的孔子学院图书馆和信息机构为中心，其他各类型的图书馆与信息机构为协作

第六章 我国面向西南开放的图书馆联盟战略规划体系

对象,对华文信息资源进行收集、整理,建立起行之有效的信息资源库。为了使华文信息资源能够得到最大化地利用,发挥其效用,可通过图书馆联盟的协作共享网络,在南亚、东南亚范围内,进行资源共享。

华文信息资源保障体系区别于传统区域间的信息资源保障体系。首先,它以汉语文献为收集、整理、组织和开发利用的主要对象,仅涉及部分跨境少数民族语言文字的载体。其次,华文信息资源的服务,主要是为了满足我国信息用户以及南亚、东南亚国家信息用户对汉语语系文献的需求。建设华文信息资源保障体系应注意以下几个方面。

第一,设置华文信息资源保障体系管理委员会。要有效地组织、管理好华文信息资源,应该在原有的图书馆联盟的基础上,建立一个负责整个华文信息资源保障系统规划协调的管理机构,如华文信息资源保障体系管理委员会,以此承担在南亚、东南亚地区进行华文信息资源保障体系的相应职能,开展建立、维护资源保障体系,以及促进南亚、东南亚各国图书馆使用华文信息资源保障体系的相关工作。首先,这一管理机构的构建应基于各个国家、地区的图书馆对构建华文信息资源保障体系重要性的认识上,从项目组所做的调查中可以了解到,南亚、东南亚的大多数图书馆都认为构建华文信息资源保障体系是重要的,因此,该体系的建立具有显著的意义。其次,华文信息资源保障体系的构建应以中国为发起国,联合南亚、东南亚的主要国家,尤其是华人较多的国家,如南亚的印度,东南亚的泰国、马来西亚、新加坡、越南等,并在后续发展中向外不断扩大、辐射,鼓励支持更多国家的图书馆加入进来。在运行中要保证发挥好发起国的组织、统领作用,做好全面的协调、安排,而且需要明确各成员国的职责,共同建立好这一体系。再次,华文信息资源保障体系的运行,应以这些国家的孔子学院为依托,建设一个华文信息资源管理中心或平台,保障体系的良好运行。最后,可以与现有联盟进行合作,利用这些联盟的现有基础,得到更多国家、地区的支持,保障这一体系的运行。

第二,明确华文信息资源保障体系的经费来源。在华文信息资源保障系统建设的经费方面,我国政府应作为发起国或牵头国,与南亚、东南亚各国政府进行协调,负责华文信息资源系统的开发建设与资金支持。其他的联盟国政府将负责协调本国内不同文化机构和部门的统筹安排和管理工作。发起国(中国)负责主要经费投入,每年固定为该项目负责主要项目拨款,作为项目运行的基础保障,主要包括华文信息资源保障体系的共享平台建设、中文书刊数据库的建设、海外基础性中文文献的无偿配给等。南亚、东南亚各国图书馆负责区域性的经费投入，作为项目的持续运行发展部分，包括本地特色华文数据库建设、本地纸质华文文献的采集、整理与服务提供等。孔子学院为交流中心之一，作为国家对外汉语推广和传播中国文化与国学的文化交流机构，其经费主要由中外双方政府部门负责承担，具有充足经费来源，也对资源平台建设的经费来源提供了一定保障。

第三，建立文献信息资源共建共享平台。华文信息资源体系的建立，应该依附于一个通用、友好的平台。因此，应该建立一个使图书馆联盟中各个成员能够统一使用的文献信息资源共建共享平台，利用这一平台，进行华文信息资源的收集、整理、共享、利用。这一平台的建立，需依靠跨境图书馆联盟进行引领、管理、统筹平台，为平台的建设和发展提供资源、经费、技术等支持，明确平台建设的经费来源、技术保障、后期维护等内容，并建立起以中方图书馆为主，各国的联盟成员馆为辅的信息资源保障体系，保障信息资源共建共享平台的正常运行。各国的孔子学院（图书馆）在平台的运作上也应该起到重要作用，这些孔子学院（图书馆）的本地承办机构很多都具有很强的华文文献信息资源和加工能力，因此能提供华文信息资源保障服务，作为传播知识信息与中华文化的站点，促进平台的发展。有条件的孔子学院（图书馆）还可承担一些基础性的文献信息管理方面的业务工作，如泰国朱拉隆功大学孔子学院诗琳通中文图书馆成立之时，中文图书馆馆藏图书达 2.4 万册，还具有能够支持导入中文电子书目的 Sierra 系统。因此，这一孔子学院可进行华文信息收集、加工、组织、存贮与服务，以实现信息资源共建共享平台在不同地区、不同国家之间进行华文信息的共享，中华文化的传播。

第四，图书馆联盟需依靠各国孔子学院（图书馆）完善其资源建设利用。鉴于在南亚、东南亚大部分国家都设有孔子学院和孔子课堂，而且孔子学院有着丰富的文献资源和较高水平的设备基础，以及能够使用本国语言和汉语的信息技术人才，方便信息资源共建共享中的交流与服务，可以"孔子学院"作为本国华文信息资源共建共享中心，这一信息中心隶属于跨境图书馆联盟建立的华文信息资源共建共享中心，利用各国的孔子学院或图书馆，建立起各国的信息资源共建共享分中心，大国可设若干个分中心。跨境图书馆联盟总中心起到总领、调配、统筹的作用，一方面，领导各分中心建立华文信息资源共建共享中心，保障资源的调配和各国信息共享分中心的正常运作；另一方面，为各个分中心提供一些资源、技术、资金上的支持，鼓励各国建立起分中心，促进跨境图书馆联盟华文信息资源共建共享中心的发展。各国分中心主要依托孔子学院（图书馆）而建立，对本国的华文资源进行采集、整理、存储、加工利用，并以所在国家为主要特征和信息需求的华文信息库建设为主要目标，为孔子学院师生和用户提供所需的中文与本国文献信息资源。孔子学院信息中心（图书馆）的文献信息资源除了向所在学校师生提供服务与利用外，还具备有公共图书馆的特征，为其他类型的用户提供使用，而这些用户主要也是华人华侨，但是本国其他用户使用需要通过专门的申请。

三、促进多元文化交流

由于不同的历史进程和生存环境，中国与南亚、东南亚各个国家在宗教、文化、习俗等很多方面都存在差异，形成了丰富多彩、独具特色的多元文化。另外，中国与南亚、东南亚各国同处于"东方文化圈"，在文化上有许多共通之处，就宗教而言，各国信仰异彩纷呈，佛教信奉国有尼泊尔、不丹、斯里兰卡等，马来西亚、印度尼西亚等国则信仰伊斯兰教，菲律宾信奉天主教，印度同时存在多种宗教。在历史的演进过程中，南亚、东南亚的一些国家也深受中国的儒学、道教、文化、技术、科技、生活习俗等方面的影响。因此，中国与南亚、东南亚各国在文化上既有本国的独特之处，异彩纷呈，也有共通之处，能够跨境交流、相互影响。

在区域经济一体化的带动下，我国不断深入与南亚、东南亚各国的经贸合作，文化交流日益密切。"一带一路"倡议的提出，更是为文化交流提供了有利条件，中国与南亚、东南亚各国经济、社会、文化的交流更频繁，对图书馆等公共文化服务机构提出了文献信息资源的诉求，图书馆联盟面对多元化的文献信息需求，应该积极利用各国资源优势，进行优势资源互补，即时共享，尽可能地满足用户的多元文化交流需要。在进行文化交流时，跨境图书馆联盟应该以探寻不同文化中的共性理念为基础，创建价值认同，以信息资源为纽带，促进各国各民族从思想到典籍的交流，提升文化的影响力和竞争力。

面向文献信息需求的多元文化交流需要具体措施的保障，这些措施主要包括以下几个方面的内容。

1. 充分发挥图书馆联盟的文献信息优势

中国与南亚、东南亚各国进行多元文化交流，除了通过线下的文化交流互访，开展文化知识讲座等形式，更多的还是要以文献信息资源为依托，使不同国别的读者便捷、高效地利用各国图书馆的文献信息资源，全面、系统地了解他国的多元文化，这就需要充分地发挥图书馆联盟的文献信息资源优势，有效提供全方位的知识信息服务。要发挥这一优势，图书馆联盟应联合各个国家的图书馆和相关机构，加强对文献信息资源进行收集、整合、处理和利用；整合成员馆的特色馆藏，开发各国特色资源数据库，促进各民族优秀文化的建设与传播。

2. 创建多元文化信息资源共享平台

利用先进的信息技术，建立一个能够兼容各国语言文字的数字图书馆平台，集中展现各国传统文化典籍，确保基于各国文字的数据库和各类实时信息无缝关联。对于信息资源的跨境管理与利用，应该基于一个泛在的资源共享平台，以现代技术为依托，充分利用网络基础设施，进行技术合作，建立能够进行文献信息采集、整合、检索、利用的资源管理与服务提供系统。异构数据库需要进行有效的规范、组织、协调和控制，其建立与维护应该依托于专业的技术团队，不仅能够建立起运作良好的数据仓储集合，还应该有能力对数据进行及时的更新、维护，对系统进行功能迭代的升级。

3. 建立跨境交流沟通平台

为了促进图书馆联盟成员间的相互交流，应该建立一个跨国别、多语言的信息交互平台，为联盟组织成员、成员馆管理者、图书馆员工、图书馆学研究人员、上级主管领导、读者用户等人群提供线上交流渠道。这一平台的主要作用在于发布各个国家近期文献信息资源的建设情况、文化活动开展情况等。跨境交流沟通平台的建立，一是能促进各个成员馆对联盟建设动态进行全面的掌握；二是能及时反馈、收集联盟建设中出现的问题，监测、响应公众的相关需求；三是能在联盟内部逐级传递战略愿景、使命，安排部署战略方案和行动计划；四是能向联盟外部宣传服务品牌，树立公共形象，表达发展意愿，寻求合作机会。

4. 积极建设人才队伍

无论是文献资源的建设、信息服务的推广，还是多元文化的传承与传播，都需要各类专业人才的共同参与。联盟成员馆都应发挥自身人才优

第六章 我国面向西南开放的图书馆联盟战略规划体系

势,积极引进、培养具备专业技能的人才队伍。人才队伍应涵盖不同的学科,大致可分专业类人才、技术类人才、语言文化类人才等类型。专业类人才方面,在文献资源的收集、整合、利用阶段,联盟成员馆应该积极配合,推荐拥有专业素质的工作人员,组建跨国专业团队,对各自国家的特色资源进行收集、整理,并与其他国家协作,提高整个联盟的文献信息资源建设工作效率。技术类人才方面,在共享数据库的建设中,应积极引进计算机软硬件人才,培育系统开发、运维的技术力量;同时也可考虑通过技术外包来利用社会上的技术资源。语言文化类人才方面,负责处理外文文献的语言人才应至少精通一门南亚、东南亚国家语言,文化人才至少应全面熟知、掌握一国或一地区的传统文化。对于人才队伍的建设,除了业务技能和专业素养,联盟成员馆还应定期开展高质量的馆员培训,提升馆员的业务综合能力和科研能力,加强工作人员的跨境合作意识,促进多元文化的交流。

四、推动"一带一路"倡议建设

2013年9月和10月,中国国家主席习近平在出访中亚和东南亚国家期间,先后提出欧亚大陆经济整合的战略思想,即共建"丝绸之路经济带"和"21世纪海上丝绸之路"的重大倡议。"一带一路"一头贯穿发达的欧洲经济圈,一头通向活跃的东亚经济圈。在南方,一边由中国经中亚、西亚至波斯湾、地中海;一边由中国至东南亚、南亚、印度洋。西南地区地处古代丝绸之路的要道,具有面向"三亚"(东南亚、南亚、西亚)、肩挑两洋(太平洋、印度洋)、通三江(长江、珠江、澜沧江—湄公河)的区位优势,北上连接"丝绸之路经济带",南下连接"海上丝绸之路"。"一带一路"倡议沿用古代"丝绸之路"的历史精神,利用目前发展较为成熟的区域合作平台,积极、主动地与沿线国家进行交流与合作,共同打造出利益共同体、责任共同体和命运共同体。为响应"一带一路"的号召,文化的对外交流和开放建设必不可少,是沿线国家共同的文化需求,也是义化认同的多元建构与合作的重要领域。

根据中央的战略思想,国务院授权发布《推动共建丝绸之路经济带和21世纪海上丝绸之路的愿景与行动》,阐释和明确了广西、云南等地在"一带一路"倡议中发挥的作用。广西方面,应凸显出与东盟国家陆海相邻的独特优势,面向东盟区域打造国际通道,形成西南开放发展的战略支点;云南方面,应着力打造大湄公河次区域经济合作新高地,推进与周边国家的运输通道建设,使云南成为面向南亚、东南亚的经济、文化辐射中心。西南地区作为边境地区连接中国与众多邻国和南亚、东南亚的纽带门户,在"一带一路"的发展倡议中,具有十分重要的独特地位和作用。

1. "一带一路"倡议环境下跨国图书馆资源共享联盟基础

为推进面向西南的"一带一路"倡议建设,在各国的共同努力下,"中国—中南半岛经济走廊"(CIPEC)和孟中印缅经济走廊已初步成形,沿线的东盟多数成员国都展现出积极响应和支持的态度。截至2014年10月24日,东盟十国都加入到了亚洲基础设施投资银行(简称亚投行,Asian Infrastructure Investment Bank,AIIB)的创始会员国;在孟中印缅经济走廊中,印度相对消极,但也成为亚投行的创始会员,孟加拉国和缅甸也是丝绸之路的基金成员国。在多层次、大范围的区域,这些经济走廊的积极因素为开展包括图书馆联盟建设在内的跨国文化交流提供了良好的政治经济环境。开展这一区域的图书馆联盟建设,也符合"一带一路"共建共赢、文化包容的目标。

行业联盟基础方面,在"一带一路"发展倡议提出之前,南亚、东南亚等地区图书馆联盟就有了长足发展,中国和东盟各国也已经建立起具有本国特色的图书馆联盟。印度尼西亚有印度尼西亚基督教大学电子图书馆联盟、印度尼西亚伊斯兰教书目网络;马来西亚有国家数字图书馆系统、大学学科门户;菲律宾有全国性的图书馆网络——菲律宾数字图书馆、菲律宾专业图书馆联盟、菲律宾大学与研究图书馆网络等;新加坡有新加坡学校图书馆网络,由国家图书馆领导下的图书馆联盟;泰国在1954年就成立了图书馆协会;越南的公共图书馆和学校图书馆也分别发展成为全国性图书馆联盟。[①] 国际合作方面,20世纪80年代就召开了东南亚图书馆员大会,2015年5月还在泰国曼谷召开了以"东盟知识:图书馆可持续发展"为主题的第十六届大会,要求东南亚各国图书馆与信息门户在知识和知识管理方面加强合作,就资源和知识管理、信息服务开展地区合作项目。合作的领域已经从起初的实体资源共享与传递发展到知识共享、知识

---

① 陈信、赵益民、柯平:《东盟图书馆联盟发展现状及对我国的启示》,《图书情报工作》2014年第1期。

第六章 我国面向西南开放的图书馆联盟战略规划体系

管理,以及信息服务方式和内容的交流、合作等深层方面。除了实体机构的结盟,东盟数字图书馆网络和东盟大学图书馆网络也相继建成。① 2014年2月,澳大利亚国家图书馆主办了第22届国家图书馆馆长会议(Conference of Directors of National Libraries in Asia and Oceania,CDNL-AO22),包括南亚、东南亚的十多个国家和地区的图书馆领导参加了此次会议,讨论了数字时代各国图书馆数字信息服务、网络出版物电子呈缴与保存等问题。

2."一带一路"倡议环境下图书馆联盟发展模式

经过千百年来"丝绸之路"的历史传承与发展,形成了"和平合作、开放包容、互学互鉴、互利共赢"的精神,推进了人类文明进步,促进了沿线各国繁荣发展。"共建'一带一路'顺应世界多极化、经济全球化、文化多样化、社会信息化的潮流,秉持开放的区域合作精神,致力于维护全球自由贸易体系和开放型世界经济。"②为了促进各国的经济、文化的交流发展,对"一带一路"的号召做出积极响应,图书馆联盟应考虑和沿线国家积极打造战略合作伙伴关系,探索自己的战略发展方案,形成具有面向西南开放特色的发展模式。

第一,将图书馆联盟建设成为向政府和企业提供决策参考的新型智库。智库是由多学科专家组成的智囊机构,旨在为决策者解决处理社会、经济、科技、军事、外交等方面问题,并为之提供最佳的理论、策略和思想。目前,许多图书馆都担任起了政府和企业的智库角色,通过知识管理,为政府献言献策,提供专业的知识资源,为企业收集整理所需知识资料,提供方法、策略,在一定程度上保障政府的管理,促进经济的增长,稳固企业的发展。中国与南亚、东南亚地区的图书馆联盟可以建设成新型智库,促进各国的经济社会发展,并为国际交流合作提供策略参考,指明发展方向与路径。在新型智库的建设中,图书馆联盟可以充分利用自身的文献信息资源,并广泛收集网络舆情,共建公益性质的数据库;在此基础上,发挥联盟成员馆的专业人才优势,并联合其他机构的人力资源,开展定题研究,定期或不定期地发布研究报告,或为委托者提供决策参考,将联盟建设成为具有国际视野和跨文化特质的新型智库。

---

① Libraries of ASEAN University Network,"About AUNILO"(Winter2013), http://aunilo.Org/.
② 国家发展改革委、外交部、商务部:《推动共建丝绸之路经济带和21世纪海上丝绸之路的愿景与行动》,http://news.xinhuanet.com/gangao/2015-06/08/c_127890670.htm,2016年10月20日。

第二,将图书馆联盟建设成为经济建设成果的名片式展示窗口,成为"文化搭台、经济唱戏"的重要舞台。"一带一路"倡议以促进经济发展为目标,因此对经济成果的展示十分重要。经济成果展示需要一个平台,能够起到宣传、带动的作用,图书馆联盟可以广泛收集、整理经济建设的成果资料,通过举办专题巡回展览、开展社会公益讲座、举办阅读活动、设立文化庆典等活动,展现中国和南亚、东南亚各国的经济发展历程,宣传经济建设成就,彰显国家发展实力,树立国际外交形象。可以通过多种形式以文化推动经济的发展,例如,图书馆联盟举办的读书节或阅读日,可以每年在不同国家举行,让各国民众都有机会近距离感受不同国家的建设与发展步伐,也能通过现场的学习交流,在很大程度上带动举办国的服务业、旅游业等创汇产业的发展,实现"文化搭台、经济唱戏"的效果。

第三,将图书馆联盟建设成为中国与南亚、东南亚地区科技成果孵化的助推器。图书馆对国家、企业的科技研发项目的设立、实施都有着举足轻重的作用,一方面,图书馆为各个项目的前期准备以及研究过程提供了丰富、海量的文献资源,为科技项目的顺利实施提供知识信息保障;另一方面,图书馆的参考咨询服务,可以为项目的完成、科学成果的孵化提供定题、查新等服务,以提高效率,达到事半功倍的效果。我国面向南亚、东南亚的图书馆联盟也将通过参考咨询等服务,为各国的科技事业提供竞争情报服务,在解决文献资料收集、整理、利用的同时,嵌入研发进程,提升服务价值,确保立项的新颖性和实施的可行性,推进科技成果的转化和应用。

第四,将图书馆联盟建设成为中国与南亚、东南亚国家之间教育合作的桥梁。国际合作办学、教育交流、学生交换学习等日益成为国际教育合作的趋势。我国面向南亚、东南亚地区的图书馆联盟可成为各国之间的一个教育资源集散地与交流合作平台。首先,联盟可作为各国的各级各类学校教育、办学理念和经验的交流、研讨中心,通过开展学习交流会、举办教学成果展,共享机构知识库,为各国教育界提供一个良好的沟通平台。其次,在创建交流机制的基础上,图书馆联盟可作为各国学校建立伙伴关系,谋求联合办学、项目合作的信息基站和实验基地。最后,图书馆联盟可作为各国学生交换学习的适应平台。联盟向有意向留学或做交换生的同学提供意向国的文献资料,并可与该国学校联系,组织学生进行参观考察,成为一个异国教育、文化的适应平台,深化中国与南亚、东南亚国家间的人才交流合作。

　　第五，将图书馆联盟建设成为中国与南亚、东南亚各国文化推广的纽带。我国在"一带一路"倡议中提出"文化的交流、开放建设是必不可少的，是沿线国家共同的文化需求与文化认同的多元建构与合作的重要领域"①。因此，南亚、东南亚图书馆联盟的一个重要使命便是加强文化交流。共同的文化需求和广泛的文化认同，成为中国与南亚、东南亚各国文化推广的纽带。文化推广是双向进行的，即注重中国文化在南亚、东南亚地区的推广，也注重南亚、东南亚各国文化对中国的影响。图书馆联盟可以通过线上的各国文化宣传和用户互动进行交流，也可通过线下的文化专题展览、文化交流论坛、文化推广文娱活动等进行推广，使各国文化得到充分的传播，提高文化认同感，探寻普世价值，减少偏见误解。

　　第六，将图书馆联盟建设成为南亚、东南亚地区国际关系的和谐保障。图书馆联盟的建立得益于国际和谐友好关系的支撑，也能促进各国和平友好相处，保障国际关系和谐。一方面，图书馆联盟是在各国达到政治、经济、文化共识的基础上建立起来的，如有些许的不和谐、不一致，图书馆联盟将很难发展。另一方面，图书馆联盟的良好发展，将加强各国的进一步交流合作，也在不断发展中让各国寻找到更多的文化认同点，更加团结地为共同利益而努力。要成为国际关系和谐的保障，图书馆联盟的建设应恪守联合国宪章的宗旨和原则，遵守和平共处五项原则，以文献典籍传播优秀文化，以人文精神影响国际事务，促进国际关系的和谐稳定。

---

① 国家发展改革委、外交部、商务部：《推动共建丝绸之路经济带和21世纪海上丝绸之路的愿景与行动》，http://news.xinhuanet.com/gangao/2015-06/08/c_127890670.htm，2016年10月20日。

第七章 我国面向西南开放的图书馆联盟战略实施体系

在组织架构的基础上,图书馆联盟的战略目标实现,需要依靠一系列的实施机制和保障措施。战略实施体系的构建核心是制度建设,包括图书馆联盟的组织管理制度、资源建设制度、信息服务制度、交流合作制度等内容。战略实施体系的运作基础是运行机制,涉及联盟的合作、服务、管理、评估、创新等方面的活动要素。在战略实施的技术层面,则需要若干有针对性和可操作性的保障策略,对实施过程进行有效的指导和监控。

第一节 图书馆联盟的制度建设

图书馆联盟的制度建设是实现联盟目标的有效保障,是促进联盟内各成员馆间有效合作的重要手段,并能保证整个联盟系统的健康、良性发展。因此,影响我国面向西南开放的图书馆联盟建设的主要因素是战略联盟的制度建设。在图书馆联盟中,正式的契约、协议等正式文件详细地规定了联盟成员合作各方的责任和义务,并给予合作成员享有保护自身利益的权利,也成为约束联盟成员行为的重要手段。[①] 联盟制度建设的内容主要包括三个部分:一是构建联盟的宏观性法规文件(一般指图书馆联盟章程),该部分包括总则、组织机构、运行机制、权利与义务等内容;二是涉及各成员馆应遵循的若干标准性规范文件;三是针对各成员馆具体业务工作的协议规定。[②] 联盟的制度建设是一个非常复杂的过程,以下就从组

---

① 孙秀丽:《基于社会学视角的图书馆联盟的控制研究》,《情报杂志》2008年第2期。
② 李家清:《我国图书馆联盟进展及发展策略》,《情报资料工作》2007年第2期。

织管理制度、资源建设制度、信息服务制度、交流合作制度四个方面来详细讨论图书馆联盟的制度建设问题。

一、组织管理制度

组织管理制度旨在管理系统构成要素的内在联系及功能发挥,组织管理制度建设是实现组织管理功效的核心问题。图书馆联盟的组织管理制度,指各图书馆成员馆在合作运行过程中相互作用、合理制约,促使整个联盟工作系统整体良性健康发展的制度、规章、标准等的总和。① 我国面向西南开放的图书馆联盟的组织管理制度建设需制定一系列的基本原则、条例和规章制度,充分发挥各成员馆的作用。具体来说,建设完善联盟组织管理制度,必须首先充分依托联盟理事会,制定宏观性法规文件(图书馆联盟章程)、具体条例(各项具体的规章制度)、工作文本(基本工作的操作规定)等,充分明确图书馆联盟的联盟章程、合作形式、加盟方法、基本运作程序等内容,有效保障图书馆联盟的运行进程,加强联盟的组织管理建设。

1. 图书馆联盟章程

图书馆联盟的组织管理制度建设,是一个极其复杂的过程。首先需要建立管理合作伙伴关系的团体,并阐明信任事项;其次是制定清晰的联盟目标,实施集中式的管理。我国面向西南开放的图书馆联盟的组织制度建设,有必要利用现阶段的一些制度作为指导参考,结合南亚、东南亚等国家的具体概况,制定适宜的联盟组织制度。东南亚包括泰国、新加坡、缅甸、菲律宾等11国,共同组建"东南亚国家联盟",通过《东南亚国家联盟成立宣言》《东盟2020年愿景》等合作发展性文件;南亚包括印度、巴基斯坦、孟加拉国等七国,成立南亚区域合作联盟,制定签署《南亚区域合作联盟宪章》。图书馆联盟的组织管理制度的建设必须遵循以上系列文件的精神。同时,组织管理制度的建设应体现竞争性、协调性、决策性、激励奖惩性等原则,力求图书馆联盟能适应市场环境,确保稳定连续运作。具体而言,我国面向西南开放的图书馆联盟组织管理制度的建设主要

---

① 刘光容、王真:《图书馆联盟的组织结构与管理制度研究》,《情报理论与实践》2007年第3期。

包括三个方面：首先，要制定完善《图书馆联盟章程》，作为联盟的统领性文件，应确立联盟的加盟方法、基本运作程序，从而指导其他各项工作的具体规章的制定。其次，要规定和明确各成员馆的标准规范，例如经费保障模式、人员管理、文献资源管理等具体的通例说明。最后，要编制指导具体工作的合作协议、指南手册等契约规范。

《图书馆联盟章程》作为联盟的基础性文件，是实现联盟内部管理的"基本大法"，必须立足于诚实、公平、相互尊重，以及为各国图书馆服务的原则，内容一般包括联盟的纲领、组织机构、运作机制、成员馆的权利与义务等。国际图联于1929年通过第一部章程，明确指出其宗旨、任务，并规定了图联执行委员会等内容。至今，国际图联的章程内容已充实完善了许多内容，如第二部章程针对组织原则作了特别说明，强调了申请加入国际图联的会员可拓宽至具有相关领域的国际协会等。1999年章程的主要修改之处是成立管理委员会，作为国际图联的最高决策机构。中国高等学校数字图书馆联盟章程主要由五个部分组成，分别为总则、工作任务、联盟成员、组织结构、附则，其中对工作任务、联盟成员、组织结构作了详细说明。我国面向西南开放的图书馆联盟，作为一个国际性行业组织，组织制度的建设有必要借鉴国际国内的相关章程。我国面向西南开放的《图书馆联盟章程》应该包括以下内容：第一，联盟名称、法律地位、办公地点、持续年限；第二，任务及目标；第三，术语定义、语言；第四，会员资格、会费标准、会员权益、治理机构、全体大会、各专业委员会、秘书处、信息管理中心；第五，财务制度；第六，章程之适用及修改、解散等。本章程由联盟理事会制定、修改和负责解释，自理事会通过之日起生效。

2. 规章制度与协议

规章制度建设是图书馆现代化建设及科学管理中不可缺少的重要组成部分，是图书馆有序运转、稳定发展的主要手段之一，更是图书馆联盟建设发展及管理中不可缺少的重要内容。我国面向西南开放的图书馆联盟规章制度的建设应与其他现代化建设相适应，与各国、各图书馆内部管理改革相协调，加强各图书馆的自动化、网络化、信息化、数字化功能，体现协作化的精神。为了充分保障我国面向西南开放的图书馆联盟的严密管理，加强联盟的持续发展，根据已经制定的《图书馆联盟章程》，制定与之相适应的各类规章制度与协议。

我国面向西南开放的图书馆联盟战略研究

1976年东南亚国家联盟成员国签署《东南亚友好合作条约》，促进东南亚地区各国人民之间永久和平、友好和合作，加强东南亚地区各国间的密切团结关系。为了更有利于东盟成员国的合作发展，完善内部组织结构，东盟各国提出关于设立东盟秘书处的协议。2016年12月，我国颁布《公共文化服务保障法》，目的在于加快公共文化服务体系建设进程，使人民群众精神文化水平得到有效提升，继承和发扬中华优秀传统文化，弘扬社会主义核心价值观，促使全民族文化繁荣发展。我国面向西南开放的图书馆联盟的各类规章制度、协议等的制定，应该以现有的相关法律法规为依据，建立适应联盟发展的规章制度。例如，为体现联盟的合作宗旨，签署《图书馆联盟友好合作条约》；为保障联盟的持续运作，制定《资源建设管理办法》《信息化建设发展战略》《财务管理规章制度》等。

二、资源建设制度

资源是图书馆联盟开展服务的前提，图书馆联盟最主要的目标就是实现资源的共建共享。联盟资源主要分为服务资源和建设资源两大类。服务资源是联盟为其服务对象提供利用的资源，主要包括印刷型文献、电子信息、二次三次文献等。建设资源是为保障联盟建设发展的资源，主要包括人力、物力、财力等。在图书馆联盟管理和服务的过程中，资源的形式和内容日益多样化。服务方式和服务内容不断拓展延伸，必须有与之相匹配的资源建设制度，确保联盟的资源管理和利用。从战略思维的层面上看，资源建设制度就是通过图书馆联盟内部的资源组织协同，得到"1+1>2"的效果。从战术选择的层面上看，资源建设制度就是一个协调的过程，图书馆联盟的战略选择有效响应信息服务市场需求，能充分提升图书馆联盟的市场竞争力。

1. 服务资源制度建设

图书馆联盟的服务资源制度建设，是资源建设制度的核心内容。借鉴信息资源生态链的基本思想，我国面向西南开放的图书馆联盟的服务资源制度建设内容主要包括三个方面：资源采集制度、资源组织制度和资源保存制度。

（1）资源采集制度，即充分利用图书馆联盟的合作优势，实现合作采购馆藏规划，达成电子许可协议，联合采购，开放存取，最大限度地保障

第七章 我国面向西南开放的图书馆联盟战略实施体系

服务资源的建设。联盟的馆藏规划，应该考虑到各成员馆的馆藏管理决策，充分适用于各馆本地馆藏战略，制定合理的馆藏管理计划与馆藏发展政策。①在实际的合作采购中，馆藏规划主要表现在如下几个方面：一是坚定信息共享理念；二是寻求志同道合的联盟之友；三是确定成员馆的需求差异；四是坚持联盟的根本目的——为用户服务；五是阐明各成员馆及联盟的基本要求；六是合理设计合同框架；七是组织规划开放存取等。②印度大学教育拨款委员会的信息网络（UGC-INFONET）电子期刊联盟，通过全国性期刊网络，为其会员大学提供期刊获取通道，以及质量可靠的服务，有效保障资源的利用，实现联盟建设的根本目的。截至 2006 年 5 月，组织存取管理联盟采购的电子资源已大范围拓展，有近 130 所大学能够存取资源。③我国面向西南开放的图书馆联盟的资源采集制度，应该在现有联盟制度的基础上，拓宽电子期刊、公共目录等合作渠道，创新联盟间的合作机制，建立更加完善、成熟的制度。例如，应建立严格的操作规范，避免购入非法出版物，特别需要注意电子资源的版权问题，避免与各国的知识产权相关法律冲突。

（2）资源组织制度指建立联盟资源组织的标准，主要包括资源描述标准，编目人员发展政策，数据的移交、更新、移除等，增强系统的易读性，实现更宽领域的资源共享。印度信息和图书馆网络中心（Information and Library Network Center）的联合编目经历了一系列的演进过程，先后采用过通用信息交换格式、MARC21、XML 协议，开发建立过数据库，目前采用 AACR2（第二版）和美国国会图书馆标题表作为编目标准。④编目标准、通用格式的不断变化调整，是为不断适应联盟内部各成员的使用，鉴于此，我国面向西南开放的图书馆联盟应建立一个联盟编目中心，在合作范围内组织和管理图书馆联机联合编目工作，高效地实现资源组织整合，提供高质量的服务。联盟还应该在实施统一编目的基础上，把联盟组织氛围和组织文化纳入信息组织管理制度研究中，协调联盟成员馆间的文化差异性与认同度。

---

① Demas S., Miller M. E., "Rethinking Collection Management Plans: Shaping Collective Collections for the 21st Century", Collective Management, Vol.37, No.3, 2012, pp.168-187.
②④ 裴成发、温芳芳：《国外图书馆联盟信息资源建设制度研究进展》，《图书情报工作》2015 年第 15 期。
③ 林芳：《印度图书馆联盟研究》，《图书馆杂志》2007 年第 26 期。

（3）资源保存制度主要包括纸质资源保存和数字资源保存两个方面的内容。一个图书馆的馆舍空间、对馆藏资源的永久性储藏等因素，难以应对信息资源数量的快速增长。① 因此，图书馆馆藏空间的局限性使得图书馆联盟联合贮存仓库的发展成为必然。国外的联合贮存仓库分为两大类：一是同类型图书馆间的贮存仓库，另一类是地区间的合作贮存仓库。针对文献资源保存制度，国外已经做过诸多研究，比如复本保存政策、共享印本馆藏政策、孤本复制指南等。但是，由于各国的相关政策等存在较大的差异性，文献资源保存制度建设的实践需要进一步的完善。例如，图书馆联盟必须明确各成员馆的权利与义务，需要建立与其运作机制协调的合作性仓库，充分考虑到移交文献资源、整合文献资源等可能涉及的所有权归属、运营维护等问题。数字资源保存制度主要基于资源保存战略、数字保存的技术支持、基础业务制度等方面的内容。联盟在建设数字资源保存制度时，要特别注意经费问题和知识产权问题，明确资源的产权属性和使用权限，保证数字资源的合法性。

资源采集制度、资源组织制度、资源保存制度相辅相成、共同作用，促成图书馆联盟服务资源的开发利用。为了更加有效地实现图书馆联盟各成员馆间的资源共建共享，联盟必然要建设服务资源制度，制定统一的服务资源规范和标准，主要包括纸质馆藏资源建设标准、数字资源建设标准规范、数字化图书馆服务标准规范、知识图书馆建设标准、图书馆资源采集制度、区域性图书馆资源编目标准、面向数字图书馆的电子商务规范、图书馆的市场制约制度、面向销售商和出版商的一些规范等。

2. 建设资源制度建设

财力、人力、物力是图书馆联盟建设发展的基本前提，联盟的建设资源制度建设，必然包括财力、人力、物力等方面内容。财力是图书馆联盟实施管理的有效保障，如联盟建设中的设备、技术支持、人才交流培训等都需要经费投入。图书馆员是图书馆的灵魂。人力是图书馆最重要、最具战略意义的资源，是具有图书馆专业素养的知识人才，他们具有高度的创新精神和业务精神，能着力开发信息的价值，充分做好联盟服务资源的组织加工，保证服务资源的有效利用。在联盟的运营管理中，建设资源的制

---

① Revitt M., Guthro C., "Together We are Stronger: A Cooperative Approach to Managing Print Collections", http://library.ifla.org/77/.

第七章 我国面向西南开放的图书馆联盟战略实施体系

度建设重点关注财务制度及人才制度两个部分。

财务制度主要涉及经费来源、收入支出等内容。我国图书馆联盟的经费来源主要是由政府财政拨款和联盟成员馆费用分摊两部分组成,经费来源渠道较为单一,难以保障业务的拓展和跨越式的发展。借鉴国外的成功经验,我国面向西南开放的图书馆联盟在吸引社会资本注入的同时,应该采取联盟会员制度,根据成员馆的实际情况,制定财政年度、年度会费、会费数额、缴纳周期等标准。另外,还可以建立图书馆联盟基金,通过稳健的市场运作,保障经费的长期来源。对联盟的费用支出,应该做出详细的预算规划,优化经费使用模式,加强资源联合采购、系统购置、整合费用、开放存取、节约运行成本。

人才制度建设应在联盟战略发展目标的指引下,建立起一个有竞争力的人力资源培育机制,加强专业人才队伍建设。其中主要包括:制定人力资源战略规划,建立人员招聘与录用管理办法,制定人员福利、薪资、绩效等相关规定,建立人员培训管理办法,明确人事调整、合同管理等相关内容的管理。为了实现人力资源的制度化,应该编制《人才素质评测手册》《招聘工作手册》《培训工作手册》《考核工作手册》《薪酬方案》《绩效评估方案》等一系列人力资源规范性文件。

三、信息服务制度

图书馆联盟最主要的建设目的就是提供信息服务。Ruth J. Patrick 把图书馆联盟的任务总结为六项服务内容,包括借阅特许、联合目录或资源目录共享、复印优惠、馆际互借服务、传递服务、协作参考咨询服务。[①] 为了适应现代信息技术的迅猛发展,图书馆联盟的基础服务内容必须顺应潮流,加强联盟的信息服务建设,高度把握信息服务的自动化、信息化、数字化态势。信息服务就是信息转移与知识创造的过程,信息服务制度建设要坚持双赢原则、互补原则、资源共享原则、求同存异原则。信息服务制度就是通过一系列条例规章来保障服务的有效实施。信息资源共享战略、信息组织管理制度、信息系统互操作制度、信息传递制度等构成了信

---

① Kopp J. J., "Library Consortia and Information Technology: The Past, the Present, the Promise", Information Technology and Libraries, Vol.17, No.1, 1998, pp.7-12.

息服务制度建设的基本内容。

信息资源共享战略以资源共享为核心原则,尽可能减少用户获取信息资源的障碍,鼓励通过正式或非正式渠道获取图书馆信息,共享的资源应包括各成员馆提供的各种类型的资源。坚定信息资源共享理念,确立信息资源共享目标,秉持联盟为用户服务的根本目的,把用户需求放在共享战略的重要位置;创新信息资源共享方式,鼓励促进图书馆间、联盟间的广泛深入合作;立足信息资源共享前沿,拓宽视野,将档案馆、博物馆等信息资源扩充到图书馆联盟资源建设体系中。信息组织管理制度是建立在我国面向西南开放的图书馆联盟这一信息组织模块基础上的,服务于信息收集整理、信息组织加工、信息传递利用等各个环节。管理制度以提高图书馆联盟的信息资源利用效率为根本要求,把握联盟建设的组织框架,切实将联盟建设有效地运用到信息资源建设中。信息系统互操作制度是联盟各成员馆为实施共同的信息系统而遵循的共同标准。目前,联盟间实现互操作的方式主要有两种:一是使用共同的信息系统,二是实施信息系统互操作标准。《IFLA 国际资源共享与文献传递原则和指南》(2009)指出,国家应对国际资源共享承担责任,国家资源共享系统能有力保障实施联盟信息资源共享。解决联盟的信息系统互操作问题,各成员馆应达成共识,确立馆际互借、文献传递等信息共享服务的运作机制,建立联盟的主机维护机构,负责联盟的信息共享服务空间,保障信息共享系统运行的顺畅,同时能记录客户端和服务器运行的记录。信息传递制度指图书馆联盟成员通过签署条款就资源传递问题达成一致。考虑到联盟间、成员馆间、馆内各部门间的个性化需求差异,信息传递必须遵循一系列原则,即立足资源的优先地位,广泛获取联盟内外信息资源,开放特色资源,创建定制功能满足个性化需要。我国面向西南开放的图书馆联盟,应结合国家资源共享系统和庞大的网络资源门户网站,采用共享、传递的资源平台,建立集中编目制度,实现一站式检索和全覆盖的文献传递。

我国面向西南开放的图书馆联盟必须立足于南亚、东南亚国家的具体国情,把握目的性、整体性、互动性、同步性原则,全面建设服务现代信息社会的信息服务制度。中国—东盟中心作为政府间的国际组织,切实致力于促进贸易、投资、教育、文化、旅游五大重点领域务实合作,图书馆联盟的信息服务制度建设要充分利用这一组织优势,促进教育、文化的交流。

第七章　我国面向西南开放的图书馆联盟战略实施体系

在中国—东盟信息通信研讨会上，各成员国对信息通信可持续发展做了研讨，通过《中国—东盟建立面向共同发展的信息通信领域伙伴关系北京宣言》，初步实现了中国—东盟的信息资源共享，开通的中国—东盟信息通信合作网站进一步加大了信息共享力度。图书馆联盟信息服务制度的建设，应该把握国际动态，优化合作环境，制定决策服务工作条例、决策服务费用管理办法，同时应制定具体的信息服务规程，如信息利用条例、信息保护办法、参考咨询借阅办法、文献征集采选办法、文献剔除办法等。值得注意的是，信息服务制度的建立必须考虑到文献传递过程中的知识产权问题、信息安全问题等，应充分结合南亚、东南亚各国的知识产权现状，遵守国际公约和国际惯例。

四、交流合作制度

图书馆联盟成员馆间充分的交流合作，是实现资源共建共享目标的基础。传统的图书馆间的交流合作形式主要是藏书建设、馆际互借和文献传递，随着现代信息技术的指数式发展，联盟各成员馆已能实现联合编目、联机检索、网络协作咨询等服务，图书馆联盟内外交流合作得到深入而广泛的拓展。[①] 同时，随着"一带一路"倡议的落实，中国—东盟中心的进一步交流合作，我国面向西南开放的图书馆联盟也必然要制定相适应的交流合作制度。交流合作制度减少了成员馆间的国情壁垒，各成员馆能在联盟这个服务平台上，快速达成合作协议，完善合作内容，充分实现资源共建共享和无障碍的跨境信息服务。

中国—东盟中心的一系列政策法规中，有专门的"教育文化"方面的具体规定，如《2007~2017年东盟与中日韩合作工作计划》第五条"文化和民间交流"中明确指出：促进参与文化事务的政府部门、文化机构、博物馆、档案馆和图书馆以及艺术家、专家和剧院、音乐、杂技、舞蹈、民间艺术和电影摄影从业者间的互动、网络化沟通和互访。这充分说明我国面向西南开放的图书馆联盟拥有良好的交流合作大环境，需要做的是进一步深化项目规范和操作细则。新加坡国家图书馆的组织结构中专门设置有

[①] 唐虹：《图书馆联盟协同管理研究》，湖南大学出版社2012年版，第110页。

"交流合作"部门,独立于该图书馆的服务部门、技术部门,专门负责制定合作战略计划、战略实施、合作经费管理等。新加坡国家图书馆把对外合作放到一个战略高度上,这对我国面向西南开放的图书馆联盟建设具有指导意义。印度在1976年就出台了《国家图书馆法》,总共包含31个部分,每个部分针对相应的内容作了总揽性权利与义务的规定,如图书馆的建立、组织成员、资源、财务费用、交流合作等,我国面向西南开放的图书馆联盟可以对应这些法律精神,完善自身的制度建设。

联盟的合作交流制度建设,首先,应明确需要成员馆共同遵守的合作事项,签署《图书馆联盟合作条约》,规定各成员馆的权利义务,明确责任职能,减少在资源建设、信息服务等过程中的纠纷。《图书馆联盟合作条约》必须涵盖图书馆联盟的组织机构、资源建设、信息服务等基本合作问题。其次,应该制定针对具体合作模块的合作协议,如资源导航系统合作协议、数据检索系统合作协议、跨库检索系统合作协议、网络参考咨询系统合作协议等,明确各成员馆需要提供的合作资源与建设方向。

第二节　图书馆联盟的运行机制

图书馆联盟的雏形能够追溯到20世纪,经过数十年的持续发展,至20世纪90年代进入发展的昌盛期。在过去的几十年中,文化越来越得到战略层面上的重视,不同区域的图书馆开始由独立走向联合,图书馆的联盟行为也随之日渐普及。经过几十年的稳定持续发展,国内外图书馆联盟建设及研究都取得了很大程度的突破。当前,图书馆联盟通过对自身资源的合作共建、共创共享的方式,满足读者的多元化信息增长需求,这也是图书馆在当前日益增长的信息需求局势下的运作机理。因此,图书馆联盟社会职能的实现需要一个科学合理的运行机制作为支撑。

运行机制是组织日常运作中,各类活动要素间的相互关系,以及这些要素间相互作用所产生的外在和内在的影响、发挥其自身功能的渐进性过程。运行机制能够使图书馆联盟系统的各个构成要素之间,以及与联盟运行密切相关的其他因素之间相互联系、相互作用,基于联盟的组织构架及制度体系,共同对联盟产生引导、规范、控制作用的结构性合力。

第七章　我国面向西南开放的图书馆联盟战略实施体系

科学合理的运行机制，保证了图书馆联盟的持续稳定运行，国内学者对图书馆联盟的运行机制已有了一定的研究，为我们提供了参考依据。叶宏（2007）认为要确保图书馆联盟有效的运行，区域联盟内各成员馆应遵循科学、合理的联盟运行机制，方可达到提高联盟的运行效率，增强自身核心竞争力的作用，这一机制需要建立在准确的目标定位、科学决策支持、稳定信任协调关系、合理的激励约束政策、科学的分配制度、互助互补以及良好的联盟文化等相应基础之上。① 范亚芳和郭太敏（2009）认为建立区域性图书馆联盟需具备管理机制、调控机制、标准机制、评价机制和创新机制，如此可推动区域性图书馆联盟持续稳健发展。② 周慧芳（2011）认为建立合理的图书馆联盟运行机制以提高联盟的运行效率，增强自身的竞争力，需要建立管理机制、保障机制、激励机制、约束机制以及创新机制。③ 王丽华（2012）认为，联盟成员各方应遵循科学合理的原则来制定适合于图书馆联盟发展的运行机制，从大的范围来看包括合作机制、服务机制、管理机制以及绩效评估机制，这些机制作用于图书馆联盟，使得联盟得以健康发展。④ 此外，国外先进的管理经验也给我国图书馆联盟的建设提供了借鉴。

通过对国内外学者对图书馆联盟的研究整理分析发现，图书馆联盟之所以能够稳固建立并持续发展，产生"1+1>2"的规模效应，主要得益于良好的合作机制、合理的服务机制、有效的管理机制、可行的评估机制以及必要的创新机制等要素。运行机制的总体框架如图7-1所示。

第一是合作机制。跨境图书馆联盟是建立在合作共赢基础上的。近年来，图书馆事业发展之所以能结下累累硕果，最关键的是得益于合作机制的不断创新与丰富完善。我国面向西南开放的图书馆联盟的合作机制包含参与联盟的动机、跨境合作、信任关系的建立以及跨境沟通等要素，在各要素相互作用下，形成图书馆联盟的创立基础，确立联盟发展的可行性。

第二是服务机制。服务是图书馆最基本的职能，同时也是跨境图书馆联合体最基本的效益表现形式。利用现有的资源以及不同地域图书馆的资

---

① 叶宏：《论图书馆联盟的运行机制》，《图书馆》2007年第2期。
② 范亚芳、郭太敏：《我国区域性图书馆联盟运行机制研究》，《图书馆工作与研究》2009年第3卷157期。
③ 周慧芳：《区域图书馆联盟资源共享运行机制浅析》，《河南图书馆学刊》2011年第31卷第1期。
④ 王丽华：《图书馆联盟运行机制研究》，上海世界图书出版公司2012年版，第72页。

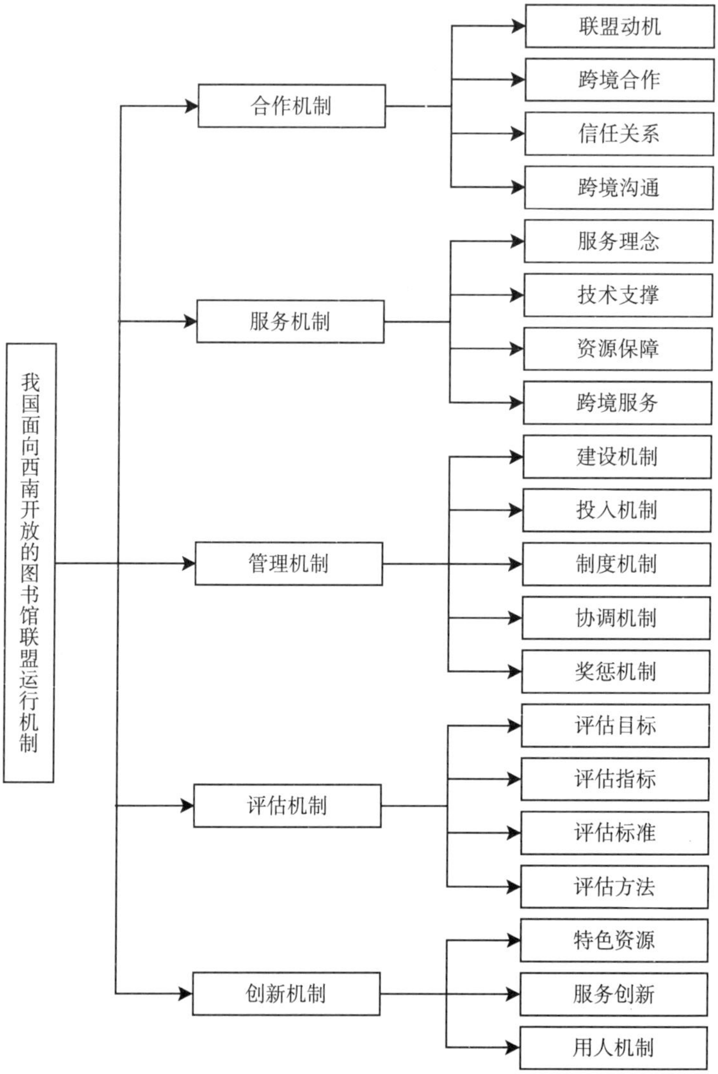

图 7-1 我国面向西南开放的图书馆联盟运行机制示意图
资料来源：笔者整理。

源差异优势，提供丰富、多元化的资源服务，我国面向西南开放的图书馆联盟实现了从本土服务到跨境服务的转变，建立和完善服务机制，整合跨境资源，实现优势互补，完善服务模式，提升服务质量，为区域文化发展做出贡献。

第三是管理机制。管理机制具有指导性和约束性，任何一个组织的持续发展都离不开科学合理的管理。从联盟的创立到运维，从制度制定到多方协同，都需要联盟的自我管理和自我约束来实现。规范化、程序化的管理机制对实现工作流程的流程化、科学化有着重大意义。管理机制的建立对联盟各项活动的开展提供了行为指导依据。

第四是评估机制。评估机制具有激励性，对图书馆联盟的运行起着绩效监督和测评作用，不仅可以约束成员馆的行为，还可以提升合作积极性，促进成员馆不断提高自身服务水平，通过科学管理，积极发挥自身优势，为联盟创造更大的价值。我国面向西南开放的图书馆联盟是一种跨境性质的联盟体系，其特殊的性质要求必须综合评估联盟的效益，通过对联盟战略目标的细化，不同图书馆的评估指标具有差异性，包括评估目标、评估指标、评估标准、评估方法的差异化。由特定的评估机构遵循一定的原则、流程和标准，运用科学、合理、公平、公正的方法，对联盟内成员馆的政策、计划、项目等进行专业化评估。评估机制的建立有利于发现问题和总结经验，有利于改进管理，使联盟的效益最大化，追求战略目标的实现。

第五是创新机制。跨境图书馆联盟同国内图书馆联盟有很大区别，从宏观环境来看，不同国家间的政治经济文化方面都存在差异，可能在某些领域仍存在一些争端，甚至是军事冲突；从微观层面来看，不同图书馆的管理平台、馆藏规模、文献语种、历史跨度等方面都存在显著差异，建立跨境联盟的难度较国内联盟相对要大得多。另外，也正因为这些显著差异，一旦建立起跨境图书联盟，将会极大地推进国际间的文化交流与发展。跨境图书馆联盟拥有其成员馆独特的文献资源，开展具有跨境特色的服务以及用人机制的创新，对图书馆事业的发展具有相当重要的意义。

以上五大要素作为图书馆运行机制在跨境图书馆联盟运行机制中起到了不可替代的作用，能够确保图书馆联盟的建立、稳定运行以及持续发展。

一、合作机制

合作机制包括联盟动机、跨境合作、信任关系和跨境沟通，联盟动机又分内在动机和外在动机，内在动机指图书馆内部合作的战略目标，外在动力是指环境变化促使图书馆走向联合。跨境合作指联盟制定一系列规章制度、建立合作关系，促进合作的开展。信任关系指图书馆联盟成员馆之间建立信任的关系,以此奠定联盟建设的基础。跨境沟通指成员馆建立常规性的"沟通桥梁",有效促进联盟稳定持续发展。

1. 联盟动机

在内在动机方面,最重要的是战略目标。战略目标是对组织在运营活动期间预期取得的主要成果的期望值。图书馆联盟建立的基础是各图书馆有着共同的利益目标,为图书馆自身带来资源或者服务上的提升,此外,各图书馆的战略目标、自身利益与联盟组织的愿景、战略规划相一致,由此,各图书馆组建联盟的意愿才会汇集到一起。组建图书馆联盟的战略目标如图7-2所示。

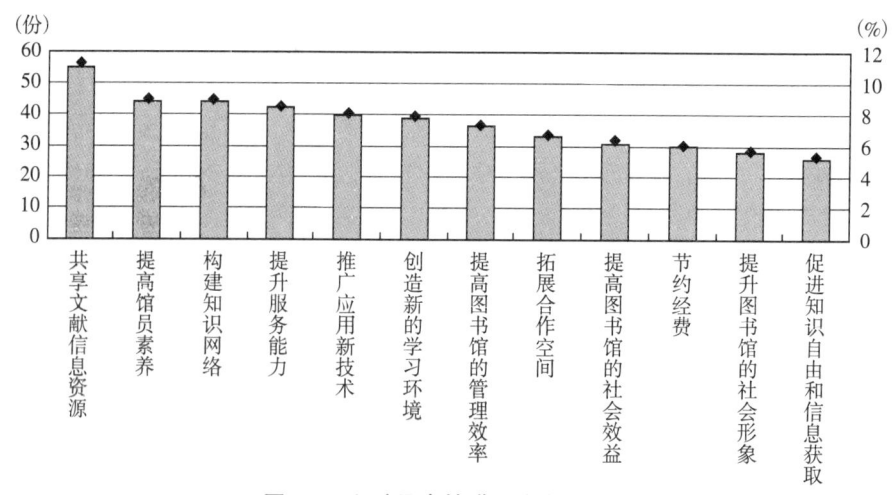

图7-2 组建图书馆联盟的战略目标

资料来源:笔者整理。

根据项目组问卷调查数据分析的结果,图书馆战略目标选项中比例超过5%的有:共享文献信息资源、提高馆员素养、构建知识网络、提升服务能力、推广应用新技术、创造新的学习环境、提高图书馆的管理效率、拓展合作空间、提高图书馆的社会效益、节约经费、提升图书馆的社会形象、促进知识自由和信息获取。由此可见,不同地区的图书馆在发展"瓶颈"上有着若干共同点,形成了建立我国面向西南开放的图书馆联盟的基本前提。

另外,规模效应与特色互补作为内在动机之一,也极大地推动了跨境联盟意愿的产生。图书馆联盟规模效应的形成主要得益于联盟内不同地域

第七章 我国面向西南开放的图书馆联盟战略实施体系

成员馆多元化的资源以及联盟内无差别的资源共享,使得联盟成员馆的服务成本下降,资源数量剧增,从而总体形成"1+1>2"的规模效应。

从特色互补的角度看,拥有着"文化博物馆"美称的东南亚,其丰富的地区文化差异、民族差异奠定了各地区图书馆拥有差异化、多元化的资源,此外,各国都非常重视图书馆的建设与发展,有效的图书馆建设发展经验及多样化的图书馆服务体系很值得借鉴。中华文化上下五千年,有着辉煌灿烂、光耀古今的历史,创造了极其灿烂的物质文明和精神文明,在丰富的古籍典藏与独具特色的多元文化,以及科学的资源保护措施和建设的基础上,创建了一系列独具特色的资源数据库。在信息大交互的环境下,通过构建面向南亚、东南亚开放的跨境图书馆联盟,实现资源共享,促进民族文化的交流与理解,推进文化大繁荣,在世界范围内传承各民族文化,发扬民族精神,彰显民族文化价值。同时也发挥图书馆联盟在文化传播、资源共享作用中的社会职能。

文化交互作为图书馆联盟建设的外在要求,为联盟建设提供了最基本的前提,随着中外交流的日益频繁,"一带一路""留根工程"等越来越多的战略导向带动经济、文化的不断发展。此外,中国随着综合国力的提高,在国际舞台上发挥的作用越来越大;汉语作为世界第二大国际通用语言,受到越来越多的外国人士的重视。近来,东南亚的"中文热"不断升温,在柬埔寨、马来西亚等国,选择让孩子学习中文的家长日益增多,老挝甚至将中文教学纳入了国家教育体系。

近年来,随着面向西南开放的"桥头堡"战略的推进,中外交流日益频繁,经济文化交往的空前盛况给图书馆事业的发展带来了极大的机遇。图书馆作为国家文化实力的体现之一,面对跨境多元化文化交融所带来的一系列问题,诸如日益增长的文化信息需求,立足于民族、地域的文化差异特性,探索和建设跨境图书馆联盟是解决当前文化供需矛盾的最佳捷径,也是满足各国多元文化需求的必然选择。

当前科学技术的不断发展,为社会各界不同行业领域带来了许多革命性技术,为图书馆联盟的发展提供了决定性的推动力。诸如 RFID、云计算(Cloud Computing)图书馆自动化网络等技术。这些关键技术促进以及加强了图书馆之间的协调与合作,促使图书馆联盟内形成一个网络整体,克服了时间、空间的限制,为联盟实现了资源互通、相互协作、互利互惠、网络内部无差异的资源使用。进一步实现了图书馆联盟服务的社会化,提升联盟的人文理念与服务水准。

2. 跨境合作

愿景一致性是跨境合作实现的根本原则。图书馆联盟组建的意义是从点到面地推进国际图书馆事业发展,促进多元文化交流,实现资源共享,促进民族交流互鉴,理解多民族文化的差异,发扬民族文化的价值,实现联盟内资源无差别地免费获取。同时,联盟建设的意义也在于整合优质信息资源,提升资源利用率,实现资源共享,成为推进图书馆事业发展的重要载体。我国面向西南开放的图书馆联盟为南亚、东南亚各类图书馆与信息机构所信赖。致力于让联盟内的所有图书馆成为所在区域内所有人获取信息、知识和文化的场所,支持发展、学习、创造性和创新活动。愿景的一致性可以为联盟带来更多的稳定性,科学评估每一个成员馆,选择条件差异较小、实力匹配、实力均衡的成员,既保证了公平性,也有利于联盟的规划和愿景的确立,确保联盟效益得以实现。操作上,将效益大于成本作为评判依据,判断是否具备开展合作的条件。

3. 信任关系

信任是一种社会关系,其意义在于可以有效减少关系双方的不确定性,以此来作为评判是否维持社会关系的标杆。

我国面向西南开放的图书馆联盟成员涉及中国、南亚、东南亚等多个国家和地区,联盟作为一个联合体基于各成员馆所拥有的各类资源,如:纸本文献资源、电子资源、书目资源、人力资源等,以此建立联盟资源库,实现联盟内资源共享、信息的双向传递,通过信息传递的过程建立彼此信任、相互协作的关系。降低因质疑管理监督等一系列活动所产生的成本。增强合作意识、避免摩擦的产生,利用信息传递所带来的效益,提高合作绩效,实现联盟、成员馆及其馆员的三方"共赢"。

此外,自身利益往往作为各图书馆判断合作必要性的重要指标之一,因此利益分配的合理性在很大程度上给图书馆联盟的运作带来了严重的不确定性,共同利益作为联盟维持合作的纽带,需要必要的监督和约束机制予以辅助,可以与第三方信用评级机构合作建立图书馆档案和信用评级系统,或者自行组建信用评级小组,对新加入成员的信用进行评级,在一定期限内评估其信用,并将评估报告提交联盟理事会审议。以此有效打击图书馆的失信行为,同时也是对守信行为的鼓励,倡导诚实守信,以此降低联盟的管理风险和成本。通过这一机制加强合作基础,培养信任关系,减少不必要的合作风险。

4. 跨境沟通

图书馆联盟价值的创造与实现不仅需要各成员馆充分发挥自身的核心竞争力，还需要在彼此之间建立稳固的信任关系。在联盟日常运作中，信息的传递是必不可少的，时效性很强的信息传递须建立在一个平等信任的基础之上。随着信息网络的快速发展，信息的传递速度、精准度和保真度得到极大提升，实现了信息高效、可靠、安全地传递。在我国面向西南开放的图书馆联盟中，信息传递是一个跨境沟通的过程，通过各国通信基础设施的建设，建立快捷、普及的互联网络，实现低成本高效率的信息传递，促进联盟成员馆的沟通，突破了时间、空间的限制，为成员馆建立信任关系提供了交流平台和沟通保障，为联盟决策与动作提供了信息通道。

跨境沟通的实现，不仅可以促进信任关系的建立，还可以实现联盟的规模效益，联盟在信息高效传递的条件下，各成员馆资源互通有无，利用自身优势特色，取长补短、相互协调，实现系统协调动作的规模效应。

通过发挥不同地域民族文化的优势，我国面向西南开放的图书馆联盟可以不断探求有效的沟通方式，以联盟行政组织机构牵头，各地区选取中心馆作为区域代表，联合当地成员馆彼此协同互通，由联盟行政组织机构统一领导、统一规划、统一布局、统一管理。这样既维持了高效的沟通运作，又保持了领导的明确性，促使整个联盟目标一致，并且可以及时产生管理绩效，使组织保持稳定发展，有效地处理问题、沟通协调以及快速实施组织决策。

5. 合作机制的建立

我国面向西南开放的图书馆联盟合作机制在建立的初期需要注意几个问题：

一是能力差异。图书馆联盟各成员馆业务能力有所差异，能力不足的可能存在"搭便车""拖后腿"等不良现象。

二是利益分配。加入图书馆联盟的主要前提即互惠共赢，优势互补，实现共同目标，但是不同图书馆间存在众多差异，诸如主体规模、主体类型、资源性质等，可能存在投入和付出不成比例，挫伤成员馆积极性，长期可能导致合作信任关系的不稳定，降低联盟的工作效率，降低联盟效益。

三是思维差异。由于信任关系建立步伐缓慢，可能造成"自扫门前雪"现象的发生，图书馆管理者思维保守，对联盟成员有所保留，导致联盟的优势无法达到最大化的发挥，阻碍联盟职能的发挥。

因此，建立图书馆联盟合作机制应深入调查分析，综合评估成员馆的加入为联盟带来的潜在价值和贡献能力，与联盟为此付出的成本进行综合比较。我国面向西南开放的图书馆联盟必须以联盟的综合利益为出发点，遵循战略目标导向。联盟的每个成员馆必须充分发挥自身优势，承担一定的责任，履行一定的义务，积极做出应有的贡献。同时，建立有效信息沟通的渠道，只有有效持续的沟通才有利于建立信任关系，以及便于联盟内部的管理，通过制度的管理规范，建立激励机制、合理分配利益，只有这样联盟才能持续稳定地发展。①

此外，为确保正常运作、持续发展，联盟的组建和运作应遵循整体性原则、合作共赢原则、服务性原则、资源共享原则。

第一，整体性原则。图书馆联盟是一个整体，各成员馆作为联盟的组成部分，在联盟的统一指导、统一规划下，秉持联盟使命，共同实施联盟的战略规划，成员馆彼此协作，坚持互助发展、共同提高。在联盟理事会的统领下，联盟内优势互补、资源共享，建立成员馆间互助合作发展机制，推动联盟的整体发展。

第二，合作共赢原则。共同利益是图书馆联盟合作的核心所在，联盟开展的活动要建立在合作共赢的基础上，要保证每个成员馆的利益；同时，每个成员馆都要扮演好自己的角色，合理使用自身权利，并履行必要的义务。以图书馆联盟的利益为出发点，坚持互利互惠、合作共赢的原则，保护自身合法权益，也不能侵害其他成员馆的合法权益，进而维护联盟的整体利益，权益平等，共同进步。

第三，服务性原则。图书馆的主要职责就是保护人类文化遗产、开展社会教育、传递科学情报、开发智力资源、提供文化娱乐。②据此，图书馆联盟应依托自身资源，为读者服务，读者的满意是衡量联盟服务质量的最高标准，必须坚持服务性原则和以人为本的开放服务模式。

第四，资源共享原则。联盟成员馆需要发挥自身优势，凸显馆藏资源

---

① 生修雯：《联盟管理与联盟绩效的交互关系——基于图书馆的分析》，《新世纪图书馆》2013 年第 4 期。
② 赵林英：《高校图书馆参与地方非物质文化遗产保护的现状与对策研究》，《科技情报开发与经济》2011 年第 21 卷第 31 期。

特色。各成员馆之间的资源构成存在着较大的区别,尤其是不同国别和地域的图书馆。联盟应坚持资源共享的原则、摒弃保守理念、攻克技术壁垒、制定共建方案、构建共享平台。

二、服务机制

1. 服务理念

首先,要树立从"重藏轻用"到"藏用并重"的理念。图书馆联盟的文献信息资源,必须发挥其应有的作用,"藏""用"之间的权衡问题,一直以来都是图书馆学研究的一个主题,虽然现代图书馆已不再强调以往陈旧的"重藏轻用"模式,但是如何合理地权衡"藏""用",还需要不断探索新的理念。资源建设的"存取"与"拥有"之争导致了虚拟馆藏的产生,以及"资源共享=存取+拥有"公式的提出。① 图书馆的"藏"表现在发挥着收集、整理、收藏图书资料的职能,而在利用方面,藏书是为了利用,这是馆藏建设的目的,也是资源利用与图书馆服务理念的基本原则。我国面向西南开放的图书馆联盟是联合所有成员馆的多元化馆藏资源,创建资源共享服务平台,为联盟辐射区域提供各类信息服务。

其次,要树立用户为本的理念。我国面向西南开放的图书馆联盟的服务开展必须围绕用户需求开展个性化和人性化的服务,针对不同群体提供定制服务,不断追求服务的更加便捷和更高质量。联盟的用户包括个人和机构,不同的服务对象有不同的现实需要,多样化的用户诉求正好能够发挥联盟的系统优势,体现个体图书馆无法达到的社会效益。

最后,要树立开放服务的理念。图书馆的服务模式一直随着时代的发展变迁而做出相应的调整,从闭架借阅到半开架借阅,再到全开架借阅。当今,科学技术的不断发展极大地推动着图书馆管理与服务的变革,越来越多的人可以接触到图书馆的各类资源,开放服务带来了更多的知识辐射效果,弥补了地区文化水平的差异。高校图书馆的社会化服务、移动阅读的快速普及、开放存取的广泛接受,以及数字出版的深远影响,都为图书馆联盟的开放式服务创造了良好的条件。

---

① 徐引篪、霍国庆:《现代图书馆学理论》,北京图书馆出版社1999年版,第357-362页。

2. 技术支撑

科学技术的不断发展，给图书馆建设带来了许多革命性的变化。RFID技术为图书流通管理提供了极大的便利，云计算和自动化网络技术为电子资源的存储利用奠定了坚实的基础，这些信息技术促进并加强了图书馆内部管理，使得资源建设与利用效率大大提高，也为联盟成员馆间的协同合作提供了技术保障，实现资源共享、互通有无，克服空间上的限制，进而形成真正意义上的行业联合体。[①] 项目组问卷调查的数据分析结果显示，南亚、东南亚的受访图书馆有半数认为信息技术是自身优势，而且信息技术在众多优势中比重最高，达到了28%，这也构成了我国面向西南开放的图书馆联盟建设的前提条件。

我国面向西南开放的图书馆联盟的建立，首先需要一个自动化管理系统作为联盟运营的"心脏"，保障联盟的日常信息传递和事务处理。作为行业联合体，联盟的管理系统不仅要满足联盟的运维需要，也要从数据交换到功能模块，尽可能兼容成员馆的自动化系统，确保协同作业，保障各项服务的共同开展。

此外，随着移动设备的普及，多语言移动数字图书馆对我国面向西南开放的图书馆联盟意义重大，为各国用户提供云共享服务，实现信息资源跨境共享、馆藏目录无缝检索，以及基于现代物流技术的便捷文献传递。

3. 资源保障

首先，在经费方面，图书馆联盟的正常运营和持续稳定离不开稳定的资金支持。资金的筹集方式很多，项目组问卷调查数据的分析结果显示，图书馆联盟的经费来源主要来自五个方面：成员馆分摊费用，读者缴纳会费，政府、议会或国会拨款，基金会，捐赠等，如图7-3所示。

在受访的众多类型图书馆中，高校图书馆更倾向于政府、议会或国会拨款，捐赠，基金会以及成员馆分摊费用；国家图书馆则倾向于成员馆分摊费用以及读者缴纳会费；公共图书馆更倾向于读者缴纳会费，政府、议会或国会拨款，捐赠等形式，从图7-3中可以看出，捐赠成员馆分摊费用以及基金会、三种方式更受成员馆青睐。此外，图书馆联盟可以开展收费服务，诸如跨境参考咨询服务、科技查新、代查、跨境互借服务等，以此

---

① 赵宇、张芊：《高职图书馆的自动化发展》，《企业导报》2011年第17期。

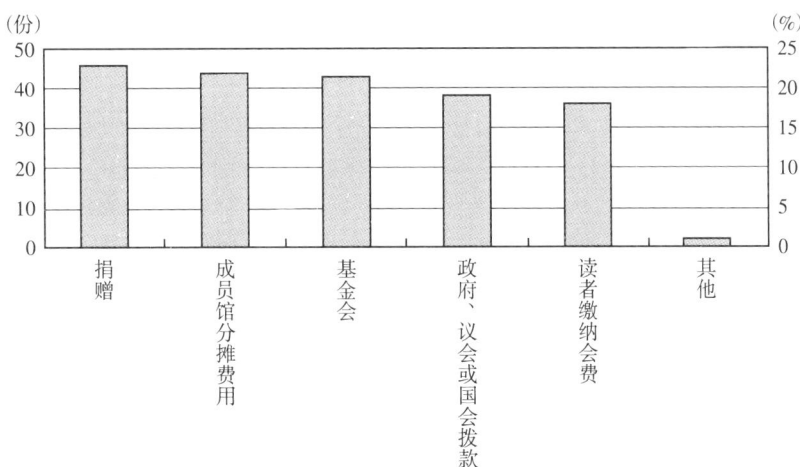

图 7-3 与中国图书馆的联盟运行经费来源

资料来源:笔者整理。

来缓解日常管理支出。

其次,在馆藏资源方面,拥有着"文化博物馆"美称的东南亚地区和多民族、多种族、多宗教的南亚地区,有着大量的文化差异,决定了各地区图书馆必然拥有多元化的文献信息资源。这些图书馆拥有不同规模、形式和内容的特色馆藏,国家特色、民族文化特色显著。在此基础上,图书馆联盟可以广泛联合甚至整合成员馆的信息资源,建立镜像站点,构筑共享平台。

4. 跨境服务

图书馆联盟的服务内容是实现联盟职能的具体表现形式,也是联盟服务机制的重要构成要素。联盟建设对原有资源结构和服务模式的影响最大,随着资源数量的增加和质量的提升,成员馆有条件开展形式、内容更加丰富多彩的活动。信息技术的进步和用户需求的增长也刺激着联盟对服务内容不断创新。

当前图书馆联盟可以展开的合作项目包括共建特色数据库、馆员培训、联合编目、高层互访、馆际互借、联合虚拟参考咨询、学术研究、集团采购、文献传递、技术合作、合办展览、用户教育、年度征文、舆情报告、公益讲座、举办读书节、阅读日(月)等。

根据项目组问卷调查结果显示:馆员培训、共建非商业数据库、学术研究、高层互访和用户教育最受重视,合办展览、联合编目、馆际互借、文献传递和联合虚拟参考咨询也受到各类型图书馆的青睐，如图 7-4 所示。

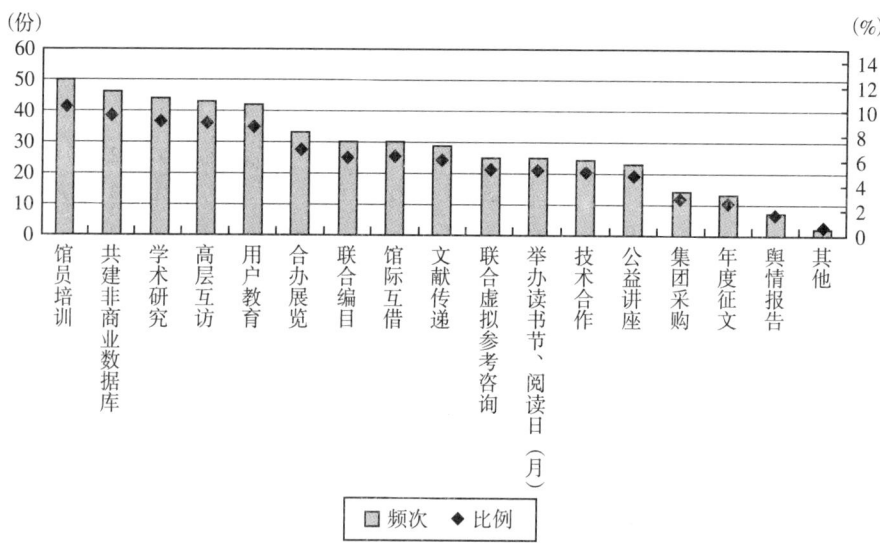

图 7-4 与中国图书馆的联盟的合作项目

资料来源：笔者整理。

5. 服务机制的建立

我国面向西南开放的图书馆联盟服务机制在初期建立时应注意以下几个问题。

一是树立以人为本的服务理念。图书馆被誉为"没有围墙的大学"，以人为本的服务理念是社会发展对图书馆的客观要求。图书馆联盟必须认识到读者用户是组织的生存之本，既要考察、挖掘用户需要，也要提供主动、优质的服务。新加坡在"NLB2020 年"战略中提出要全面提高公民阅读、学习和情报素养，强调了新加坡国家图书馆"一切为了读者"的办馆理念，充分说明了"以读者为中心"的理念已上升到顶层设计的层面，重要性日趋凸显。

二是加强政府的重视和参与。图书馆事业的发展历来受到国家战略的影响，很多国家的政府也对图书馆及其联盟的建设予以了高度关注。2000年，新加坡政府制订了"2000 年图书馆的发展"（Library，2000）计划，将新加坡所有公共图书馆与 500 多个学术与专业数据库连接，并与南洋大学合作，致力于图书馆信息化环境的研究，打造"无边界的电子图书馆网络"。同样地，马来西亚政府早在1996年就公布了"2020展望"计划，"马来西亚国家图书馆计划"作为其中的核心部分，表明了政府致力于建设拥有高科技设施的世界级的国家图书馆，以提高其民族素质，提升综合国力。菲律宾于1997年成立国家馆信息技术中心，主要致力于国家图书馆的信息化服务，囊括了从内部加工到外部服务的过程[①]。由此可见，政府的主导与推动能为图书馆的现代化发展提供重要保障，加快图书馆事业的前进脚步。政府对公共事业，尤其是公共文化服务领域的扶持和参与，同样能为图书馆联盟的建设打造良好的战略环境。

三是建立资源保障体系。打造资源保障体系的第一要务是对现有资源的整合，根据南亚、东南亚地区文化差异，从发挥自身优势为出发点，整合多元化的馆藏文献，建立各成员馆的特色数据库。同时，与现有的国际化大型数据库商建立合作关系，借助先进的数据管理技术、知识发现技术，以及市场推广渠道，挖掘特色库的价值，扩大联盟的社会影响。除了现有的文献典籍，成员馆还应根据各国各地区的文化资源状况，将馆藏采集范围向手稿、口述史、图册画片、家庭档案、机构文档乃至实物信息拓展，并强化捐赠、募集、调配、交换、竞拍、剔旧等机制。最终，通过完善信息资源的采集、加工、管理和利用流程，构建覆盖全联盟的资源保障体系。

四是搭建管理服务平台。利用图书馆自动化网络以及现代技术，整合优质的网络和远程文献资源，通过构建我国面向西南开放的图书馆联盟资源共享机制，形成广域网络上的统一规划、资源共享、分布式集成管理的格局。利用联盟管理平台交互性、实时性、开放性、公益性等优势，将成员馆的馆藏资源与读者需求联系起来，构建面向读者群和成员馆的一体化的管理服务平台，提供跨境文献传递、联合参考咨询、特色数据库共享、多语言移动数字阅读等服务，为联盟资源的开放获取提供便捷通道。

三、管理机制

管理机制体现着管理系统中各要素的相互作用、相互联系的结构、功

---

① 马世杰：《中国与东盟国家信息学主题共现分析》，《河南图书馆学刊》2016年第36卷第2期。

能和原理,是决定管理效率的关键。管理机制的创建目的是实现联盟成员馆之间的资源共享与利益互惠。各个成员馆在图书馆联盟理事会的统一领导下,行动一致、协同创新,开展联盟区域内的交流与合作,实现不同地区的不同类型、不同规模图书馆资源的互补,实现联盟的可持续发展。

1. 建设机制

我国面向西南开放的图书馆联盟实质上是深化基于国家文化战略的行业合作,立足文化交流平台,构建包括资源共享、信息交流等紧密衔接的完整的服务链,对打造和平友好的国际关系,促进互信互利、文化互鉴具有明显的推动作用。

我国面向西南开放的图书馆联盟的建设应由中国政府牵头,联合相关国家和地区的政府,共同规划开展联盟工作,带动相关国家图书馆积极参与,利用市场运行机制并与其他现有联盟组织机构合作,借鉴先进的建设经验。同时,针对当前南亚、东南亚各国与中国的实际国情与国际关系,改善合作模式,提高联盟服务的整体水平,形成行业层面的利益共同体,寻求更具竞争力的联盟建设模式和更具发展空间的联盟战略定位。

2. 投入机制

建立以"图书馆为主体、政府引导、多方参与"的多元化投入机制。图书馆以自身馆藏资源以及人力资源等作为主要的投资成本,在初期联盟建设薄弱的情况下,政府应扮演重要角色,联盟建设的资本投入以政府为主,推动联盟体系的启动和初期运营。随着联盟运行体制的建立和完善健全,政府要把工作重心放在政策的制定和环境的优化上,辅助性地给予一定的政策、资金扶持,将建设发展的主动权交至图书馆联盟。一方面,联盟可以充分发挥主观能动性,利用自身优势和资源条件,更好地规划联盟发展方向;另一方面,让市场运行机制发挥积极作用,使联盟走上多方协同的发展道路。

3. 制度机制

制度是在一定的社会范围内,带有一定的指导力和约束力,且被一致接纳的规则。[①] 就图书馆联盟而言,成员馆的互动与合作是完成联盟愿景目的的必要条件,制定相应的管理制度以指导和约束联盟成员的行为是合

---

① 李垣、谢恩等:《个人关系,联盟制度化程度与战略联盟控制——针对中国企业联盟实践的分析》,《管理科学学报》2006年第9卷第6期。

作开展的必要前提。随着联盟活动的开展,成员馆互动沟通的频率提高,这一过程可能会形成一定的默许规则,影响成员的行为判断。随着制度的不断完善,制度化水平显著提高,各方行为有了导向,增加了约束,以制度为决策的依据,能降低个体馆的行为风险,提升联盟管理效率。

4. 协调机制

我国面向西南开放的图书馆联盟协调机制,涉及联盟运作过程中的多个方面,如领导、组织、监督、评价等方面。联盟协调机制是多层级的协调方式,包含横向的成员馆间的协调,以及纵向的联盟管理层级之间的协调。

从宏观层次分析,图书馆联盟的协调机制促使联盟成员目标一致,即战略目标协同。目标一致是图书馆联盟合作建立的根本前提,联盟在不同时期根据所遇到的机遇和挑战调整战略目标,成员馆以联盟的战略目标为导向,自上而下地执行理事会决议,并根据实施绩效来调整行动方案。

从中观层次分析,图书馆联盟的协调机制有利于利益的分配。建立利益协调分配制度,科学合理地进行利益分配才能实现联盟上下一心,满足成员馆的共同利益诉求,促进联盟稳健发展。利益关系协调到位,也才能避免因利益分配问题而产生摩擦,致使信任关系破裂,最终导致联盟的瓦解。

从微观层次分析,图书馆联盟协调机制在信息传递、评价反馈、优化业务流程等方面都起到关键性的作用。每个成员馆都有自己独特的工作方式,每个用户都有自己独特的个性需求,每个工作岗位都需要应对不同的事务,而不同的资源又需要专属的开发利用模式,妥善处理这些问题,确保联盟运转顺畅,需要协调机制关照到每个流程节点及其相互关系。

5. 奖惩机制

随着我国面向西南开放的图书馆联盟的建立,奖惩机制应随之形成,建立初期的奖惩机制应以整体规划、统一标准、共建共享、共同发展为基本出发点,将奖惩机制分为激励机制和约束机制,为联盟提供管理依据和决策支持。

激励机制指通过利益驱动、优势互补、政策促进等方式,激励跨境图书馆产生结盟意愿,扩大联盟影响,联合区域内多种类型图书馆,加快相关政策、管理制度和运行机制的确立。建立科学合理的激励机制,吸引区域内图书馆积极参与,加快联盟建设及成果转化。在高层次人才引进方面,加强人才队伍建设,积极营造良好的创新氛围,大力引进各类人才,

我国面向西南开放的图书馆联盟战略研究

提供广阔的职业发展空间，鼓励技术创新和探索，认真分析成功案例和失败案例，总结经验，不断探索，为联盟发展提供经验指导和决策支持。在管理方面，管理层应在联盟管理中扮演好自己的角色，完善自身结构，充分发挥管理监督职能，公正客观地行使权利，以身作则，成为引导联盟发展的标杆。

随着联盟的逐渐发展壮大，"机会主义""搭便车"等现象也会逐渐出现，此类行为会为联盟的运作带来极大的风险。为加强联盟的管理，除了激励机制的积极推动，必要的约束机制以规范和控制成员馆的行为也是必然趋势。通过建立规章制度，以及科学合理的监督评价体系来指导和约束个体行为，提高联盟内协同合作的效率。联盟在宏观的调控中辅之以必要的行政手段，对违反制度的行为进行相关的管理惩处。以保障其他成员的共同利益，实现互惠共赢，为联盟的发展提供制度保障。

6. 管理机制的建立

首先，管理机制作为联盟运行机制的重要模块之一，其完善程度直接影响联盟可持续发展状况。我国面向西南开放的图书馆联盟管理机制因联盟成员馆所在国家或地区的政策体系的差异，须全方位、多角度地建立管理制度。其次，鼓励成员馆在新服务、新技术等核心领域开展战略合作，一则降低了联盟的创新成本，二则带来了更好的规模效益。同时在选取成员馆时应注意战略性资源互补，与联盟愿景、目标一致。

在协同中应密切关注成员馆在资源、知识、经验方面的交流与共享，建立信任关系，加强合作伙伴关系，发挥联盟建立的"1+1>2"的规模效应。此外，管理约束对于联盟的发展完善有着必要的推动作用，加强契约精神，建立信用评级，减少合作风险，对自身的资源优势、技术水准、服务水平等方面进行评估，为联盟的可持续发展提供保障。

四、评估机制

评估机制作为图书馆联盟运行效率及个体行为的监督体系，是评价联盟合作绩效的制度设计。评估机制的建立能保证联盟高效地开展各类活动，促进服务质量和服务水平的提高，不断完善联盟的规章制度是保证联盟持续高效运行的制度保障。一方面，评估机制可以有效提高联盟理事会的决策效率及管理层的执行效率；另一方面，评估机制还能提升联盟的公

第七章　我国面向西南开放的图书馆联盟战略实施体系

信力，在公共文化服务体系中树立自身的良好形象。

多年来，南亚、东南亚地区的学者对图书馆绩效评估的研究已经硕果累累。印度图书馆学者阮冈纳赞在对服务绩效评估实质研究中认为，用户需求与图书馆服务供给平衡是提升服务绩效的关键。以人为本、用户多元化需求是对馆藏建设的一个挑战，同时也是对图书馆服务提供的一个衡量标准。①由于图书馆的公益性质，社会效益的关注度在图书馆服务中更为突出。

根据新加坡国家图书馆报告（Librany 2010 Report），其国家图书馆属下的李光前参考图书馆（Lee Kong Chian Reference Library，LKCRL）的核心责任在于提供优质的研究服务。为此，采用与企业发展战略相关的关键绩效指标体系和参考馆员绩效考评指标，包含访问量（Visitorship）、满意度和投诉比（Compliments/Complaints Ratio）、合作量（Collaborations）、参考咨询（Reference Enquiries）、获取信息的时间差（Time to Information，TTI）、用户满意度（Customer Satis-faction Index）、推广活动（Promotion Activities）、出版物（Publishing）等。②

目前，由于自身的公益性、社会性等特征，图书馆行业的运营管理相对于其他行业缺少竞争环境和利润刺激。因此，在市场经济中，常用的经济效益评估指标很难适用于图书馆行业，对图书馆联盟服务质量和服务水平进行评估的难度也大大提高，这就需要一个经济效益指标的替代物，即绩效评估指标，从社会效益转化、支撑科研产出、用户满意度等角度，对联盟活动进行客观而准确的评价。

1. 评估目标

评估目标不是一成不变的，需要动态调整，随着图书馆联盟的整体战略目标的变化而改变，同时也随着评估时间和内外部环境的改变而改变。评估的目标要为图书馆联盟战略目标服务，以战略目标为出发点，制定适合联盟发展的评估目标，利用评估目标的实现程度，最终反馈到战略目标的调整上，便于及时完善战略目标的更新，保证战略目标的科学性、合理性。

---

① 古邑梅：《论高校图书馆服务绩效评估体系的构建与实践》，《企业科技与发展》2013年第7卷第349期。
② 王连美、高小行等：《参考图书馆绩效评估——新加坡国家图书馆的实践》，《第四届上海国际图书馆论坛》，2008年。

2. 评估指标

评估指标是一套多层级的体系，需要根据图书馆联盟的自身特性有针对性地进行编制。在公平客观的原则导向下，充分分析联盟特性，作为评价指标的事实依据。这些指标作为评判联盟日常行为的基准和依据，衡量行为消耗的成本和产生的效益。成本和效益均包含有形和无形的内容，如资源的补充、服务的扩展等。应从成本、效益两个角度来建立评估指标体系，即效益指标和成本指标，效益指标包含社会效益和经济效益，成本指标包含合作成本和潜在成本。

社会效益包括用户满意度、资源分配、利用以及联盟工作能力等；经济效益包括投入、产出，以及信息活动所带来的社会经济的增长等。合作成本包括加入联盟所需付出的人力资源和信息资源，以及在管理运作方面的投入；潜在成本包括在联盟的发展框架下，未来开展资源建设和服务活动所需的各项投入。

3. 评估标准

从理论上讲，图书馆的效益、成本两类评估指标体系必须进行综合分析，即持续的投入成本和最终的效益分析。利益与成本包括有形和无形、可度量和不可度量两类。有形指标可以量化，无形指标在量化的过程中难以准确地定量。此时，利用定性分析的方法能够有效地解决无形指标的量化问题。经济效益是有形的，成本评估也是有形的，可以定量分析；但社会效益只能分析其合理性、社会的认同性，或考虑间接影响的量化指标。

评估的标准从简化的角度来看，可以从投入和产出两方面来看，投入即一定的资金、设备、人员等，产出即一定的效果反馈、物质形态上的收益等，投入产出和成本效益相对应。联盟投入必定期望得到一定的产出，达到预期的效果，力求以最小的成本获得最大的产出。评估的标准是相对的，由于评估的目的和期望值不同，所以评估的标准也是需要调整的，根据发展的不同时期和环境而变化。各项标准往往伴随着社会的进步和联盟的发展而不断提高，以促进联盟建设的水平。

4. 评估方法

当前，图书馆联盟绩效评估的方法很多，完全照搬现有的方法不一定适合跨境联盟的特点。借鉴其他联盟成功经验的同时，必须依据南亚、东南亚各国图书馆的发展现状，商定共同认可的评估方案。具体的评估方法包括多指标综合评价法、德尔菲法、层次分析法、主成分法等。此外，在

第七章 我国面向西南开放的图书馆联盟战略实施体系

评估方法的选取过程中,评估者应考虑目标一致性原则,将评价的目的与评估方法相结合,充分考虑评估方法的适应性,既要符合评估的要求和意愿,也要与联盟的组织特征和战略目标相吻合,方能采用。

5. 评估机制的建立

我国面向西南开放的图书馆联盟评估机制在创建初期,首先,应注意评估目的,这不仅是对应图书馆联盟建立的初衷,还是联盟未来发展的预期与展望。联盟的整体效益应大于联盟内所有成员馆的效益总和,联盟的职能发挥要能代表成员馆的综合实力。

其次,要考虑评估指标与标准,应符合科学性并具有一定的激励意义。指标与标准的设定应结合实际情况,突出针对性,匹配图书馆联盟各成员馆的特色。激励是一种必不可少的组织管理方法,可以提高被评估者的积极性,促进效益增长,进而推动联盟的整体发展。此外,评估方法要注意实用性,根据联盟的性质选用不同的方法。我国面向西南开放的图书馆联盟涉及的国家地区众多,丰富的民族、种族、宗教以及不同规模、不同文化背景,决定了评估方法不能单一。多样化的评估方法相互配合,因地制宜,实时调整。此外,要认识到绩效评估是一个连续的过程,不能一蹴而就,这一过程需要注意系统性和可持续性。将目标管理和行为评价有机地结合起来,充分发挥指标的导向性作用,扩大评估指标的规范职能,对图书馆联盟行为做出公平公正的有效评价,最终形成一套适应联盟发展的科学完整的评估机制,引导联盟的前进方向,推动联盟稳健发展。

五、创新机制

1. 特色资源

我国面向西南开放的图书馆联盟涵盖了中国和南亚、东南亚各国多种类型的图书馆资源。南亚和东南亚是多民族、多文化、多宗教地区,不同民族、不同文化物质和现实国情催生了多样性的人文环境。

南亚、东南亚丰富的历史文化资源,经历了从独立战争摆脱殖民统治获得政治独立,实现现代化的发展,形成了众多珍贵抄本、拓本、地图等特色文献,以及丰富的历史档案、多语种手稿、反映各国历史文化的珍贵照片和绘画作品等。图书馆联盟首先可以共建涵盖各国特色信息资源的联合目录,并对珍稀的文献资料进行数字化加工,创建全文资源库,为用户提供检索和在线阅读服务，推动不同地域文化的展示与交流，让各国读者了解其他国家的历史典籍及民族文化，既展现优秀传统，又相互学习、相互促进，寻求更多特色资源的开发。

2. 服务创新

服务的创新是在服务过程中不断融入新思想、新技术来完善和改变现有的服务方式和服务流程，以此提高服务水平和服务质量，创新内容包括扩大服务范围、增加服务内容、降低服务成本、提高服务效率等。

我国面向西南开放的图书馆联盟是联合多国多民族的行业联合体，可以为各国用户提供个性化、专业化、协作化和多样化的各类型服务，包括珍贵馆藏巡展、举办主题文化节、建立联合目录、实现跨库无缝检索、提供跨境文献传递、共建特色资源数据库等。

自身建设方面，联盟可以每年选取一个成员馆所在地召开联盟大会，集中进行学术研讨、开展文化交流。在日常运作中，可以开展多方高层互访，人才交换培养，合作承担科研项目，举行专业技术竞赛，评选杰出贡献人物。通过各种活动，为联盟成员馆及其工作者服务，促进联盟的高水平建设。

3. 用人机制

我国面向西南开放的图书馆联盟包含中国以及南亚、东南亚各国的图书馆，其特殊的作用和影响要求联盟的工作人员必须具备足够的信息素养。通常情况下，员工招聘的渠道分为内部提升和外部招聘：一方面，可以通过成员馆内部激励机制、竞争机制等进行人才调配，既培养后备力量，又做到人尽其才。另一方面，可以通过对外公开招聘，开放联盟人才队伍建设渠道，引入社会各界的高素质人才，缩短人才培养周期，优化人力资源结构。

跨境联盟的业务工作庞杂，要求工作人员必须具备多语种能力和多元文化的适应能力。此外，我国与南亚、东南亚国家在政治、经济、文化、军事、宗教等方面存在诸多差异，加上若干历史遗留问题，联盟的人力资源建设会面临诸多障碍，必须建立起全方位、多层次的长效人才培训方案，既追求长期的队伍建设目标，又坚持广泛的人才平均水平提升。具体而言，可以通过跨境交换培养的方式，让各国馆员了解其他国家图书馆的运行模式和管理流程，借鉴先进经验，不断提炼总结，取长补短，改善、弥补自身不足。此外，通过交换培养的方式，还可以对比分析不同图书馆的优劣势，加深成员馆间的相互了解，巩固信任关系，交流管理经验，为联盟稳健持续发展奠定基础。

4. 创新机制的建立

创新是一个复杂的过程，是联盟在持续发展过程中的内在需要。创新并不意味着一切依托于新的事物，而是尽可能在现有资源之上寻求突破。创新不单体现在新技术的应用上，也可能是资源利用方式的改变和新型服务的开展。创新是一个长期试错、容错、纠错的过程。南亚、东南亚地区的一些图书馆保存着棕榈叶佛经写本（贝叶经），中国的图书馆也收藏着甲骨文以及雕版印刷文献，这些丰富而独特的资源都是图书馆联盟开展创新的根本。利用现有特色资源，开展创新活动，不仅能促进各国文化的传承，实现文化价值，推动文化交流，催生求同存异的繁荣景象；同时，也能打造图书馆联盟的核心竞争力。

由于历史、政治、经济及文化等原因，中国与南亚、东南亚很多国家的政治体制各异，图书馆事业发展的进度也有所差异，作为社会主义国家的中国，"集中力量办大事"的政策优势极大地促进了图书馆事业的发展，也奠定了中国图书馆事业在近20年来取得巨大突破的基础。综观南亚、东南亚地区，很多国家的图书馆事业的发展速度总体缓慢，但是其管理和运作的现代化进程还是在稳健地推进，日益增长的现实需求、新技术的应用和国家政策的倾斜都对事业发展提出了更高的创新要求。

健全的法规体系对图书馆事业的发展发挥着积极的作用，具有深远的价值和意义。无论图书馆的日常管理，还是图书馆之间的跨境合作，以及图书馆联盟的创新机制的构建，都离不开图书馆法的制度保障。

建立创新机制应深入研究图书馆联盟的战略环境以及联盟的建设发展规律。分析现有的优势和劣势、机遇和挑战，这是实现图书馆联盟创新的必经之路。我国面向西南的图书馆联盟应合理利用自身现有资源，对资源进行多样化的开发利用，扬弃传统的陈旧观点，深化创新思维，反对为追求短期利益而损害联盟长期效益。必须认清创新是一个长期的过程，创新所带来的效益也是长期的，是一个动态演进的过程。在通常情况下，创新过程所带来的效益是滞后的，在经历一段时间的效益累计之后，其价值才会慢慢体现出来。

此外，图书馆联盟的创新应从"观念层—制度层—物质层"逐步上升，即从组织文化再造到价值观转变，再到具体的实物创新，理论结合实际，在实践中检验创新成效。

第三节　图书馆联盟的保障策略

图书馆联盟有效地整合了各馆资源，规避了单一图书馆馆藏资源的局限性，在合作共赢的同时，也为来自各国用户带来了极大的便利。但同时也会由于联盟成员馆众多，资源水平及地域文化差异较大，在运行过程中不可避免地会出现一些问题，这就需要制定完善的保障措施，确保联盟在任何情况下都能够有序、高效地运作。

一、制度保障策略

制度保障分为两个方面：第一，建立健全利益分配机制。有的图书馆联盟出于快速吸引成员馆的加入、壮大联盟实力的目的，在建设初期的进入门槛较低，甚至不设门槛，以期迅速扩大联盟规模。然而，由于各个国家及地区的经济发展水平不一，对文化软实力的重视程度也各不相同，使盟各个成员馆在硬件设施、资源优势、人员水平等方面存在着较大差异，这势必导致联盟的利益分配机制不健全。在机制构建完善过程中，应充分考虑到各国图书馆的实际情况，并进行充分的听证，听取各个图书馆的声音，在联盟建设初期就协调好各方面矛盾，尽力达到最大的平衡。第二，建立统一标准。在图书馆联盟的日常工作中，馆际合作与资源共享是必不可少的内容。由于各国经济发展水平及各馆实力的不同，各馆在馆藏资源、数据库资源、硬件设施等方面都存在着较大差异，同时由于编目标准不一，文献整理加工标准不同，各馆数据可能无法兼容。如果没有一个统一的标准及工作程序，将导致在成员馆间难以进行资源与服务的整合。因此，在联盟的建立过程中，需及时征询各馆的意见及建议，反复讨论归纳，最终形成一个适合联盟所有成员馆的统一标准，在后续的运行过程中，各馆严格按照标准开展合作，并及时进行标准的修订和制度的完善。

1. 国际制度环境的拓展与对接

图书馆联盟的发展离不开政府的支持。图书馆联盟是非营利机构，具有公益性，有了政府的支持和法律的保障，图书馆联盟才能有序地发展。

第七章 我国面向西南开放的图书馆联盟战略实施体系

同时,政府的支持可以为图书馆联盟的资源共享项目提供宏观调控,这也有助于图书馆联盟开拓视野。① 任何一个联盟组织,若无政策支持,仅依靠自身力量,不可避免地会面临着难以为继的局面。跨境图书馆联盟具有促进馆际合作、公共服务、文化交流等重要作用。基于此,相应的政策支持显得格外重要。我国及南亚、东南亚各国政府有必要在政策上给予大力支持与帮助,以促进图书馆联盟的发展。政策的制定与出台是一个复杂和长期的过程,从以往的经验来看,政策的制定周期往往滞后于行业发展的现状。这一问题出现在图书馆界,将会给跨境联盟的决策造成一定的决策盲区。

图书馆联盟建设是我国图书馆界适应全球化信息环境的需要,实现国际性信息资源共享的一项创新性举措,必将成为今后的重点发展方向。现今,图书馆联盟的发展还处于初期,全球范围内发展水平不均,建设进度也相对缓慢。同时,受各国文化差异的影响,需要人们逐步理解和接受。另外,图书馆联盟作为文化软实力的重要组成部分,是国际文化非常关注的领域,更需要政府和其他组织的扶持。

借鉴南亚、东南亚一些国家的成功经验,我国面向西南开放的图书馆联盟建设需要国际社会和我国政府给予强有力的政策性支持。

第一,加强与国际图联的对接。在顶层设计上,中国图书馆学会应与国际图联加强制度建设方面的合作,为图书馆联盟打造一个与国际接轨的制度环境。2015 年,第 81 届国际图联大会在南非开普敦召开,国际图联主席 SinikkaSipilä 在其开幕式致辞中提到,她的任期主题是"强大的图书馆,强大的社会"。SinikkaSipilä 认为,图书馆能对社会产生至关重要的影响。通过缩小信息差距,图书馆有助于建立更强大的社区和社会。② 这一主题的提出为联盟的发展倡导了良好的环境,本书正是顺应了"强大的图书馆"这一理念,致力于为我国和南亚、东南亚各国人民提供强大的信息资源保障。

在国际图联 2016 年议程中,提出了"建立强大图书馆协会"这一倡议,主要目标集中在非洲、亚洲、大洋洲等地区。我国政府应充分响应国际图联的这一倡议,倡导创建图书馆联盟、推动信息服务的价值和重要

---

① 翟伟、周伟:《近 10 年我国图书馆联盟发展现状与对策研究》,《图书馆建设》2012 年第 6 期。
② Opening Address by IFLA President SinikkaSipilä, November 15, 2016, http://www.ifla.org/node/9778.

性，吸引国际范围的重视和帮助。此外，在国际图联2016~2021年战略计划中指出了四个战略方向：社会中的图书馆、信息与知识、文化遗产、能力建设，明确了图书馆的战略定位及发展方向。综观全局，图书馆的地位日渐提升，通过图书馆联盟建立区域性的公共文化服务组织已是大势所趋。借助国际图联的指导及标准，联盟应结合各国经济文化发展的实际状况及各成员馆基础设施、人力资源、管理制度的状况，着手制定与国际图联接轨的规章制度。联盟应以提升在社会教育、信息服务中的社会参与度为指导思想，以激励读者对信息、知识和文化的获取为战略愿景，响应国际图联关于建设强大图书馆，推进知识和信息平等获取的号召，提升联盟战略定位的高度。

第二，增加与南亚、东南亚国家的交流。我国应制定契合南亚、东南亚实际的政策，提升国家之间的政治、经济、文化交流，从而促进联盟的内部团结及实力提升。例如，缅甸政府目前处于百废待兴的"改革开放"进程中，迫切需要一个朝阳产业提升政府的公信力和支持度，从这一角度出发，我国可制定针对缅甸的文化交流与合作政策，为缅甸政府提供信息获取和图书馆服务的成功经验，不但可以在缅甸政府构建新民主社会的进程中发挥改革性作用，也能促进我国及缅甸政府的合作与交流。目前，国际图联和缅甸图书馆协会（Myanmar Library Association，MLA）合作实施了"建立强大图书馆协会"（Building Strong Library Associations，BSLA）项目。这一项目的实施，使缅甸与国际图联在国家层面上建立了合作关系，从而提高了图书馆的地位。我国在信息获取和图书馆服务上成效斐然，可以为缅甸提供开放存取、阅读推广等方面的成功经验，一方面帮助缅甸图书馆协会以稳健地实施BSLA项目，另一方面也能加强我国与缅甸图书馆协会之间的交流，为双方建立合作奠定了基础。

第三，规范联盟信息开发利用行为。出于建设国家文化软实力、提升全民智力的目的，政府应大力扶持文化事业的建设，为联盟赋予信息传播利用的政策倾斜。在跨境信息传播中，图书馆联盟面临着一个不可忽视的问题，即如何在为读者提供信息服务的同时不侵犯各国知识产权。由于各国对网络信息行为监管力度不一，例如，按照我国《信息网络传播保护条例》的规定，合理的数字化复制范围过于狭窄，限制了图书馆联盟的资源共享建设。因此，联盟应呼吁成员馆所属国家适度扩展本国知识产权法中对于数字化复制的合理使用范围，并制定一定范围内的免责条款。同时，联盟需加强对各成员馆的知识产权意识培训,尽量规避知识产权行为方面的风险。在国际上,联盟可参照与知识产权有关的公约,如《巴黎公约》(Paris Convention)、《伯尔尼公约》(Berne Convention)。与国际图联等国际组织签订协议,创造良好的国际制度环境,规范联盟的信息开发利用行为。同时,联盟需推广信息网络行为监管制度,重视对知识产权的保护和鼓励,在遵守各国知识产权法的基础上,协商制定《联盟信息网络行为公约》,赋予联盟对成员馆"有损联盟利益或秩序"等违法行为行使经济处罚的权力,同时,通过激励机制规范联盟的信息行为。

2. 国内制度环境的优化与创新

我国政府大力支持图书馆联盟的构建。根据"十二五"规划纲要的精神,面向西南开放已经成为我国完善区域开放格局的国家战略。①《国务院关于支持云南省加快建设面向西南开放重要桥头堡的意见》(国发〔2011〕11号)进一步开辟了我国面向西南开放的重要门户。②一系列的政治、经济交流促进了各国之间的文化交流,为图书馆联盟的发展提供了良好的契机。

"十三五"规划传承了"十二五"的精神。继"十二五"规划实施以来,各地图书馆在政府部门的领导及民众力量的支持下,大力发展文化交流与合作。自2012年开始,先后成立了北京图书馆联盟、天津河海教育园区图书馆联盟、湘鄂赣皖四省图书馆联盟等十余所图书馆联盟。总体来看,中东部发达地区图书馆联盟发展较快,边陲地区数量相对偏少且发展缓慢。整体而言,我国的图书馆联盟建设尚处于初期发展阶段。

"十三五"规划纲要精神要求图书馆解放思想,开拓进取,大力开展社会化公共文化服务,实施服务立馆、科技强馆、人才兴馆战略,以服务为主导,将图书馆建设成为集文化服务中心、信息交流中心、知识管理中心、国际交流中心等为一体的文化主阵地。我国地广物博,在地理位置上与南亚、东南亚毗邻,在中央人民政府的领导下,一直与各国保持着良好的政治、经济、文化交流关系。无论是从推动睦邻友好关系的目的出发,或者是从发展本国文化实力,为民众提供更为丰富的精神文化食粮这一目

---

① 《国民经济和社会发展第十二个五年规划纲要》, http://www.docin.com/p-335001395.html&s=6EF05C83141DF298E238BD96CE8BF388, 2016年12月13日。
② 《国务院关于支持云南省加快建设面向西南开放重要桥头堡的意见》(国发〔2011〕11号),http://www.gov.cn/zwgk/2011-11/03/content_1985444.htm, 2016年12月13日。

的出发，结成战略联盟已成为图书馆顺应时代潮流的必然选择。图书馆联盟的发展离不开法治建设，而"以人为本"是法治建设的最终目的。应把"尊重用户、保障人权、合乎人性"贯彻到法治管理中去。① 具体应从以下两个方面着手：

第一，制定法律法规。"没有规矩不成方圆"，任何一个组织，如无约束性文件对其行为进行规范，最终都会陷入无序之中。图书馆联盟的运行应建立在各成员现有技术水平的基础上。从战略角度来看，跨国图书馆联盟是一种全新的模式，它将引起诸多变革，在跨国图书馆联盟的运行过程中，需制定公平、公正、公开的规章制度，良好的社会文化环境及法律规范的支撑有助于维护图书馆间的良性联盟关系。②

我国图书馆法目前尚处于征求意见阶段，主要是以下面三点为原则：一是坚持政府是发展公共图书馆事业的主导力量，同时鼓励公民、法人、高校图书馆、科研机构等各方力量积极参与到公共图书馆的建设事业中。二是坚持推动公共图书馆服务标准化、均等化，建立遍及全国的公共图书馆网络。三是坚持以人为本的理念、以服务读者为宗旨，实现对人民群众精神文化需求的满足，并对基本服务实施免费。在完善图书馆法治的过程中，应注意到法治的重要性，明确政府在这一过程中的角色、职责、权利和义务，明确建立图书馆联盟的重要性，并规定联盟的组织结构等具体的协同合作方式。同时，应建立补偿机制，明确政府对联盟建设中的服务和资源建设方面的义务。决策程序的规范可以减少主观因素的影响，为联盟的建设和发展提供强有力的法律保障。③ 在建立普适性的图书馆法的同时，针对性措施也不能忽略。我国应在建立公共图书馆法的基础上完善法制建设，一方面适应自身地域经济文化特色，另一方面适应国际法发展趋势，为推进图书馆联盟的构建提供普适性与针对性相统一的法律保障。

为促进我国面向西南开放的图书馆联盟建设，我国及南亚、东南亚各国应意识到制度建设对于联盟运行保障的重要性，在各国现有或正在建立的图书馆法的基础上，建立完善的《图书馆联盟规程》，从立法的层面上规定各国政府应向图书馆联盟提供政策支持、财政资助、行为规范等内容。

---

① 王娟：《关于图书馆管理法治相关问题的思考》，《图书馆工作与研究》2008年第9期。
② 魏秀杰：《试析图书馆服务战略联盟》，《图书馆理论与实践》2009年第9期。
③ 苏小波：《美国图书馆联盟的法律保障及启示》，《图书情报工作》2010年第13期。

《图书馆联盟规程》的施行旨在为联盟的运行提供有效的制度保障,并有效协调成员馆之间的关系,维护成员馆的利益。具体来说,《图书馆联盟规程》应从以下几点出发,明确跨境联盟制度保障。一是遵守各国基本法律及民俗习惯,协定联盟内成员馆基本行为准则。规范联盟内成员馆的行为,使成员馆之间确立共同的行为标准。二是规范财务流程,对于联合采购、技术引进、设备维护等日常资金使用情况进行规范,并定期进行公示。三是建立良好的业务运作机制,明确规定各个成员馆的定位及职责,定期进行绩效考察。四是确立公益性的目标定位,从而使图书馆联盟的公共文化服务功能得以有效施行,民众可以更好地感受联盟带来的文化服务等方面的便利。

第二,实行行业自律。跨国图书馆联盟给各个国家的图书馆提供了一个进入国外市场的契机,实现了成员馆的资源优势互补,从而为联盟的用户提供更为强大的服务。但是在图书馆联盟的活动中,不可避免地涉及资源、设备采购活动中的守法、规范、抵制商业贿赂等问题。图书馆资源采购活动中的违法、违规事例,尽管范围不大,数量不多,但它们对图书馆社会形象的破坏性比较大。图书馆属于公益性事业单位,一旦曝出行业违法违规的信息,相当于自毁长城,失去了社会公众的理解和支持,就失去了发展的动力之源。① 因此,在图书馆联盟的发展进程中,应将自律规范建设作为一个重要的辅助措施,通过潜移默化的影响,使自律意识根植在联盟的文化中,成为联盟保障的补充,促进保障措施的完善。

(1) 在纲领制定方面,我国面向西南开放的图书馆联盟应制定完善的《图书馆联盟宣言》,以约定的规范性文件为联盟纲领,约束联盟内成员馆的行为,并提出联盟核心价值观、愿景、宗旨及战略规划。这一宣言的制定不仅有利于联盟的组织管理有序化,同时有利于国际范围内联盟自身形象的树立。

(2) 在合作保障方面,联盟应签订合作协定,确立联盟成员馆之间资源共享、联合建设、互惠互利、优势互补、利益共享、合作双赢的合作内容,充分发挥各自文化、人力与资源优势;加强合作与交流,建立文化合作发展战略伙伴关系;不断巩固和拓展合作领域,形成推动国际图书馆事业发展与繁荣的合力。同时,联盟合作协定的建立有助于联盟成员馆之间

---

① 李国新:《中国图书馆法治环境构建》,《图书馆建设》2006年第5期。

我国面向西南开放的图书馆联盟战略研究

互相监督及约束,是联盟有序运行的重要保障。

(3)在监督机制方面,联盟应定期编制工作报告,并对外公布。通过联盟报告,成员馆及国际社会可以清晰地了解到联盟的工作开展情况、人力资源情况、资金使用流向、战略发展规划等。报告的发布使联盟工作的审查、评估有了一定的依据,同时也有助于联盟正面形象的树立。

(4)在战略规划方面,联盟应定期进行战略规划部署。优秀的战略规划远则二十年,近则五年左右。翔实的战略规划能够让联盟明确自身的发展方向与国际社会上其他联盟的状况,同时分析自身的优劣势,从而达到知己知彼;提高决策准确度、减少资源浪费;通过宏伟的规划蓝图凝聚人心,鼓舞士气。印度的科学与工业研究委员会电子期刊联盟(Council of Scientific and Industrial Research,CSIR)隶属于政府资助的组织,是印度第十个五年计划中实施的一个项目,①通过"五年计划"这一国家战略,CSIR有了明确的建设目标,并制定了详细的战略规划,通过共享资源的方式,为CSIR的员工提供了世界范围内的电子期刊的访问存取。联盟应借鉴CSIR的成功经验,力争得到我国政府层面上的资助,结合联盟愿景,制定翔实的战略规划,完善联盟建设机制,最终达到为读者提供优质服务的目的。

(5)在组织文化方面,联盟应结合各国国情,加强自身文化建设。在一定程度上,成员馆的自发行为、约定成俗的行为规则,可以为联盟提供良好的环境保障。联盟的组织文化是各个成员馆在协作共建的过程中形成的共同的世界观、价值观。在联盟运行过程中各成员馆逐步认可的规范及精神文化,可以给各个成员馆公平自在的感觉,从而促进联盟的协调,保障联盟工作的有序运行。因此,联盟应优化组织文化,确立"人本、创新、团结、高效"的联盟精神,在联盟的发展过程中不断汲取优秀图书馆联盟的成功经验,结合联盟内各国区域文化特色,沉淀为自身优秀的组织文化。

二、组织管理策略

1. 图书馆联盟的科学规划

建设我国面向西南开放的图书馆联盟必须结合我国和南亚、东南亚国

---

① 林芳:《印度图书馆联盟研究》,《图书馆杂志》2007年第12期。

第七章 我国面向西南开放的图书馆联盟战略实施体系

家国情,改变传统的图书馆管理理念,用科学发展的眼光来看待图书馆联盟的建设。任何事物都是动态的、发展的,图书馆联盟在不断的发展过程中,需要合理地进行规划从而达到全面发展,并将优势最大化。加强馆际合作,创建全新的服务理念与模式。具体表现在两个方面:

第一,理性发展。从整体上看,发达国家如美、英等国对图书馆联盟的研究较早,理论体系已经成熟,我国相对落后10年左右。在我国,日趋增长的研究需求与跨国图书馆联盟建立的诸多阻碍是一个突出的矛盾,迫切需要成熟及适应区域实际的理论体系来指导联盟建设,为顺利推动联盟工作的运行提供合理的组织规划。因此,在具体的联盟建设工作中,需要一套完整的、适应我国及南亚、东南亚各国实际的理论体系,指导联盟的组织完善及内涵提升,从而实现理性发展。

第二,协调推进。图书馆联盟的建设不仅是图书馆之间的合作,资源检索、业务合作这些内容仅是图书馆联盟建设过程中的表象而已。图书馆联盟是世界经济一体化的产物,其发展往往伴随着经济增长、文化发展和社会整体的协同进步。因此,图书馆联盟的推进必须树立协调推进的理念,综合解决制度保障、资源保障、资金保障等问题。

2. 图书馆联盟的协同机制

在跨国图书馆联盟中,成员馆具有独立性,彼此之间不存在行政隶属关系。作为一种相对松散的、以契约为合作基础的组织,联盟具有动态性和复杂性。作为各成员馆的联合体,联盟的组建是出于各个成员馆不同的目的,因此需要成员馆之间的协调配合。这种协调配合不仅应表现在工作中,同时也应表现在管理中。① 联盟要从内部协同来深入分析运行机制的完善性,即重点探讨联盟内部的非均衡因素,充分了解各个成员馆的价值诉求并进行协调。协同机制在图书馆联盟中的应用可以使成员馆现有的资源价值得到最大程度的利用,并促进其开发新的价值领域。在联盟中应用协同机制,能够有效促使联盟将获取的动力要素转化为自身优势;此外,协同机制作为一种内部动力机制,具有良好的自我更新能力和发展能力,即良好的组织自我演化能力。因此,自我发展能力和协同机制在图书馆联盟的运行过程中十分重要,它可以为联盟的持续成长提供源源不断的动力。②

---

① 袁静:《图书馆联盟不稳定性的理论基础解析》,《图书情报工作》2010年第23期。
② 王纪坤:《图书馆联盟持续成长的协同机制构建》,《图书馆》2014年第5期。

我国应建立全国性的信息资源网络，协调各类型图书馆及信息资源机构，为我国面向南亚、东南亚的图书馆联盟的信息资源存取提供支持。在政府的资助和行业组织的协调下，各个机构各尽其责，分工协作，保障联盟的有效运作，使用户得到良好的服务体验。同时，联盟应重视培养成员馆之间统一的世界观与价值观，形成联盟认同感，从而促进联盟的协同合作。

三、服务保障策略

作为服务型机构的联合体，"服务"这一思想贯穿了图书馆联盟的历史发展。服务的思想是联盟的价值和宗旨所在。图书馆联盟的服务建立在各个成员馆交流合作的基础上，是有组织的服务行为，它包括了图书馆联盟和用户之间的交流活动，如相关的资源、设施等，在获取资源和服务的同时，用户也可以感受到图书馆联盟整体的服务质量和标准。[①] 资源保障是联盟为用户提供服务的不可或缺的基础，有了这一基础，联盟才能实现为读者提供服务这一目的。信息资源为联盟服务提供了物质基础，技术体系为联盟的服务开展提供了重要保障。服务作为图书馆永恒的主题，在图书馆联盟中体现了其不可替代的价值。

1. 图书馆联盟的网络基础设施保障

在联盟运行过程中，网络基础设施的重要性毋庸置疑。各国政府及国际组织均十分重视网络基础设施的建设。在图书馆公共访问动态联盟（Dynamic Coalition on Public Access in Libraries）制定，IFLA批准生效的"图书馆公共访问基本准则"中，第一条就对图书馆的网络基础设施做出了规定：图书馆应作为普遍访问互联网的载体。在发展中国家和发达国家服务滞后的社区，图书馆应提供广泛的、用户可负担的设施。没有图书馆的地方，信息和文献中心应确保能够普及互联网。[②] 目前，南亚、东南亚地区均已建立了自己国家图书馆的局域网络，这些局域网已经成为各国图书馆的重要网络基础设施。

整体而言，南亚、东南亚地区的人均国民生产总值较低，这直接导致了图书馆事业发展相对落后。经济的欠发达使这一地区成为国际信息化发

---

① 袁静：《图书馆联盟服务质量提升的策略研究》，《情报资料工作》2010年第5期。
② Principles on Public Access in Libraries, November 15, 2016, http://www.ifla.org/node/10781.

第七章 我国面向西南开放的图书馆联盟战略实施体系

展中消除"数字鸿沟"的重点地区。①越南受经济发展水平的限制,图书馆事业的发展中存在着资金短缺、人才匮乏、管理经验欠缺的诸多问题,区级和乡村级图书馆(室)缺少设备、资料和资金预算,急需创立国家目录体系和国家 MARC 系统。②老挝经历了长期的殖民统治,严重困扰了其经济文化发展,即便是国家图书馆,规模也相对其他国家较小,内设行政部、收集部、编目部等六个职能部门,有参考资料室、老挝文和泰文图书室、英文和法文图书室等七个独立的阅览室。目前老挝还没有图书馆专业资格培训机构和项目,各项设施较为匮乏。③印度是世界上最贫穷和文盲人口最多的发展中国家,农业人口比例占全国的 3/4。但同时,印度也是一个高度重视信息化发展的国家。从 20 世纪 50 年代起,印度就制定了相关文件,提出了要利用所有媒介促进经济和社会的发展,并建立了计算机化信息管理系统、信息推动中心及国家信息科学中心,从而为信息交流提供了软件、硬件等多方面的合作及因特网服务。④在基础设施相对落后的前提下,南亚、东南亚各国图书馆依然在寻求发展和合作,这也为我国建立面向西南开发的图书馆联盟提供了契机。

长期以来,我国政府对网络基础设施建设的建设都给予了高度关注,2015 年末,工信部下发了关于《国务院关于积极推进"互联网+"行动的指导意见》贯彻落实的通知。通知提出,要对网络基础设施进行升级,到 2018 年,数字化、网络化、智能化水平显著提高。⑤根据中国互联网络信息中心在 2016 年发布的我国互联网络发展状况统计中所给出的数据,截至 2016 年 6 月,中国国际出口带宽为 6220764Mbps,半年增长率为 15.4%。⑥截止到 2015 年 10 月,各级财政为数字图书馆工程投入建设经费近 20 亿元,基础设施大幅提升,全国各级图书馆资源均衡、持续增长,总量超过

---

① 贺圣达、涂济民、张光平:《中国连接东南亚国际大通道建设中的科技问题》,中国书籍出版社 2005 年版,第 221 页。
② 王士录:《大湄公河次区域五国文化发展的体制机制研究》,云南人民出版社 2011 年版,第 122 页。
③ 王士录:《大湄公河次区域五国文化发展的体制机制研究》,云南人民出版社 2011 年版,第 198-199 页。
④ 陈俊珂、孔凡士:《中外教育信息化比较研究》,科学出版社 2007 年版,第 48 页。
⑤ 《国务院关于积极推进"互联网+"行动的指导意见》(国发〔2015〕40 号),http://www.gov.cn/zhengce/content/2015-07/04/content_10002.htm,2016 年 12 月 10 日。
⑥ 《中国互联网络发展状况统计报告(2016 年 7 月)》,http://www.cnnic.cn/gywm/xwzx/rdxw/2016/201608/W020160803204144417902.pdf,2016 年 11 月 15 日。

10100TB；全国各级图书馆356个业务平台互联互通；移动阅读用户覆盖全国，并辐射全球44个国家，总访问量达到9600万次；盲人数字图书馆的服务区域已辐射到100多个国家和地区，点击总量将近2000万次；各类服务推广活动参与公众超过3000万人次；培训数字图书馆从业人员10万人次。①从整体情况来看，我国图书馆的网络基础设施建设明显优于南亚、东南亚的国家，从战略合作的角度出发，我国应积极与南亚、东南亚各国图书馆对接，为其提供必要的帮助，从而达到互利双赢。具体措施表现为以下几个方面：

第一，进行设施需求分析。依据我国及南亚、东南亚各国经济文化发展水平、各国场馆建设水平、读者服务需求，分析联盟建设的设备、人力、技术、资金方面的需求，确定战略实施机制及风险应对机制，制定出一项长期的战略规划。

第二，进行基础设施评估。全面分析我国及南亚、东南亚各国图书馆现有设施、需求，借鉴成功联盟的经验，判断现有基础设施的可利用程度，对陈旧及不可利用的设施进行资源再造，对急需的设施及时做出补充规划。

第三，进行联合采购。在此阶段，联盟应制订近期的工作计划，根据读者需求及设施现状，对所需设施进行成本估算，按照工作计划，抽调专人进行采购，并及时向成员馆公示采购计划及实施进度。

第四，进行战略分配和整合。在这一阶段，联盟需做好战略分配，合理分配采购资源，最大限度地减少执行问题。依据联盟内各成员馆的实际情况，对于设施相对匮乏的国家如老挝、越南，在战略分配上给予一定的倾斜；对于设施相对先进的国家如新加坡，在战略分配上降低资源分配比率，使有限的资源得到最优利用。

2. 图书馆联盟的人才保障

第一，重视人才选拔。面向西南开放的图书馆联盟涉及我国及南亚、东南亚各国的战略合作及公共文化服务，任重而道远，需要选拔业务水平较高的人才。一方面，联盟可以通过激励机制、竞争机制等调动人才的积极性，挖掘人才潜力，并提高人才的待遇。另一方面，可以通过联盟的管理创新，构建图书馆联盟人力资源管理的开放体系，引入高层次的专业人才。

---

① 《数字图书馆推广工程体验区亮相2015年中国图书馆年会》，http://www.nlc.gov.cn/dsb_zx/gtxw/201512/t20151221_111160.htm，2016年11月15日。

第七章　我国面向西南开放的图书馆联盟战略实施体系

第二，建立长效的人才培养机制。图书馆联盟是图书馆的联合体，既需要业务精深的专业性人才，又需要跨学科的复合型人才。南亚、东南亚国家基于政治、军事、宗教等因素，大背景相对复杂。要建立起素质精良、结构合理的人才队伍，就有必要建立一个长效的人才培养机制，分层次、按步骤、有规划地对人才进行培训，从而形成人才梯队，应对图书馆联盟的发展需要及服务用户的需要。

联盟应充分利用成员馆和相关组织机构的各类资源进行人才培训。联盟可以在联合采购时要求出版商或代理商为联盟成员提供资源使用培训课程，向会员介绍系统的最新发展，包括系统简介、引进模式、使用方式、资料库简介、使用手册等，从而使采购的资源得到有效的利用。除每年安排固定的系统培训班以外，还应根据各个成员馆的特殊需求安排有针对性的培训。培训内容包括：购置资源的系统推广培训、相同学科体系馆员之间的交流、提高对各类型读者的服务水平、跨国网络电子资源相关问题培训等。

除了固定的系统培训，联盟还应根据成员馆的特殊需求，因地制宜地单独安排相关培训，每年应安排一次系统培训及三次左右的专题性培训。考虑到跨国图书馆联盟涉及国家众多、成员馆众多的实际情况，联盟在建设初期就需要规划好培训时间及地点，通过公投的方式，票选出年度系统培训地点，每隔五年公投更换培训地点。联盟内成员馆每次培训可推荐10人左右的受训馆员参加，每年培训四场次左右，受训范围争取覆盖所有的南亚、东南亚国家。

第三，建立人才交流机制。图书馆馆员之间的互派学习在图书馆联盟中是十分必要的。通过人才交流，不同国家的图书馆可以互通有无，建立更为亲密的关系。同时，可以了解到对方图书馆的馆藏、服务等方面的优势和劣势，从而博采众长，更好地完善联盟的功能。在国际图书馆界的交流中，我国与新加坡图书馆之间的往来非常密切，多次互派馆员进行交流学习。在我国国家图书馆与新加坡图书馆的馆员互访中，国图馆员了解到新加坡政府对于图书馆的重视度以及战略规划——新加坡在"NLB2020年战略"中提到阅读、学习和情报素养，了解到新加坡图书馆"一切为了读者"的办馆理念，了解到新加坡教育虽然以英语为主，但近年来已开始重视华文教育，这为我国与新加坡建立图书馆联盟提供了良好的契机。

在我国面向西南开放的图书馆联盟中，各成员馆之间应充分利用自身资源，通过线上及线下并行的方式，加强联盟之间的人才交流，就节省运营成本、电子资源联合采购、管理系统优化、教育训练、信息技术等方面进行馆员之间的交流学习。联盟可在每年选定一个各方面较为出色的示范成员馆，对其他成员馆的业务工作进行指导，其他成员馆选派馆员到示范成员馆进行学习，通过定标比超式的学习提升联盟的总体水平。

3. 书馆联盟的技术保障

在图书馆联盟工作开展过程中，需要强有力的技术保障。客观来说，图书馆联盟是一个松散的合作组织，所有的工作流程都存在着技术环节。如果没有技术部门的技术支持，将会使联盟工作陷入卡顿。高端信息技术的引入，不但为图书馆联盟提供了基础保障，也为联盟创新服务的开展提供了可能。较有代表性的案例，是菲律宾使用开源图书馆集成系统KOHA，在优化自身系统的同时，也为用户提供了极大的便利。

现有技术服务主要包括三个方面。

第一，Web 2.0技术。互联网令世界扁平化。在信息时代，用户可以自由产生内容，互联网上信息数量海量爆发，用户成为了互联网真正的主人。Blog、SNS、RSS等以Web 2.0应用为代表的技术服务模式在我国发展迅速，极大地提高了用户的共享体验。用户可以随时随地，在移动终端上满足即走、即读、即拍、即发的需求。这一变革使人们对信息获取、传递等交流的方式不再局限于传统的固定网络连接。4G技术的应用使得Web 2.0服务得到了进一步深化，各种形式的多媒体信息资源共享成为现实。同时，信息定制服务、移动社区服务等也在不断涌入服务领域，为人们的生活带来巨大的变革。①

第二，物联网服务。根据维基百科的解释，物联网是一个信息承载体，它承载了互联网、传统电信网等的信息，使各种独立的物体实现互联互通。② 物联网应用于图书馆领域，可以有效地提高图书馆的运作效率，通过数据扫描实现快速盘点，使系统软件无缝集成。在信息技术更迭日新月异的环境下，核心竞争力的提升是图书馆联盟需攻克的一大难题。纵观图书馆自动化发展史，几乎每一项新信息技术的出现，都会在图书馆界引起极大关注，这些新信息技术在图书馆界的应用，推动了图书馆的管理与

---

① 陈志亭：《我国面向西南开放的图书馆联盟战略环境研究》，云南大学硕士学位论文，2015年，第17页。

② 《物联网》，https://zh.wikipedia.org/wiki/%E7%89%A9%E8%81%94%E7%BD%91，2016年12月10日。

第七章　我国面向西南开放的图书馆联盟战略实施体系

服务进步。物联网技术作为一种可以将现实世界数字化的网络系统,在图书馆界具有光明的应用前景。联盟应深入研究和利用物联网技术,探讨物联网技术如何与联盟工作耦合,推动联盟工作与管理的自动化、智能化,从而提高联盟的管理与服务水平。

第三,开放获取服务。在图书馆联盟运行过程中,共享资源服务是一个十分重要的内容,南亚、东南亚国家整体经济文化并不发达,因此成员馆的资源是相对有限的,仅依托成员馆开展共享资源服务在操作上具有一定的局限性。基于这些原因,联盟在发展中应"跨出去",不断扩大合作范围,进行沿边开放并及时与国内外各类信息组织、团体进行对接,如与联机计算机图书馆中心(OCLC)、国家数字图书馆、国家科技图书文献中心(NSTL)、OCLC(Online Computer Library Center)、越南图书馆协会(Vietnamese Library Association)、印度尼西亚基督教大学电子图书馆联盟(Indonesian Christian Universities-Virtual Library, InCU-VL)、新加坡图书馆协会(The Library Association of Singapore, LAS)等建立协同合作关系。同时,联盟可与开放获取(OA)资源及Google、Yahoo等在全球影响力相对较大的搜索引擎建立链接,提高联盟的知名度,从而为联盟的信息资源的开放获取提供途径。①

技术标准的建立需要考虑各种因素,例如各国图书馆的技术现状、技术理念及人才基础。同时,我国及南亚、东南亚国家技术水平普遍达不到发达国家水准,在技术保障上,不可避免地会有所欠缺,具体来说,应从以下几个方面进行保障:

第一,采用"云"设施。在图书馆联盟产生的推动因素中,为读者提供资源共享是一个重要的内因,若要更好地实现联盟资源共享,"云"设施的引入势在必行。目前"云"设施的类型有公共云及私有云两类。从联盟的需求来分析,联盟需从自身基础设施及经济实力出发,架构满足读者需求及联盟实际的"私有云"平台。通过"私有云"平台,联盟可以为读者提供读本资源;进行线上协作,为读者提供专业的参考咨询服务;进行馆际交流,提高协作效率,减少工作失误。②"云"设施的使用能保障联盟

---

① 范敏、朱亚玲:《基于区域图书馆联盟的信息资源共建共享——吉林省图书馆联盟共享策略及保障》,《图书馆学刊》2010年第11期。
② 李华:《云时代的图书馆联盟》,《新世纪图书馆》2011年第8期。

· 211 ·

我国面向西南开放的图书馆联盟战略研究

成员馆之间可以及时地沟通交流，为读者提供丰富的公共文化服务资源，同时也能拓展联盟的服务领域。

第二，统一技术标准。图书馆之间进行馆际合作，实现资源共享的前提是统一的技术标准和信息交换模式。南亚、东南亚各国发展历史不同，各个成员馆的文献信息标准化程度不一，因此没有统一标准，在文献管理软件和数据格式等方面存在较大差异。技术标准程度的不一致将导致数据库的兼容性降低，这在一定程度上影响了成员馆之间的资源整合和文献资源共享。因此，联盟需设定统一的技术标准和性能指标，从而减少文献工作中的重复加工和无序现象。

第三，探索技术新机制。围绕我国及南亚、东南亚国家图书馆用户的信息行为，推动理论研究与商业化运用相结合，在加强数字与传统资源的整合、虚拟联合参考咨询等技术服务的基础上，采取整体统筹和分馆建设的策略，创建和整合以"临界质量"为基础设施和服务的数字图书馆。基于目前的系统和成员馆的现有网络，探索技术服务新机制。

四、资源保障策略

1. 图书馆联盟的经费保障

在图书馆联盟有序发展的诸多保障措施中，稳定的经费保障不可或缺。任何一个组织的成立，都需要稳定的经费支持才能顺利开展相关工作。从行政管理的角度看，不同性质的图书馆隶属于不同的主管部门，学校图书馆隶属于所在学校管理，公共图书馆隶属于文化部门管理，科学图书馆隶属于中科院、社科院等科研院所管理。主管单位不同，图书馆在经费划拨形式上也存在很大差异。因此，图书馆联盟应充分考虑到各馆的基础设施、资源现况及管理实际，对经费划拨做出合理的规划，及时主动地与各馆及其主管部门进行沟通，以确保联盟的经费拥有可靠的来源。

除了主管部门的经费划拨，自筹经费也是经费保障的一个有效措施。在世界范围内，图书馆都被公认为公益事业，这意味着图书馆联盟的社会口碑较好，联盟可以充分利用这一良好的社会形象，对自身优势及服务功能进行宣传推广，吸引社会组织及公益基金对联盟进行资助。在经费的使用过程中，联盟应根据实际需求，建立经费管理机制，本着诚信原则，对每一项资金的使用进行事先审核、中期监督和事后核查，及时公开资金流向及使用明细,并支持第三方监督,使联盟经费使用规范化、系统化。①

本书研究开展的问卷调查显示,在自南亚、东南亚的业界受访者中,21.1%认为应由成员馆分摊费用,17.2%认为应由用户缴纳会费,18.2%认为应由政府、议会或国会拨款,20.6%认为应由基金会负担,22.0%认为应来自捐赠,1.0%认为可以来自其他方面。由此可见,受访者对图书馆联盟的资金保障来源了解较少,存在较大的意见分歧。因此,在图书馆联盟的构建过程中应充分考虑这些因素,用战略的眼光发掘多途径资金来源,除了争取政府支持、由成员馆分摊费用这些常规途径,也可以以公益性机构的名义,向社会各界包括基金会、企业等筹措资金,构建合理可行的图书馆联盟资金保障体系。

基于调查问卷数据分析结果和现行图书馆联盟经费保障制度,借鉴已有的联盟建设成功经验,本书认为应采取政府资助为主,自筹资金为辅的资金筹集模式。

第一,政府投入。图书馆联盟的运行离不开来自政府的经费保障,政府经费主要用于资源订购、软硬件设备的购买、网络的维护、日常运作管理等。跨国图书馆联盟的建设主要是一项政府行为,联盟的建成有助于树立政府的正面形象,提升政府在民众中的影响力,因此,政府在图书馆联盟的建设中扮演着重要的角色,应发挥经费投入的主力作用。政府可通过财政专项拨款,给予联盟强有力的财政支持。

第二,寻求贷款。自1980年5月15日中国恢复了在世界银行的合法席位以后,就与世界银行总部达成了教育贷款协定,自此,中国开始了利用国际贷款发展教育的历程。世界银行贷款的主要服务对象是向亚非拉发展中国家,通过向发展中国家提供贷款,促进发展中国家的经济文化进步是世界银行的基本职能。基于发展中国家经济状况的原因,世界银行为其提供的贷款在期限上均较长。硬贷款平均17年,软贷款期限可达35年,且有3~10年不等的宽限期。我国面向西南开放的图书馆联盟作为促进我国及南亚、东南亚等国家政治、经济、文化交流的媒介,符合世界银行贷款的宗旨,在图书馆联盟经费保障措施方面具有一定程度的战略地位。联盟应制定战略规划,论证建构的跨国文献资源保障体系的必要性及紧迫

---

① 范敏、朱亚玲:《基于区域图书馆联盟的信息资源共建共享——吉林省图书馆联盟共享策略及保障》,《图书馆学刊》2010年第11期。

性，以联盟的名义向世界银行提出贷款计划，约定各国按一定比例承担还款金额。贷款资金主要用于开发联盟特色数据库、构建资源开放获取平台以及引进信息服务前沿技术。

第三，公益筹款。英国筹款之父 Ken Burnett 认为，一个公益机构需要为未来投资、发展大批坚定的支持者，并通过关系筹款加深捐赠人对机构的认可。目前，中国的基金会数量逐年增长，捐款金额也随之逐年递增。自从《慈善法》出台后，募捐权限在一定程度上有所开放。我国面向西南开放的图书馆联盟应兼具市场意识、公益情怀和商业手段，推广公益理念，制定详细的筹款使用计划并保持筹款使用的全程透明，赢得社会团体及基金会的支持，通过募集款项，为联盟运行开辟重要的经费保障渠道。

2. 图书馆联盟的资源保障

对于图书馆联盟来说，重点突出、类型完善、语种丰富的文献资源保障体系是其运行的基础。图书馆联盟影响力的扩大及用户体验感的提升离不开数量庞大、与时俱进的信息资源。因此，联盟需通过协同合作、联合采购等方式引入文献资源，并在考虑各成员馆特色资源的基础上，对各成员馆资源进行充分整合，建设具有南亚、东南亚特色的信息资源共享平台。从而实现联盟各成员馆之间的优势互补、资源共享。

图书馆联盟应建立详细的战略规划，组织成员馆进行资源共建。这些资源总的来讲包括数字资源和非数字资源。资源共享是战略联盟最常见的、最主要的服务方式，通过联合购买信息资源，并对其共同管理、开发，从而实现在线利用、馆际互借。现今，数字化信息已经成为馆藏资源的重要组成部分，资源共享也已成为新时代背景下图书馆联盟服务的创新手段。基于资源共享的战略联盟必将成为联盟组织形式的主流。

本书研究开展的问卷调查显示，在来自南亚、东南亚的受访者中，53.7%认为知识产权保护对图书馆联盟的影响程度非常重要，19.8%认为知识产权保护对图书馆联盟的影响程度比较重要，14.9%认为知识产权保护对图书馆联盟的影响程度一般。由此可见，受访者对于图书馆的资源保障方式了解程度相对较高，多半的受访者意识到了知识产权在图书馆联盟构建过程中的重要性。在关于联盟行为风险性调查中，29.7%认为在图书馆联盟的工作中，原文传递存在侵犯知识产权的风险，26.3%认为数据库存在着侵犯知识产权的风险，25.7%认为文献的数字化存在着侵犯知识产权的风险。由此可见,在图书馆联盟的工作中,存在着许多侵犯知识产权的隐患,需要联盟进行识别和规避,并制定有效的规章措施,从而保障联盟的资源安全。

根据各国图书馆事业发展现状和对未来交流使用的意愿,资源保障方面应根据我国图书馆与南亚、东南亚各国图书馆的实际情况,拟定符合实际情况的资源共享措施。

第一,开放公共检索目录。联盟成员馆之间应取消 IP 限制,向联盟用户提供联合目录数据库的所有数据,读者在注册用户 ID 后,即可登录联盟的公共检索目录,检索所有的文献信息资源,掌握文献分布状况。

第二,开展馆际互借。在开放公共检索目录的基础上,全联盟的用户都应能够通过网络平台,向所有成员馆申请馆藏文献信息资源的返还式或非返还式文献传递。

第三,开通远程访问功能。联盟成员馆应开放其数据库的远程访问权限,在不侵犯知识产权等相关法规的前提下,可无偿共享馆藏的数字资源。

第四,特色数据库建设。联盟可基于我国以及南亚、东南亚各国的经济文化特色,进行特色资源的交流互补,建立诸如我国的少数民族文化数据库、泰国的佛学数据库等特色数据库。

第五,开展成员馆之间的交流与学习。成员馆之间可就前沿技术和实践问题开展经验交流与学习,如我国在阅读推广方面成效显著,研究成果卓然,可就阅读推广的工作经验与各成员馆分享交流。新加坡在图书馆人性化服务方面的努力广受赞誉,各成员馆可以通过实地学习及经验分享学习新加坡的成功经验。

第六,共享设备资源。高度发达的网络使联盟成员馆之间共享硬件设备成为可能。联盟可共享的设备包括专用的高性能计算机、大容量磁盘、通信线路等。联盟之间共享硬件设备可以允许多个用户同时使用,这在为联盟节省开支的同时,也为联盟资源可以物尽其用提供了可能。[1] 联盟应引入云计算存储技术,通过网络构建信息资源互通渠道,在成员馆之间共享软件及硬件资源,实现海量信息的有序化及服务内容的革新,为成员馆的读者建立"无所不在的图书馆"。

---

[1] 陈信、赵益民、张琼:《中国—东盟国际图书馆战略联盟探索》,《图书馆学研究》2010 年第 23 期。

在进行图书馆联盟资源建设的过程中,一方面应原则上遵循这些既定措施,另一方面也需要根据各国、各地区的经济文化发展状况,做出相应的调整。

五、战略发展策略

1. 图书馆联盟的理念突破

经济全球化令国际合作成为可能,"桥头堡"战略的推行展现了我国睦邻友好的战略需要,促进了我国西南边疆地区与毗邻国家之间频繁的政治、经济交往,促进了区域内各国文化的交流与融合。在这一环境影响下,构建我国面向西南开放的图书馆联盟已具备了思想基础,但同时也应不断地突破固有理念,实现战略思想上的与时俱进。自从2013年习总书记提出"一带一路"这一宏伟的倡议构想以来,沿边建设高速发展,建设范围已经辐射到了众多国家和地区,这一倡议涉及众多行业的协同发展,其间产生的机遇不可估量。"一带一路"倡议让中国发展的成果影响到沿"带"沿"路"的发展中国家和地区,为中国与沿"带"沿"路"的发展中国家进行友好交流,建立合作关系奠定了坚实的基础。[①] 对于图书馆界来说,这是一个良好的机遇。"一带一路"令行业创新发展有了宏观的战略思想指导,使我国与南亚、东南亚国家图书馆联盟的战略发展点亮了引路的明灯。"一带一路"的构建,不仅打造了国家之间互利共赢的"利益共同体",也构建了其共同发展繁荣的"命运共同体"。这一理念顺应了和平、发展、合作、共赢的时代潮流,也得到了国际的广泛认可。在"桥头堡"和"一带一路"倡议的指引下,联盟的理念有了创造性的突破。

第一,创新思维。百年之前,福特汽车公司濒临破产之际,创始人亨利·福特说了一句警世名言"不创新,就灭亡"。在计算机出现之前,图书馆只能依靠手工进行编目;在网络出现之前,资源共享只是一个理想。而现在,这些曾经看似天方夜谭的想象早已成为现实,甚至已经落后于时代。这些新技术、新事物的出现无不依赖于创新思维。在联盟构建的过程中,我国及南亚、东南亚各国的图书馆应打破思想禁锢,创新合作思维,

---

① 刘强:《"一带一路"战略的意义、机遇与挑战》,http://politics.people.com.cn/n/2015/0402/c70731-26789933.html,2016年9月20日。

第七章 我国面向西南开放的图书馆联盟战略实施体系

突破体制机制的束缚，采用前沿技术，大胆启用技术型人才，构建特色数据库，构建区别于国际图联及其他区域性图书馆联盟的核心竞争力，打造兼具中国与南亚、东南亚各国特色的图书馆联盟。

第二，全球化意识。国际图联在其2016~2020年战略计划中提出了建立长期可持续的信息环境、推广平等的版权框架等战略倡议，致力于提升图书馆和信息服务机构在国家、地区和全球层面的声音。作为地区性的图书馆联盟，我国在与南亚、东南亚构建图书馆联盟的同时，应具备全球化意识，学习国际图联的前瞻思维，以开放的思想奠定联盟的精神基础，在设施设备、技术手段、管理理念等方面向国际先进水平看齐。

第三，战略思想。战略不可避免地具有风险性，但是一个完整的战略思想可以从全局布控，规划合理的发展路线，为联盟提供正确的发展蓝图。将战略思想引入本书，构建面向西南开放的图书馆联盟战略管理体系，是保障图书馆在区域交流合作中发挥文化交流和知识传播职能的重要措施，也是促进联盟在建设过程中创新发展思维，进行战略部署的重要举措。①

形成战略联盟的成员馆应该有正确的联盟思想，从意识上认同联盟，接受联盟，从而热切地希望与联盟融为一体。在这一过程中，政府可以积极参与引导，就图书馆战略联盟的形成问题，各国政府可以起到指导性作用，为联盟的建立和正常运转保驾护航。另外，联盟的领导团体应积极发挥组织领导作用，这将有利于克服图书馆联盟的无序现象，使联盟迅速进入运行正轨。

2. 图书馆联盟的创新驱动

创新是图书馆联盟永葆活力的重要手段。现今图书馆事业的发展重心从专注于图书管理到专注于数据管理，从聚焦文献到聚焦知识，图书馆联盟的创新也应与时共进。要实现图书馆联盟信息资源共建共享，就必须打破惯有思维，汲取前沿思想，将先进的理念融入联盟的战略发展。

第一，积极响应国际政治形势的变化。当前的国际政治形势依然处于"一超多强"的状态，美国等发达国家综合国力优势明显，第三世界国家在经济军事实力上无法与欧美发达国家竞争，必须积极促进自身发展，以

---

① 赵益民、陈志亭：《跨境图书馆联盟建设的创新路径与理论视角》，《图书馆理论与实践》2015年第6期。

及多方的交流合作，来提升自身对世界的吸引力、影响力和作用力，从而增强自身的实力，提高国际地位。当前的国际环境是总体和平下的暗潮涌动：总体缓和，局部紧张；总体稳定，局部动荡。各国围绕国家利益，规划发展战略，依力量对比的变化以及国内政治的变化对自身发展战略进行调整。图书馆联盟的建设与发展应该积极响应国际政治环境的变化。

东南亚国家与中国的关系十分密切，涉及政治、经济和安全等各方面的利益。尽管经历了"二战"以后的冷战影响，中国与东南亚各国存在一定的对立时期，但在改革开放的春风中，各国间的国际关系已逐渐解冻。自1991年中国与东盟建立对话伙伴关系以来，双方关系不断拓展、深化。迄今为止，东盟已与中国确立了"面向和平与繁荣的战略伙伴关系"以及"面向21世纪的睦邻互信伙伴关系"等战略合作，确立了新型的睦邻、合作伙伴关系。①

南亚地区的一些国家目前仍处在动乱和冲突之中，但是几乎都与中国有友好关系，经济交往日趋密切。就当前形势来看，消灭贫困是南亚各国人民面临的最大挑战，也是南亚各国所有活动最突出的目标。南亚各国迫切需要采取一些措施满足国民的公共文化服务需求。

当今国际形势展现了文化软实力的竞争，在世界各国和平发展的大环境下，搁置矛盾，通过多边外交提升政治经济文化水平是一条相对光明的出路。通过对国际政治形势的判断，我国与南亚、东南亚国家应把握住外交关系的平衡点，提高政府对信息社会及联盟重要性的认识，使政府了解并愿意制定我国与南亚、东南亚国家图书馆之间合作的战略规划。通过建立图书馆联盟，加强与南亚、东南亚国家成员馆之间的联系，开启民智，同时可以促进南亚、东南亚各国经济文化发展，形成强大的东亚—南亚—东南亚经济文化联合体，彰显第三世界国家强大的文化实力。

第二，积极响应经济全球一体化进程。当今世界，全球经济一体化的态势日趋明显。在这一趋势的影响下，世界各国的政治经济文化联系不断加强，尤其是经济，相互渗透、相互依存。经济全球一体化在为世界各国的经济增长提供机遇和国际合作空间的同时，也加剧了发展中国家社会经济发展的矛盾。在这一趋势下，印度、尼泊尔、斯里兰卡、巴基斯坦、孟

---

① 张蕴岭：《中国—东盟对话25年：讲信修睦，合作共赢》，http://study.ccln.gov.cn/fenke/zhengzhixue/zzzgwj/335508.shtml，2016年12月10日。

第七章 我国面向西南开放的图书馆联盟战略实施体系

加拉国、不丹和马尔代夫七国外交秘书长在科伦坡举行会议，一致通过了《南亚区域合作宣言》和《联合行动纲领》。基于"合则两利，分则两损"的思想，东亚区域合作也受到极大关注。另外，中国与东盟签订了《中国—东盟全面经济合作框架协议》。发展中国家融入经济全球化的进程促进了其国际地位的提升，获得了资金和技术支持，得到了管理上的帮助与协作，在一定程度上促进了本国与国际的政治经济文化交流，实现了经济的持续和高速发展。全球经济一体化使各国开始注重各方面的交流合作，我国面向西南开放的图书馆联盟正是顺应这一潮流，从而有了发展的机遇。联盟应把握住这一机遇，主动出击，建立与IFLA、美国华盛顿研究图书馆联盟（WRLC）、英国大学图书馆联盟（SCONUL）等成功联盟之间的友好联系，并争取到国际组织如联合国教科文组织、世界银行的支持，从而在国际交流与合作中获得政策、资金、技术管理、经验、人才培养等方面的支持。

第三，积极响应多元文化的交融共生。在文化传统上，我国悠久的历史及浓厚的文化底蕴沉淀出了既内敛又稳重的文化特色，儒家、道家、法家思想至今仍被奉为经典，多民族共存碰撞出了绚烂的民族文化风采。南亚、东南亚各国的文化也颇具特色：泰国传承了"民族本位，泰体西用"的教育理念，在维护民族利益和特色文化的前提下，循序渐进，有选择地吸收先进的西方思想和文化。在缅甸，由于鸦片战争、抗日战争等不同时期的历史因素，华人陆续移民缅甸的趋势从未停止过，缅甸的华文教育也因此颇为盛行，3000年中国文化与缅甸传统文化共同生长，促进了双边文化的交融、优化与发展。

各国文化皆具特色，多元文化的交流和融合，有助于碰撞出新的理念和观点，这也为我国面向西南开放的图书馆联盟建设奠定了文化交流基础，在联盟的馆藏联合目录中，应体现出联盟内各个国家的特色文化资源，使读者了解异国的风土人情及学术成果。同时，成员馆之间应定期举行会议，进行文化共享交流，输出本国的优秀文化，接纳他国的先进思想，及时进行文化碰撞及融合，促进联盟内各国用户的文化交流。

第四，积极响应网络信息技术的发展。"信息化"即"全球化"，网络信息技术高速、大容量、综合化的特点使世界越来越小，国家与国家之间、组织与组织之间、人与人之间的联系越来越密切。未来50年之内，人类的生活方式和思维方式将随着网络信息技术的高速发展而彻底变革。在图书馆领域，网络信息技术的发展使文献资料的形式更加多样化，解决了纸质图书在流通过程中的损害程度，提高了图书的保存率，同时也使文献的共享力度得到了提升。联盟应积极采纳网络信息新技术，创新开放存取方式、开发云计算存储能力，促进联盟成员馆在数字服务及模拟服务提供方面的协同，在发展中提升自身技术能力及服务水准。

2016年10月，习总书记在讲话中强调，要加快网络信息技术自主创新的进度，加快发展数字经济，加快用网络信息技术的手段推进社会治理，在网络空间领域，加快提升我国的国际话语权和规则制定权，努力实现建设网络强国这一目标。[①] 当今世界正处于经济加速中，正在向以信息技术产业为主要内容的经济活动转变，我国应抓住这一契机，加快发展网络信息技术建设的步伐。

网络信息技术的高度发达，为我国面向西南开放的图书馆联盟建设提供了强有力的技术支持。在图书馆联盟中，完善的图书馆网络平台以及强大的网络共享系统等先进的网络信息技术应用于联盟的管理工作，这对联盟改进管理效率，增强管理的准确性和有序性作用十分显著。

图书馆联盟的各个成员馆来自中国、南亚、东南亚等国家，历史文化赋予了成员馆深厚的文化内涵，经济发展给予了成员馆可持续的发展动力，国际经济文化交流使跨国图书馆联盟的构建成为可能。各个成员馆具有各自不同的优势和组织文化，这使图书馆联盟具备先天的开放性与多元化。从制度到策略的保障体系的构建，将推动图书馆联盟更加健康有序地发展。

---

① 丁峰：《习近平：加快推进网络信息技术自主创新朝着建设网络强国目标不懈努力》，http://news.xinhuanet.com/politics/2016-10/09/c_1119682204.htm，2016年10月30日。

第八章 研究结论与展望

本书在战略管理、文化交互、协同机制等理论的基础上,梳理国内外关于图书馆联盟的研究成果,审视我国及南亚、东南亚各国的图书馆联盟发展历程,剖析我国面向西南开放的图书馆联盟战略环境。通过网络调查、文本分析、问卷调查等实证研究,针对我国面向西南开放的图书馆联盟,设计战略组织架构,构建战略规划体系,提出战略实施方案。

对外开放的图书馆联盟建设是个长期、复杂的系统工程,需要在国家战略的指引下,多方协同、跨境合作,也需要学界的深入探索和充分论证。在研究过程中,本课题组取得了一些阶段性成果(主要成果清单见附录3),也反映出一些薄弱和欠缺之处,更加深入的研究和实践应用有待进一步展开。

第一节 主要研究结论

一、应加强跨境图书馆联盟的战略性研究

目前,国内外关于图书馆联盟的研究大多集中在经验总结、个案分析或资源建设等方面,缺乏对联盟建设的系统论述,尤其是针对跨境图书馆联盟的组织建制、运行机制、目标体系、实施策略等问题,鲜见全局性、前瞻性的讨论。在理论的提升、视角的拓展等方面,需要更多的战略思考。

二、我国和南亚、东南亚各国图书馆需要共同发展

图书馆联盟建设受到各国政治、经济、文化、教育、技术等因素的影响，联盟成员日益多元化，合作内容也日益丰富，组织建构呈现出柔性和动态性的特征。尽管各国的联盟发展水平不平衡，但国际的联盟活动趋于频繁，合作需求不断增强，跨境联盟共建的规范化和兼容性正在增强。

三、我国迫切需要建设面向南亚、东南亚开放的图书馆联盟

在我国文化、经济、教育、外交等国家战略的指引下，日益频繁的对外交流合作为图书馆事业的发展提出了新的要求，也创建了新的战略环境。国民文化水平不断提升，中华文化在全球范围不断辐射，促使图书馆界探索一条跨境联盟的发展道路。我国和南亚、东南亚各国经济整体发展平稳，相关法律法规不断完善，加上信息技术的持续推动，各国图书馆界的交流合作机制已初步形成，为跨境联盟的建设奠定了良好的基础。

四、图书馆联盟应确立严谨高效的战略组织体系

我国面向南亚、东南亚开放的图书馆联盟应以国家宏观战略为导向，坚持共建共享、自愿平等、民主决策、协商一致、协同创新等原则。联盟的建设方式包括改造我国现有的图书馆联盟，国内外个体图书馆联合构建，国内外图书馆行业组织联合构建，国内外图书馆与相关文化服务机构联合构建。

图书馆联盟应成立理事会作为最高决策机构，进行联盟战略管理；应设立专业委员会对理事会决策提供专业咨询和管理咨询服务，并制定、发布战略决策；应在轮值主席馆组织协调下执行理事会的各项决议，发挥管理执行的作用；应设置监督机构（监事会），评估战略绩效，监管战略实施过程。

除了基本功能的发挥，联盟还应承担丰富的社会职能，包括促进多元文化交流和区域文化的发展与繁荣；提升民众的互信互惠，增强国际友

谊，促进经济繁荣和世界和平发展；保障国家信息安全和知识产权；为我国"一带一路"倡议及其他战略的实施提供必要的信息资源保障和民意支持。

五、图书馆联盟应确立科学合理的战略规划体系

我国面向西南开放的图书馆联盟应以推动中国和南亚、东南亚地区的信息交互与知识共享为使命，旨在促进各国图书馆及信息机构互信合作，确保公众得到平等、泛在的知识信息服务，助力各民族文化交流更加和谐，社会更加稳定，经济更加发展。为此，联盟应树立拓宽资金来源，保障联盟建设；坚持共享理念，实现全面服务；重视现实差异，谋求多元合作的战略目标，加强科学管理、应用信息技术、开展全面合作、兼容协同发展。

基于信息资源保存与管理的公益性知识（增值）服务是我国面向西南开放的图书馆联盟的核心职能，也是最基本的服务定位。南亚、东南亚各国图书馆在交流合作过程中，最大的优势是馆藏资源、信息技术和专业人才。我国与各国构建的图书馆联盟，战略定位的重点领域应更倾向于馆藏资源的开发与信息技术的利用。同时，应充分考虑各国的图书馆事业发展现状，针对不同的发展水平和阶段，采取不同的战略合作方案。

在战略目标的引领下，图书馆联盟应该开展国际性跨行业协作，构建华文信息资源保障体系，促进多元文化交流，推动"一带一路"倡议的建设。应分阶段实施战略方案，将联盟建设成为提供政府和企业决策参考的新型智库，经济建设成果的展示窗口，科技成果孵化的助推器，教育合作的桥梁，文化推广的纽带和国际关系的和谐保障。

六、图书馆联盟应确立切实可行的战略实施体系

首先，我国面向西南开放的图书馆联盟需要完善制度建设，以《图书馆联盟章程》为纲领性文件，确立联盟的加盟方法、基本运作程序，规定和明确各成员馆的相关标准规范，以及工作协议、合同契约等规范。在此框架下，细化确立联盟的资源建设、信息服务、交流合作等制度。

其次，图书馆联盟需要完善运行机制。具体而言，合作机制包括明确

结盟动机、信任关系、跨境渠道、沟通模式等内容；服务机制包括服务理念、技术支撑、资源保障、服务内容等内容；管理机制包括组织建设、经费投入、规章制度、协调沟通等内容；评估机制包括评估项目、评估指标、评估程序、评估方法等内容；创新机制涉及特色资源、信息服务、人力资源等方面。

另外，图书馆联盟的战略实施需要一系列的保障。国际制度环境的拓展涉及加强与国际图联的对接和与南亚、东南亚国家的交流，国内制度环境的优化涉及法律法规的制定和行业自律的强化。服务保障方面，要加强网络基础设施建设和人才培育与技术应用；资源保障方面，要拓宽经费渠道、开发特色典籍；战略路径方面，要寻求理念突破、实现创新驱动。

第二节　研究局限

在历时五年的研究过程中，本课题组力求探索一条跨境图书馆联盟的战略发展之路。虽然基本完成了既定的研究目标。但鉴于客观和主观的条件限制，本书仍存在一些不足之处，可以从理论研究到实践应用等方面总结如下：

一是境外调研受限。本书的视野辐射南亚、东南亚地区，各国图书馆事业发展基本情况的掌握是构建对外开放联盟的重要前提，意义重大。由于国情不一，地域分散，以及政治、外交等因素的制约，各国相关资料的获取具有一定的难度，尤其是面对庞大的公共文化服务体系，包括文化、教育、出版等机构在内的调研活动具有相当的复杂性。为此，课题组成员亲自前往老挝、越南、泰国、新加坡、马来西亚等国考察当地图书馆事业，收获也比较有限。

二是缺乏针对不同类型图书馆联盟的研究。本书仅对事业层面的图书馆联盟进行了战略思考，没有针对不同类型和级别的图书馆做出深入的细分。现实当中，不同类型（系统）的图书馆往往更容易组建联盟，不同类型的图书馆联盟之间则存在着明显的差异。国内外的国家图书馆、公共图书馆、高校图书馆、科研图书馆等机构之间已有不同程度的合作交流，实质性的联盟构建能够从中寻找契机。相应地，研究还应细化，

第八章 研究结论与展望

系统观还应提升。

三是缺乏战略管理的案例研究。战略研究的最终目的是应用于图书馆联盟的建设实践。本书尽量提出了一套联盟构建的战略组织体系、战略规划体系和战略实施，但在目前的事业发展阶段，未能找到成熟的跨境联盟进行案例分析。研究设想的实用价值是否具备普适性？建设方案能否适应复杂的发展环境？在漫长的战略周期，联盟的战略绩效如何测定？这些问题还缺乏现实的检验和实证数据的支撑。

四是理论与实践的结合需要进一步加强。本书提出的我国面向西南开放的图书馆联盟建设方案，离实施应用还有一定的距离，需要得到行政主管部门的大力支持和国内外图书馆的有效配合。同时，也需要与社会相关机构的资源统筹和工作协作。如何在不断变化的战略环境中将理论构想付诸实践，推动跨境图书馆联盟的建设，促进中华文化与南亚、东南亚各国文化的密切交流，需要不断从实践中总结经验，提升理论，并在实践中检验理论，同时也需要以科学的战略思想指导联盟的可持续发展。

第三节　研究展望

在本项目的研究过程中，笔者还将研究视野拓展到一些相关领域，先后获得中国博士后科学基金面上一等资助项目"跨境图书馆联盟战略规划体系研究"（编号2013M540073）、省院省校教育合作人文社会科学研究项目"面向社会化服务的高校图书馆协同创新联盟建设对策研究"、云南省哲学社会科学规划课题"公共文化服务体系中的云南图书馆事业战略管理模式研究"（编号YB201150）项目的立项，并均已顺利结项。通过这些相关研究，笔者对图书馆联盟的战略管理有了更全面的剖析，对跨境联盟的构建有了更系统的认识。结合现有的研究基础和事业发展的趋势，后续的研究可从以下方面进行深化和拓展：

第一，丰富战略管理的理论基础。图书馆联盟的构建及其战略管理活动需要众多学科的理论指导，战略管理理论是极为重要的理论基础，公共服务理论、协同机制理论、权变理论、混沌理论、突变理论、复杂性科学理论，以及科学发展观等相关领域的研究成果也不容忽视。各种理论的导入并非简单的嫁接,图书馆联盟的实践运作和战略路径有其不同于企业,甚至不同于其他公共部门的特点,如何稳固图书馆学理论根基,有效汲取外界养分?这是未来的理论研究需要重点关注的问题。

第二,加强新技术的应用研究。一方面,面对日益复杂的战略环境,战略管理者将越来越难以处理纷繁的决策变量;另一方面,以人工智能、物联网、云计算和大数据等技术为主的新兴技术必将给图书馆联盟的运作带来革新性的改变。除了利用DYNAMO仿真语言的系统动力学方法,iThink系列及相关的Simile、Stella、Berkeley Madonna等工具软件也能够提供图形化的流程构建环境。这些辅助系统不仅用于生态、生物和环境科学等领域,在社会科学的研究中也表现出显著的功效,同样能够建立系统的结构模型和量化分析模型,为战略与决策的制定提供依据。另外,借鉴突变理论和系统仿真方法,也将促使计算机的辅助设计成为图书馆联盟战略管理模型构建与研究的一个主要方向。

第三,考察战略管理中的隐性知识与非理性因素。图书馆联盟战略管理的效果在很大程度上取决于管理者的战略思维能力,强化管理进程中的主观能动性成为联盟战略发展的重要保障。战略管理者与普通员工的隐性知识是图书馆的组织文化与行为惯例的来源与体现,个体思维和群体认知在战略活动中的作用程度和效率直接影响着战略管理绩效。在战略决策的思维活动中,信息不对称、组织行为惯例、领导主观偏好等原因直接影响着战略的形成。隐性知识的形成、传递、作用以及显性化等过程,尤其是对战略管理活动的作用机理值得深入探究,包括直觉、灵感、洞察力、潜意识等在内的非理性心理活动有待进一步考察。

第四,开展战略环境监测系统研究。对外开放型的图书馆联盟面对的是国内外纷繁复杂的环境,在战略发展的实践中,如何判别环境的变化是否达到特定战略指标的触发水平并非易事。需要对战略环境进行适时的监测,打造高效的信息反馈机制,并制定灵敏的响应机制和危机预案。同时,应结合战略绩效的量化测评指标,指引图书馆联盟做出正确的响应,以此提高战略管理决策的灵敏度和精准性。战略环境监测系统的创建与运行需要针对社会宏观、行业中观和组织微观的不同层级进行深入研究,更要实时把握国际动态,形成多维度的战略实施控制体系。

第五,加强跨境联盟战略实施绩效评估研究。图书馆联盟的服务评价指标体系已有很多研究成果,但针对跨境交流合作这样的新型业务,目前尚缺乏成熟的绩效评估标准，相关研究和实践尚显薄弱。战略管理的绩效评估要求创建对此负责的专家委员会，确立定期的战略（文本）修订制度，公布绩效测评结果及响应措施等报告。同时，评估的范围应涵盖图书馆联盟发展的各主要层面，量化指标还需被赋予科学合理的计算权重。跨境图书馆联盟建设的影响因素复杂，战略环境多变，需要更多维度的考察视角，对评估研究提出了更高的要求，需要投入更多的研究力量。

第六，加强图书馆联盟参与智库建设的研究。面对复杂的政治、经济、文化等发展环境，政府和企业需要大量的决策参考。图书馆联盟应发挥信息资源优势，整合社会人力资源，联合高等院校和各类研究院所，以公共政策为主要研究对象，形成创新驱动的智库群。图书馆联盟应以一个中枢环节的角色来调度多方力量，打造"智慧银行"，一方面借助"一带一路"倡议的建设发展契机，向南亚、东南亚辐射，与国际智库对接；另一方面结合科技报告制度，打破编制、体制的束缚，强化以软科学、决策科学为主的研究，全面推进图书馆联盟信息服务的协同创新。

结　语

党的十九大提出,到2035年,在全面建成小康社会的基础上,再奋斗十五年,基本实现社会主义现代化。届时,国家文化软实力要显著增强,中华文化的影响要更加广泛和深入。为此,加强中外人文交流,以我为主、兼收并蓄成为必经的发展路径。推进国际传播能力建设,讲好中国故事,提高国家文化软实力,也成为图书馆事业对外开放,实现内涵式发展的必然选择。

世界经济形势日益复杂,全球性问题也日益突出。要实现全球治理体系的变革,就必须构建人类命运共同体。为了构建新型国际关系,寻求人类共同利益和全球价值观的新内涵,必须超越种族、文化、国家与意识形态的界限,为思考人类未来提供全新的视角,为推动世界和平发展探索可行的行动方案。

为营造和平友好的国际环境,我国坚定文化自信的基本方针,也坚持多元文化共同繁荣的发展理念。对内坚持绿色和平的发展道路,对外奉行互利共赢的开放战略,包括图书馆在内的各项事业应谋求开放创新、包容互惠的发展前景,促进和而不同、兼收并蓄的文明交流,为其他国家的发展和世界治理提供了经得住历史检验的方案和智慧。

我国主张建立全球伙伴关系网络,也正积极发展全球伙伴关系,提出的和谐世界观包括政治多极、经济均衡、文化多样、安全互信、环境可续五个维度。文化多样的内涵是保持文化多元,保持人类思维活力,为解决全球问题提供更多答案。越来越多的有识之士意识到中华文化能为当前的全球治理带来积极影响,而国际事务的处理同样需要其他国家和民族的文化参与。更加务实的文化交流与合作是人类命运共同体的存在根基,跨境图书馆联盟对此应有所作为,中国和南亚、东南亚各国有必要,也有条件为此做出贡献。

附　录

附录1　南亚、东南亚各国主要图书馆及相关组织

国别(中文)	国别(英文)	机构名称(中文)	机构名称(外文)	类型	网址、邮箱
巴基斯坦	Pakistan	阿拉玛·依奎巴尔开放大学图书馆	Almanar Yikuibaer Open University Library	高校图书馆	无
巴基斯坦	Pakistan	哈姆达尔德基金会图书馆	Dard Hamm foundation library	其他	无
巴基斯坦	Pakistan	拉合尔管理科学大学图书馆	Lahore University of Management Sciences Library	高校图书馆	https://library.lums.edu.pk/
巴基斯坦	Pakistan	国家中央银行图书馆	National Central Bank Library	其他	无
巴基斯坦	Pakistan	巴基斯坦国家图书馆	National Library of Pakistan*	国家图书馆	http://www.nlp.gov.pk shazid_10@yahoo.com
巴基斯坦	Pakistan	伊斯兰堡国立科技大学	National University of Sciences and Technology Library	高校图书馆	http://www.digitallibrary.edu.pk/nust.html

· 231 ·

续表

国别（中文）	国别（英文）	机构名称（中文）	机构名称（外文）	类型	网址、邮箱
巴基斯坦	Pakistan	旁遮普省公共图书馆	Punjab Public Library	公共图书馆	无
巴基斯坦	Pakistan	旁遮普大学图书馆	Punjab University Library*	高校图书馆	www.pulibrary.edu.pk kashif.library@pu.edu.pk
巴基斯坦	Pakistan	阿扎姆图书馆	Quaid-e-Azam Library*	公共图书馆	http://www.qal.org.pk/ Dr.Ayeshamalik@gmail.com
巴基斯坦	Pakistan	卡拉奇阿加汗医科大学图书馆	The Aga Khan Library of Karachi Medical University	高校图书馆	无
不丹	Bhutan	不丹科学技术学院图书馆	College of Science and Technology INTEGRATED LIBRARY SYSTEM*	高校图书馆	http://lib.cst.edu.bt sonam804@gmail.com
不丹	Bhutan	不丹皇家大学图书馆	Library of Royal University of Bhutan*	高校图书馆	无
不丹	Bhutan	不丹国家图书馆	The National Library of Bhutan*	国家图书馆	http://www.library.gov.bt
菲律宾	Philippines	马尼拉大学图书馆	Ateneo de Manila University Library	高校图书馆	www.ateneo.edu/ vtotanes@ateneo.edu
菲律宾	Philippines	宿务市公共图书馆	Cebu City Public Library*	公共图书馆	http://cebucitypubliclibrary.webs.com/ cebucitypubliclibrary@yahoo.com
菲律宾	Philippines	菲律宾国家图书馆	National Library of Philippines	高校图书馆	http://www.nlp.gov.ph amb@nlp.gov.ph
菲律宾	Philippines	菲律宾师范大学图书馆	Philippine Normal University Library	高校图书馆	https://www.pnu.edu.ph/library/ library@pnu.edu.ph
菲律宾	Philippines	菲律宾大学（马尼拉校区）图书馆	University of The Philippines Manila Library	高校图书馆	https://www.upm.edu.ph/ ggcanceran@up.edu.ph
柬埔寨	Cambodia	柬埔寨湄公河大学图书馆	Cambodian Mekong University Library*	高校图书馆	http://www.mekong.edu.kh/elibrary/ info@mekong.edu.kh
柬埔寨	Cambodia	柬埔寨国家图书馆	National Library of Cambodia*	国家图书馆	http://www.phnompenhpost.com/ national/cambodias-libraries

续表

国别(中文)	国别(英文)	机构名称(中文)	机构名称(外文)	类型	网址、邮箱
柬埔寨	Cambodia	柬埔寨睿慧大学图书馆	PUC Library*	高校图书馆	http://library.puc.edu.kh/ mainlibrary@puc.edu.kh
柬埔寨	Cambodia	柬埔寨金边皇家大学图书馆	the Royal University of Phnom Penh library*	高校图书馆	http://www.rupp.edu.kh/center/library/
柬埔寨	Cambodia	柬埔寨大学图书馆	The Toshu Fukami Library*	高校图书馆	http://www.library.uc.edu.kh/ library@uc.edu.kh
老挝	Laos	—	CHITVILAPHONH SAYYASITH*	公共图书馆	Aiy_chitvilaphone@hotmail.com
老挝	Laos	琅勃拉邦图书馆	Luang Prabang Library	高校图书馆	info@thelanguageproject.org
老挝	Laos	—	mackasin*	高校图书馆	Bosung_2010@hotmail.com
老挝	Laos	老挝国立大学中央图书馆	National CentralLibrary University of Laos	高校图书馆	http://library.nuol.edu.la/ nuolinfo@nuol.edu.la
老挝	Laos	老挝国家图书馆	National Library of Laos*	国家图书馆	http://www.nationallibraryofLaos.org/ pfd-nl@pan-laos.net.la
老挝	Laos	—	Sayaleuth Phonesavanh*	国家图书馆	http://www.nationallibraryoflaos.org/ cgi-sys/suspendedpage.cgi Chang201@icloud.com
老挝	Laos	—	Suntisouk APHAYGNARATH*	高校图书馆	Suntisouk_aphaygnarath@yahoo.com Suntisouk_aphaygnarath@yahoo.com
马尔代夫	Maldives	马尔代夫国家图书馆	National Library of Maldives	国家图书馆	https://nlm.gov.mv/ info@nlm.gov.mv
马尔代夫	Maldives	马尔代夫国立大学图书馆	The Maldives National University Library*	高校图书馆	http://mnu.edu.mv/index.php/central-library library@mnu.edu.mv
马来西亚	Malaysia	哈姆扎 Sendut 图书馆	Hamzah Sendut Library*	高校图书馆	http://www.lib.usm.my musa_mg@usm.my

· 233 ·

续表

国别(中文)	国别(英文)	机构名称(中文)	机构名称(外文)	类型	网址、邮箱
马来西亚	Malaysia	赫里瓦特大学马来西亚图书馆	Heriot Watt University Malaysia Library	高校图书馆	https://www.hw.ac.uk/malaysia.htm ithelp@hw.ac.uk
马来西亚	Malaysia	赫瑞瓦特大学马来西亚分校图书馆	Heriot–Watt University Malaysia Library	高校图书馆	https://www.hw.ac.uk/ enquiries@hw.ac.uk
马来西亚	Malaysia	集贤图书馆	Jixian Library	其他	http://www.malaysian–chinese.net/library/shumu/annualReport/799.html huayan1985@gmail.com
马来西亚	Malaysia	吉隆坡图书馆	KUALA Lumpur Library	其他	http://mytravel.com.my/zh–TW/map/merdeka–square–map/kuala–lumpur–library kllibrary@dbkl.gov.my
马来西亚	Malaysia	马来西亚侯赛因大学图书馆	Library of Universiti Tun Hussein Onn Malaysia	高校图书馆	http://www.uthm.edu.my/v2/ webmaster@uthm.edu.my
马来西亚	Malaysia	马来西亚农业部图书馆	Malaysia Department of Agriculture Library	其他	http://www.moa.gov.my/ pro [at] moa [dot] gov [dot] my
马来西亚	Malaysia	马来西亚图书馆协会	Malaysia Library Association	其他	无
马来西亚	Malaysia	马来西亚大学沙巴图书馆	Malaysian University of Sabah Library	高校图书馆	http://www.ums.edu.my/v5/ membership@ums.edu.my
马来西亚	Malaysia	马来西亚国家图书馆	National Library of Malaysia	国家图书馆	http://www.u–library.gov.my/portal/web/guest/home webmaster@u-library.gov.my
马来西亚	Malaysia	马来西亚国民大学医学中心图书馆	National University of Malaysia Medical Centre Library*	高校图书馆	www.lib.hukm.ukm.my suhaimi@ppukm.ukm.edu.my
马来西亚	Malaysia	诺丁汉大学马来西亚分校图书馆	Nottingham University Malaysia Library	高校图书馆	http://www.nottingham.edu.my/thelibrary/Using/Membership.aspx libraryservices@nottingham.edu.my

续表

国别(中文)	国别(英文)	机构名称(中文)	机构名称(外文)	类型	网址、邮箱
马来西亚	Malaysia	槟榔州马来西亚大学图书馆	Perpustakaan Hamzah Sendut Library	高校图书馆	http://www.lib.usm.my/index.php/ms/ adminlib@usm.my
马来西亚	Malaysia	雪兰莪州林业科学研究所图书馆	Selangor Forestry Research Institute Library	其他	https://www.frim.gov.my/en/services/library/ feedback@frim.gov.my
马来西亚	Malaysia	旋滨科技大学马来西亚分校图书馆	Swinburne University of Technology Malaysia library	高校图书馆	swinburne.edu.my/library/index.html webmaster@swinburne.edu.my
马来西亚	Malaysia	马来西亚沙捞越Swinburne大学图书馆	Swinburne University, Sarawak, Malaysia Library	高校图书馆	https://www.swinburne.edu.my/ IR@swinburne.edu.my
马来西亚	Malaysia	马来西亚理工大学图书馆	the Library of Universiti Teknologi Malaysia	高校图书馆	http://library.uttm.my/ lib-enquiryjb@utm.my
马来西亚	Malaysia	马来西亚国家大学图书馆	The PATMA Library*	高校图书馆	http://pkukmweb.ukm.my/~library/patma.html mhazriq@ukm.edu.my
马来西亚	Malaysia	马来亚大学图书馆	The University of Malaya Library	高校图书馆	https://umlib.um.edu.my/ icr@um.edu.my
马来西亚	Malaysia	马来亚大学图书馆	The University of Malaya Library	高校图书馆	https://umlib.um.edu.my/ icr@um.edu.my
马来西亚	Malaysia	马来西亚理工大学图书馆	The University of Technology, Malaysia Library	高校图书馆	http://www.uttm.my/ international@utm.my
马来西亚	Malaysia	马来西亚科技大学图书馆	The University of Technology, Malaysia Library	高校图书馆	http://www.uttm.my/ international@utm.my
马来西亚	Malaysia	玛达大学图书馆	Universitas Gadjah Mada Library	高校图书馆	http://lib.ugm.ac.id/ info@ugm.ac.id

续表

国别（中文）	国别（英文）	机构名称（中文）	机构名称（外文）	类型	网址、邮箱
马来西亚	Malaysia	马来西亚国立大学图书馆	Universiti Kebangsaan Malaysia Library*	高校图书馆	https://librarytechnology.org/library/2214 pkk@ukm.edu.my
马来西亚	Malaysia	马来西亚沙巴大学图书馆	Universiti Malaysia Sabah Library	高校图书馆	http://library.ums.edu.my/index.php/en/ umslibweb@ums.edu.my
马来西亚	Malaysia	马来西亚理科大学	Universiti Sains Malaysia	高校图书馆	http://www.usm.my/index.php/en/ pro@usm.my
马来西亚	Malaysia	马来西亚敦胡先翁大学图书馆	Universiti Tun Hussein Onn Malaysia library	高校图书馆	http://www.uthm.edu.my/v2/content/view/55/63/lang, en/ pro@uthm.edu.my
马来西亚	Malaysia	马来西亚国民大学图书馆	University Kebangsaan Malaysia Library*	高校图书馆	www.ukm.my/ptsl rosmarlidaini@ukm.edu.my
马来西亚	Malaysia	马来西亚诺丁汉大学图书馆	University of Nottingham Malaysia Library	高校图书馆	http://www.nottingham.edu.my/index.aspx libraryservices@nottingham.edu.my
马来西亚	Malaysia	马来西亚宏愿开放大学图书馆	Wawasan Open University Library	高校图书馆	http://www.wou.edu.my/ norhasniabaziz@wou.edu.my
孟加拉国	Bangladesh	孟加拉学院	Bangla Academy*	高校图书馆	http://banglaacademy.org.bd/ mehedirumi.95@gmail.com
孟加拉国	Bangladesh	达卡中央公共图书馆	Central Public Library Dhaka*	公共图书馆	http://www.centralpubliclibrarydhaka.org/ wamiaali@gmail.com
孟加拉国	Bangladesh	达卡大学图书馆	Dhaka University Library*	高校图书馆	http://www.library.du.ac.bd sfparvin@yahoo.com
孟加拉国	Bangladesh	杰索尔公共图书馆	Jessore Public Library*	公共图书馆	http://jessore-institute.org
孟加拉国	Bangladesh	杰索尔市政厅图书馆	Jessore Townhall Library*	公共图书馆	http://www.townhalllibrary.org/ libraryjessore@gmail.com

续表

国别(中文)	国别(英文)	机构名称(中文)	机构名称(外文)	类型	网址、邮箱
孟加拉国	Bangladesh	孟加拉国家图书馆	National Library Digital Repository*	国家图书馆	http://dl.nlb.gov.bd/greenstone/cgi-bin/linux/library.cgi nanldirector@gmail.com
孟加拉国	Bangladesh	—	Pathagar*	公共图书馆	http://www.pathagar.com/
缅甸	Myanmar	缅甸大学图书馆	Mandalay University Libarary*	高校图书馆	http://www.mu.edu.mm/ dr.khinmm@gmail.com
缅甸	Myanmar	缅甸华侨图书馆	Myanmar Overseas Chinese Library	公共图书馆	无
缅甸	Myanmar	缅甸国家图书馆	National Library Myanmar	国家图书馆	http://www.nlm.gov.mm/ directormlt101@gmail.com
缅甸	Myanmar	缅甸理论图书馆	Theory Library of Myanmar	其他	aurora_yku@gmail.com
尼泊尔	Nepal	高塔姆所公立学校	GAUTAM PUBLIC SR. SEC. SCHOOL Library*	高校图书馆	http://gautampublicschool.in/ aakhtar.alam24@gmail.com
尼泊尔	Nepal	加德满都大学图书馆	Kathmandu University Library	高校图书馆	http://www.ku.edu.np/library/ librarian@ku.edu.np
尼泊尔	Nepal	尼泊尔国家图书馆	Nepal National Library	国家图书馆	http://www.nnl.gov.np/
尼泊尔	Nepal	扶轮社	The Rotary Club of Kathmandu Mid Town	公共图书馆	http://rotarymidtown.org.np/ Gmesh_g125@yahoo.com
尼泊尔	Nepal	加德满都大学中央图书馆	Tribhuvan University Central Library	高校图书馆	http://www.tucl.org.np/ tucl@tucl.org.np
尼泊尔	Nepal	特里布万大学中央图书馆	Tribhuvan University Central Library*	高校图书馆	http://www.tucl.org.np/ tucl@tucl.org.np
斯里兰卡	Sri Lanka	斯里兰卡科伦坡大学医学图书馆	Faculty of Medicine University of Colombo Sri Lanka	高校图书馆	http://www.med.cmb.ac.lk/

续表

国别(中文)	国别(英文)	机构名称(中文)	机构名称(外文)	类型	网址、邮箱
斯里兰卡	Sri Lanka	斯里兰卡科伦坡大学科学图书馆	Faculty of Science University of Colombo Sri Lanka	高校图书馆	http://science.cmb.ac.lk/science-library/
斯里兰卡	Sri Lanka	斯里兰卡科伦坡大学图书馆	Library University of Colombo Sri Lanka	高校图书馆	http://www.lib.cmb.ac.lk/
斯里兰卡	Sri Lanka	斯里兰卡凯拉尼亚大学图书馆	Library University of Kelaniya Sri Lanka	高校图书馆	http://www.kln.ac.lk/units/library/
斯里兰卡	Sri Lanka	斯里兰卡莫勒图沃大学图书馆	Library University of Moratuwa Sri Lanka	高校图书馆	http://www.opac.lib.mrt.ac.lk/
斯里兰卡	Sri Lanka	萨伯勒格穆沃省大学图书馆	Main Library Sabaragamuwa University of Sri Lanka*	高校图书馆	http://www.sab.ac.lk/lib/ nawa@sab.ac.lk
斯里兰卡	Sri Lanka	卢胡纳大学图书馆	Main Library, University of Ruhuna*	高校图书馆	www.lib.ruh.ac.lk mainlib@lib.ruh.ac.lk
斯里兰卡	Sri Lanka	贾夫纳大学医学图书馆	Medical library, University of Jaffna*	高校图书馆	http://www.lib.jfn.ac.lk/ jaffnamed@yahoo.com
斯里兰卡	Sri Lanka	斯里兰卡国家图书馆与文献服务局	National Library and Documentation Services Board Sri Lanka*	国家图书馆	www.natlib.lk dg@mail.natlib.lk
斯里兰卡	Sri Lanka	斯里兰卡国家图书馆与文献中心	National Library of Sri Lanka	国家图书馆	http://www.natlib.lk/
斯里兰卡	Sri Lanka	斯里兰卡萨伯拉加穆瓦大学图书馆	Sabaragamuwa University of Sri Lanka Library*	高校图书馆	http://www.lib.sab.ac.lk/ manju@lib.sab.ac.lk
斯里兰卡	Sri Lanka	斯里兰卡南东部大学图书馆	South Eastern University of Sri Lanka Library*	高校图书馆	http://www.seu.ac.lk sajeer.slm@seu.ac.lk
斯里兰卡	Sri Lanka	斯里兰卡科伦坡大学图书馆	the Library, University of Colombo, Sri Lanka*	高校图书馆	http://www.lib.cmb.ac.lk/ pers@lib.cmb.ac.lk
斯里兰卡	Sri Lanka	贾夫纳大学图书馆	University of Jaffna Library*	高校图书馆	http://www.lib.jfn.ac.lk vskethees@gmailcom

续表

国别(中文)	国别(英文)	机构名称(中文)	机构名称(外文)	类型	网址，邮箱
斯里兰卡	Sri Lanka	克拉尼亚大学图书馆	University of Kelaniya Libarary*	高校图书馆	http://units.kln.ac.lk/library/ librarian@kln.ac.lk
斯里兰卡	Sri Lanka	佩勒代尼耶大学图书馆	University of Peradeniya Library*	高校图书馆	http://www.lib.pdn.ac.lk
斯里兰卡	Sri Lanka	佩拉第尼亚大学图书馆	University of Peradeniya Library*	高校图书馆	www.pdn.ac.lk lib@mail.pdn.ac.lk
斯里兰卡	Sri Lanka	贾亚瓦德纳普拉大学图书馆	University of Sri Jayewardenepura Library*	高校图书馆	http://www.sjp.ac.lk/ library@sjp.ac.lk
斯里兰卡	Sri Lanka	佩勒代尼耶大学兽医图书馆	Veterinary Libarary, University of Peradeniya*	高校图书馆	http://www.lib.pdn.ac.lk/libraries/vet/ ajanthad@pdn.ac.lk
泰国	Thailand	曼谷大学图书馆	Bangkok University Library	高校图书馆	http://library.bu.ac.th/index.php/th/
泰国	Thailand	泰国东方大学图书馆	Burapha University Library (BUU Library)	高校图书馆	http://www.lib.buu.ac.th/webeng/ wantana@buu.ac.th
泰国	Thailand	清迈大学图书馆	Chiang Mai University Library	高校图书馆	http://library.cmu.ac.th prcmu239@gmail.com
泰国	Thailand	朱拉隆功大学	Chulalongkorn University Library	高校图书馆	http://www.car.chula.ac.th/index.php amorn.p@chula.ac.th
泰国	Thailand	都斯他尼酒店管理学院图书馆	Dusit Thani College Library*	高校图书馆	www.dtc.ac.th Jessie.laureano@dtc.ac.th
泰国	Thailand	玛希隆大学	Mahidol University Library	高校图书馆	http://lib.muic.mahidol.ac.th waraporn.pou@mahidol.ac.th
泰国	Thailand	国家发展管理学院	National Institute of Development Administration LIBRARY*	高校图书馆	http://www.nida.ac.th/th/index.php/nida-library
泰国	Thailand	法政大学图书馆	Thammasat University Library	高校图书馆	http://library.tu.ac.th svc@tu.ac.th

续表

国别（中文）	国别（英文）	机构名称（中文）	机构名称（外文）	类型	网址、邮箱
泰国	Thailand	泰国国家图书馆	The National Library of Thailand	国家图书馆	http://www.nlt.go.th isbn@nlt.go.th
文莱	Brunei	文莱国家图书馆	Dewan Bahasa Dan Pustaka Library*	国家图书馆	http://www.dewanbahasadanpustakalibrary.org/
文莱	Brunei	文莱大学图书馆	Universiti Brunei Darussalam Library*	高校图书馆	http://library.ubd.edu.bn office.library@ubd.edu.bn
新加坡	Singapore	宏茂桥图书馆	Ang Mo Kio Public Library	公共图书馆	https://en.wikipedia.org/wiki/Ang_Mo_Kio_Community_Library
新加坡	Singapore	勿洛图书馆	Bedok Public Library	公共图书馆	https://www.nlb.gov.sg/
新加坡	Singapore	碧山公共图书馆	Bishan Public Library	公共图书馆	http://www.eventfinda.sg/venue/bishan-public-library--singapore
新加坡	Singapore	武吉巴督公共图书馆	Bukit Batok Public Library	公共图书馆	https://www.nlb.gov.sg/
新加坡	Singapore	武吉美拉公共图书馆	Bukit Merah Public Library	公共图书馆	https://www.nlb.gov.sg/
新加坡	Singapore	武吉班让公共图书馆	Bukit Panjang Public Library	公共图书馆	https://en.wikipedia.org/wiki/Bukit_Panjang
新加坡	Singapore	郑圣公共图书馆	Cheng San Public Library	公共图书馆	https://www.nlb.gov.sg/
新加坡	Singapore	蔡厝港公共图书馆	Choa Chu Kang Public Library	公共图书馆	https://www.nlb.gov.sg/
新加坡	Singapore	金文泰公共图书馆	Clementi Public Library	公共图书馆	https://www.nlb.gov.sg/
新加坡	Singapore	爱普生图书馆	Epsom Public Library	公共图书馆	http://www.epsomlibrary.com/library.php hradm@esp.epson.com.sg
新加坡	Singapore	芽笼东公共图书馆	Geylang East Public Library	公共图书馆	https://www.nlb.gov.sg/

续表

国别(中文)	国别(英文)	机构名称(中文)	机构名称(外文)	类型	网址、邮箱
新加坡	Singapore	李光前参考图书馆	Li Guangxian Reference Library	公共图书馆	https://www.nlb.gov.sg/About/LeeKongChianReferenceLibrary.aspx ref@library.nlb.gov.sg
新加坡	Singapore	滨海艺术中心图书馆	Library@Esplanade	公共图书馆	http://eresources.nlb.gov.sg/webarchives/wayback/20160128113731/
新加坡	Singapore	马林百列公共图书馆	Marine Parade Public Library	公共图书馆	https://www.nlb.gov.sg
新加坡	Singapore	南洋理工大学图书馆	Nanyang Technological University Library	高校图书馆	http://www.ntu.edu.sg/library/Pages/default.aspx askalibrarian@ntu.edu.sg
新加坡	Singapore	南洋理工大学图书馆	Nanyang Technological University Library*	高校图书馆	http://www.ntu.edu.sg/library/Pages/default.aspx ruanyang@ntu.edu.sg
新加坡	Singapore	新加坡国家图书馆管理局	National Library Board, Singapore	国家图书馆	https://www.nlb.gov.sg helpdesk@library.nlb.gov.sg
新加坡	Singapore	新加坡国家图书馆(李光前参考图书馆)	National Library of Singapore (Lee Kong Chian Reference Library)	国家图书馆	https://www.nlb.gov.sg
新加坡	Singapore	新加坡国立大学图书馆	National University of Singapore Libraries	高校图书馆	http://libportal.nus.edu.sg/frontend/index
新加坡	Singapore	新加坡国立大学图书馆	National University of Singapore Library	高校图书馆	http://www.lib.nus.edu.sg/ enquiry@nus.edu.sg
新加坡	Singapore	巴西立公共图书馆	Pasir Ris Public Library	公共图书馆	https://www.nlb.gov.sg
新加坡	Singapore	女皇镇公共图书馆	Queenstown Public Library	公共图书馆	https://www.nlb.gov.sg
新加坡	Singapore	三巴旺公共图书馆	Sembawang Public Library	公共图书馆	https://www.nlb.gov.sg
新加坡	Singapore	盛港公共图书馆	Sengkang Public Library	公共图书馆	https://www.nlb.gov.sg

续表

国别(中文)	国别(英文)	机构名称(中文)	机构名称(外文)	类型	网址、邮箱
新加坡	Singapore	实龙岗公共图书馆	Serangoon Public Library	公共图书馆	https://www.nlb.gov.sg/
新加坡	Singapore	新加坡管理大学图书馆	Singapore Management University Library	高校图书馆	https://library.smu.edu.sg/ library@smu.edu.sg
新加坡	Singapore	新加坡管理大学图书馆	Singapore Management University–Li Ka Shing Library	高校图书馆	http://library.smu.edu.sg
新加坡	Singapore	新加坡国家图书馆管理局	Singapore National Library Board	其他	https://www.nlb.gov.sg/
新加坡	Singapore	新加坡体育中心图书馆	Singapore Sports Hub Library	专业图书馆	http://www.sportshub.com.sg/Pages/default.aspx mail@thekallangwave.sg
新加坡	Singapore	新加坡科技设计大学图书馆	Singapore University of Technology and Design Library	高校图书馆	http://library.sutd.edu.sg/sulb/index.html
新加坡	Singapore	新加坡理工大学	Singapore University of Technology and Design Library	高校图书馆	https://library.sutd.edu.sg/ library@sutd.edu.sg
新加坡	Singapore	体育中心图书馆	Sports Hub Library	公共图书馆	library.sportshub.com.sg
新加坡	Singapore	淡滨尼区域图书馆	Tampines Regional Library	公共图书馆	https://www.nlb.gov.sg/
新加坡	Singapore	佛教图书馆	The Buddhist Library	其他	http://buddhlib.org.sg/
新加坡	Singapore	佛教图书馆	The Buddhist Library	公共图书馆	http://buddhlib.org.sg/ info@buddhlib.org.sg
新加坡	Singapore	基督教图书馆	The Christian Library Ltd	其他	http://www.chrislib.org
新加坡	Singapore	基督教图书馆	The Christian Library Ltd	公共图书馆	http://www.chrislib.org/ contact@chrislib.org
新加坡	Singapore	滨海艺术中心图书馆	The Esplanade Library	公共图书馆	https://www.esplanade.com/explore-esplanade/library-at-esplanade seasonparking@esplanade.com
新加坡	Singapore	大巴窑公共图书馆	Toa Payoh Public Library	公共图书馆	https://www.nlb.gov.sg/

续表

国别(中文)	国别(英文)	机构名称(中文)	机构名称(外文)	类型	网址、邮箱
新加坡	Singapore	内华达大学图书馆	University of Nevada, Las Vegas Library	高校图书馆	https://www.unlv.edu/ StudentServices@unlv.edu.sg
新加坡	Singapore	兀兰区域图书馆	Woodlands Regional Library	公共图书馆	https://www.nlb.gov.sg/
新加坡	Singapore	义顺公共图书馆	Yishun Public Library	公共图书馆	https://www.nlb.gov.sg/
印度	India	安娜大学图书馆	Anna University Library	高校图书馆	http://www.annauniv.edu/Library/index.html aulib@annauniv.edu
印度	India	波巴木地区图书馆	Birbhum District Library*	公共图书馆	http://www.wbpublibnet.gov.in/ sabyasachipal08@gmail.com
印度	India	印度孟买技术学院中央图书馆	Central Libray India Institute of Technology Bombay*	高校图书馆	http://www.library.iitb.ac.in/ librarian@iitb.ac.in
印度	India	印度技术研究所中央图书馆	Central Libray India Institute of Technolgy Delhi	高校图书馆	http://library.iitd.ac.in/ bdgupta@physics.iitd.ac.in
印度	India	中央秘书处图书馆	Central Secretariat Library	其他	http://www.csl.nic.in/
印度	India	戴维·沙逊图书馆	David Sassoon Library	公共图书馆	http://www.davidsassoonlibrary.com/html/start.html
印度	India	德里公共图书馆	Delhi Public Library*	公共图书馆	http://dpl.gov.in/
印度	India	德里大学图书馆	Delhi University Library	高校图书馆	http://crl.du.ac.in/ librarian@du.ac.in
印度	India	印度数字图书馆	Digital Library of India	其他	https://ndl.iitkgp.ac.in/ feedback.dli@gmail.com
印度	India	海德拉巴甘地英迪拉纪念图书馆	Gandhi Memorial Library University of Hyderabad	高校图书馆	http://igmlnet.uohyd.ac.in:8000/ nvrlib@uohyd.ernet.in

· 243 ·

续表

国别(中文)	国别(英文)	机构名称(中文)	机构名称(外文)	类型	网址、邮箱
印度	India	Guru Ghasidas 中央大学图书馆	Guru Ghasidas Central University Library*	高校图书馆	centraluniv@ggu.ac.in
印度	India	Gyan Ganga 教育学院图书馆	Gyan Ganga Educational Academy Library*	高校图书馆	无
印度	India	印度加尔各答图书馆	Indian Kolkata Library*	公共图书馆	Shriya1996@icloud.com sendebanjan5@gmail.com http://www.crlindia.gov.in/
印度	India	喀拉拉邦图书馆	Kerala State Library*	公共图书馆	http://statelibrary.kerala.gov.in/
印度	India	Khuda Bakhsh 东方公共图书馆	Khuda Bakhsh Oriental Public Library	公共图书馆	http://kblibrary.bih.nic.in/ kboplibrary@gmail.com
印度	India	勒克瑙大学图书馆	Lucknow University Library*	高校图书馆	无
印度	India	阿萨德图书馆	Maulana Azad Library*	高校图书馆	https://www.amu.ac.in/malilibrary/ shahrukh.sadaqat@yahoo.com
印度	India	印度政府对外事务部图书馆	MEA Library Ministry of External Affairs, Government of India	其他	http://www.mealib.nic.in/ dirlib@mea.gov.in
印度	India	尼赫鲁医学院图书馆	Motilal Nehru Medical College Library*	高校图书馆	http://www.mlnmc.in/ yogeshchandra@gmail.com
印度	India	孟买国家图书馆	Mumbai National Library*	国家图书馆	https://www.grotal.com/Mumbai/National-Library-C45/
印度	India	印度国家图书馆	National Library of India*	国家图书馆	http://www.nationallibrary.gov.in/ nldirector@rediffmail.com
印度	India	印度国家科学图书馆	National Science Library of India	科学图书馆	http://nsl.niscair.res.in/ naima@niscair.res.in
印度	India	奥斯马尼亚大学图书馆	Osmania University Library	高校图书馆	http://www.osmania.ac.in/studentsupLibrary.htm

续表

国别（中文）	国别（英文）	机构名称（中文）	机构名称（外文）	类型	网址、邮箱
印度	India	Smt. Sulochanadevi Singhania 学校	Smt. Sulochanadevi Singhania School*	高校图书馆	http://www.singhaniaschool.org/ aish.cah@gmail.com
印度	India	圣沙维尔学院图书馆	St. Xavier's College Library*	高校图书馆	http://www.sxccal.edu/library/SXC-MyLibrary.htm
印度	India	兰普尔拉扎图书馆	The Rampur Raza Library	公共图书馆	http://razalibrary.gov.in
印度	India	塞恩斯伯里的图书馆	The Sainsbury Library*	高校图书馆	http://www.bodleian.ox.ac.uk/business
印度	India	印度科技大学韦洛尔学院图书馆	Vellore Institute of Technology University Library	高校图书馆	http://www.vit.ac.in/ iis@vit.ac.in
印度尼西亚	Indonesia	DIC 雅加达省区域图书馆和档案馆	Badan Perpustakaan Dan Arsip Daerah Provinsi DKI Jakarta	公共图书馆	http://bpad-jambi.pnri.go.id bpad@bpadjakarta.net
印度尼西亚	Indonesia	C2O 图书馆联盟	C2O Library & Collabtive*	其他	https://c2o-library.net info@c2o-library.net
印度尼西亚	Indonesia	丹尼尔斯法律图书馆	Daniel S. Lev Law Library	其他	http://catalog.danlevlibrary.net/ kontak@danlevlibrary.net
印度尼西亚	Indonesia	Elex 漫画中心	Elex Comic Center	公共图书馆	http://www.elexcomiccenter.com/ ecc_setrasari@yahoo.com
印度尼西亚	Indonesia	印度尼西亚资本市场电子图书馆	Indonesian Capital Market Electronic Library	其他	http://minify.mobi/results/icamel.id info@icamel.co.id
印度尼西亚	Indonesia	茂物农业图书馆	Institut Pertanian Bogor Library	专业图书馆	http://perpustakaan.ipb.ac.id/ perpustakaan@ipb.ac.id
印度尼西亚	Indonesia	农业研究所茂物图书馆	Institut Pertanian Bogor Library	其他	http://olabout.wiley.com/WileyCDA/Section/id-825603.html
印度尼西亚	Indonesia	朱迪思的阅览室	JUDITH'S READING Room	公共图书馆	http://www.judithsreadingroom.org/tag/indonesia/ info@readingroomjkt.com

续表

国别(中文)	国别(英文)	机构名称(中文)	机构名称(外文)	类型	网址、邮箱
印度尼西亚	Indonesia	斯德哥尔摩经济学院图书馆	Library of Stockholm School of Economics	高校图书馆	https://www.hhs.se/en/library/ info@hhs.se
印度尼西亚	Indonesia	巴鲁丹大学图书馆	Library of Universitas Pasundan	高校图书馆	http://www.digilib.unpas.ac.id/, egi@unpas.ac.id
印度尼西亚	Indonesia	印度尼西亚国家图书馆（英语）	National Library of Indonesia	国家图书馆	http://www.pnri.go.id/en/ info@perpusnas.go.id
印度尼西亚	Indonesia	Perpustakaan FKIP 大学图书馆	Perpustakaan Fakultas Keguruan dan Ilmu Pendidikan Universitas	高校图书馆	http://perpustakaan.fkipuntirta.id/index.php humas@unpas.ac.id
印度尼西亚	Indonesia	社会事务图书馆	Perpustakaan Kementerian Sosial	公共图书馆	http://perpustakaan.kemsos.go.id/ webadmin@kemsos.go.id
印度尼西亚	Indonesia	印度尼西亚国家图书馆（印尼语）	Perpustakaan Nasional Republik Indonesia (PNRI)	国家图书馆	http://e-resources.perpusnas.go.id/ pusnas@rad.net.id
印度尼西亚	Indonesia	中小企业图书馆	Perpustakaan UKM	高校图书馆	http://www.ukm.my/ptsl/ library@ui.ac.id
印度尼西亚	Indonesia	万隆伊斯兰大学图书馆	Perpustakaan Universitas Islam Bandung	高校图书馆	http://elibrary.unisba.ac.id/ humas@unisba.ac.id
印度尼西亚	Indonesia	万隆伊斯兰大学图书馆	Perpustakaan Universitas Islam Bandung	高校图书馆	无
印度尼西亚	Indonesia	Perpustakaan 大学图书馆	Perpustakaan University Library	高校图书馆	https://library.uns.ac.id
印度尼西亚	Indonesia	印度尼西亚大学图书馆	Universitas Indonesia Library	高校图书馆	http://www.lib.ui.ac.id/ library@ui.ac.id
印度尼西亚	Indonesia	—	Rimba Baca	公共图书馆	http://www.rimbabaca.com/ rimba.baca@gmail.com

续表

国别(中文)	国别(英文)	机构名称(中文)	机构名称(外文)	类型	网址，邮箱
印度尼西亚	Indonesia	—	Taman Baca Bulian	公共图书馆	http://tamanbacabulian.org/ info@tamanbacabulian.org
印度尼西亚	Indonesia	印度尼西亚大雅加达图书馆	Yayasan Pustaka Kelana	公共图书馆	http://www.pustakakelana.or.id/home/ sekretariat@pustakakelana.or.id
越南	Vietnam	越南河内外贸大学图书馆	Hanoi Foreign Trade University Library	高校图书馆	无
越南	Vietnam	越南社科人文大学图书馆	Library of University of Social Science and Humanities	高校图书馆	http://www.mcgill.ca/library/library-using/branches/hssl
越南	Vietnam	越南国家图书馆	National Library of Vietnam*	国家图书馆	http://www.nlv.gov.cn info@nlv.gov.cn
越南	Vietnam	河内图书馆	THƯ VIỆN HÀ NỘI*	公共图书馆	http://thuvienhanoi.org.vn/
越南	Vietnam	达农农村图书馆	THƯ VIỆN TỈNH ĐĂK NÔNG*	公共图书馆	http://thuvien.daknong.gov.vn/Default.aspx
越南	Vietnam	越南河内大学图书馆	Vietnam Hanoi University Library	高校图书馆	http://lic.hanu.vn/
越南	Vietnam	越南科技大学图书馆	Vietnam University of Science and Technology Library	高校图书馆	http://elib.isivast.org.vn

注：①按国别（中文）和机构名（外文）排序；②机构名称（外文）后带＊者，为本书问卷调查的对象。

附录2 针对南亚、东南亚各国的调查问卷

Library Exchange and Cooperation Survey

Dear Sir/Mrs.

In the international trend, the exchanges and cooperation between libraries has become a powerful measure to promote the development of libraries. In order to promote the common development of libraries in China, South Asia, and Southeast Asia, we designed this questionnaire. We would like to know how you look at the exchanges and cooperation of the libraries between your country and China.

The survey should take about 10–15 minutes to complete. The questionnaire filled out anonymously. The information you provided only be regarded as academic research. It never be used or disclosed to third parties, please rest assured.

Thank you for your participation.

"A study on the strategy of library alliance between South Asia, Southeast Asia and China"

The Project supported by National Social Science Fund of China

15/01/2015

1. Which country does your library locate? _____

A. Bangladesh

B. Bhutan

C. Brunei Darussalam

D. Cambodia

E. India

F. Indonesia

G. Laos

H. Malaysia

I. Maldives

J. Myanmar

K. Nepal

L. Pakistan

M. Philippines

N. Singapore

O. Sri Lanka

P. Thailand

Q. Timor-Leste

R. Viet Nam

S. Other (please specify) _____

2. Name of your library: _____

3. E-Mail Address: _____

4. Home Page URL (If available): _____

5. The type of your library is (   )

A. Academic library

B. Public Library

C. Special Library

D. National Library

E. Science Library

F. School Library

G. Other (please specify) _____

6. Does your library have any self built database (Non-commercial database)? (   )

A. Yes

B. No

7. The number of printed collection of your library is (   )

A. Less than one hundred thousand items

B. One hundred thousand-five hundred thousand items

C. Five hundred thousand-one million items

D. One million-two million items

E. More than two million items

8. What services does your library provide? ( )

A. Book Lending

B. Interlibrary loan

C. Consultation

D. Reading & individual study

E. Common space

F. Other (please specify) _____

9. Has your library ever had any cooperation with a Chinese library before? ( )

A. Yes

B. No

10. How important is the exchange and cooperation with Chinese library? ( )

A. Important

B. Somewhat important

C. No opinion

D. Somewhat unimportant

E. Unimportant

* If you selected "Unimportant", you have finished this questionnaire. The following questions should not be answered. Thank you for your participation!

11. If it is possible to achieve the exchange and cooperation with Chinese library, what advantages does your library have? ( )

A. Operation funds

B. Information technology

C. Management model

D. Expertise

E. Collection

F. Other (please specify) _____

12. If it is possible to achieve exchange and cooperation with China, what cooperative project between two sides? ( )

A. Building non-commercial database together

B. Staff training

C. Cooperative cataloging

D. High-level exchange visits

E. Interlibrary loan

F. Cooperate virtual reference

G. Academic research

H. Group purchasing

I. Document delivery service

J. Collaborative technology

K. Opening exhibition together

L. User education

M. Annual essay writing competition

N. The report of public opinion

O. Public lectures

P. Hold Reading Festival, Reading Day/Month

Q. Other (please specify) _____

13. If your library would like to be a member of a consortium with Chinese library, what strategic goals you plan for the consortium? ( )

A. Literature resources sharing

B. Expanding cooperative space

C. Upgrading service capability

D. Cost saving

E. improving librarian literacy

F. enhancing the library's social image

G. raising the library's social benefit

H. improving the library's management efficiency

I. promoting intellectual freedom and information acquisition

J. building knowledge network

K. creating new learning environment

L. promoting new technology application

M. Enlarging market

N. Enhancing core competence

O. Sharing investment and risk

P. Other (please specify) _____

14. If the consortium with Chinese library was created, what is your opinion of the importance of setting up a council for consortium management? (   )

A. Important

B. Somewhat important

C. No opinion

D. Somewhat unimportant

E. Unimportant

15. What are the main factors that influence the establishment of the library consortium with China? (   )

A. The culture of consortium

B. Inspired or motivated management

C. Institutional bylaw

D. Operation funds

E. Opinion of authority organization

F. Shared values

G. Network platform

H. Technology standard

I. Handling intellectual property properly

J. Reasonable right, duty and benefit

K. Member participation and support

L. Other (please specify) _____

16. What is the operation funds source of the consortium with the library of China? (   )

A. Membership cost-sharing

B. Membership dues from readers

C. Appropriations and imputed financing form government, council or Congress

D. Funds

E. Donations

F. Other (please specify) _____

17. How important is the protection of intellectual property impacts on the consortium with Chinese libraries? ( )

A. Important

B. Somewhat important

C. No opinion

D. Somewhat unimportant

E. Unimportant

18. What risks may face if cooperating with Chinese library? ( )

A. Original text delivery

B. Database Service

C. Document digitization

D. Reference service

E. Other (please specify) _____

19. How important is to build a Chinese Information Resource System (CIRS) with Chinese library? ( )

* CIRS is an information resources guarantee system which recorded by Chinese characters, which provides collection, organization, storage, transmission, development and utilization of information resources.

A. Important

B. Somewhat important

C. No opinion

D. Somewhat unimportant

E. Unimportant

20. Does your library would like to cooperate with educational institutions or non-profit organizations (such as primary or secondary schools libraries, museums) in form of reading promotion, cultural exhibitions and other cooperation? ( )

A. Yes

B. No

21. Kindly include any information on the exchanges and cooperation of the libraries between your country and China that you would like to add...

_____
_____
_____
_____
_____

Thank you for your time! If you have any questions or comments about this survey, please contact Yimin Zhao, research librarian of Yunnan Normal University Library.

E-mail: 695040423@qq.com

附录3 主要阶段性研究成果

[1] 赵益民、王顺英:《战略管理视野下的图书馆管理实施策略探赜》,《图书馆工作与研究》2012年第6期,第4–10页。

[2] 杨婷、赵益民、黄体杨、资芸:《基于平衡计分卡的图书馆战略管理绩效评估路径研究》,《图书馆建设》2012年第10期,第57–62页。

[3] 陈信、赵益民、张琼:《中国—东盟国际图书馆战略联盟探索》,《图书馆学研究》2013年第4期,第70–80页。

[4] 陈信、赵益民、柯平:《东盟图书馆联盟发展现状及对我国的启示》,《图书情报工作》2014年第1期,第91–95页。

[5] 周承聪、赵益民、肖迎:《基于知识图谱的国际图书馆联盟研究可视化分析》,《图书馆建设》2014年第8期,第1–7、第12页。

[6] 赵益民:《国家图书馆业务管理机制:历史、现状与哲学思考》,《图书馆建设》2014年第11期,第73–77、第91页。

[7] 赵益民:《国家图书馆业务管理组织结构的演进研究》,《国家图书馆学刊》2015年第1期,第32–38页。

[8] 赵益民:《跨境图书馆联盟建设的创新路径与理论视角》,《图书馆理论与实践》2015年第6期,第31–35页。

[9] 赵益民:《国外主要国家图书馆的管理决策与实施研究》,《图书情报工作》2016年第9期,第18–27页。

[10] Ping Ke, Xin Chen, Yingxi Liu, Yimin Zhao, "Library Strategic Environment in the Public Cultural Service System in China: A Case Study of Yunnan Province", Library Management, Vol.37 (4/5), 2016, pp.195–209。

[11] 赵益民、普蕊:《国外主要国家图书馆理事会制度的政策法律保障体系》,《情报资料工作》2016年第5期,第6–11页。

[12] 范文静:《仰望星空 脚踏实地——评〈云南省图书馆事业战略管理研究〉》,《图书情报工作》2016年第60期,第169–172页。

[13] 赵益民:《云南省图书馆事业战略管理研究》,云南人民出版社2015年版。

参考文献

［英］格里·约翰逊（Gerry Johnson）、凯万·斯科尔斯（Kevan Scholes）：《战略管理》，王军等译，人民邮电出版社2004年版，第537—541页。

《2010年第六次全国人口普查主要数据公报（第1号）》，http：//www.stats.gov.cn/tjsj/tjgb/rkpcgb/qgrkpcgb/201104/t20110428_30327.html，2011年4月28日。

《2017年中国第一次重大外交：越南态度大变》，http：//mil.chinaiiss.com/html/20171/13/a8975c_3.html，2017年1月13日。

《国民经济和社会发展第十二个五年规划纲要》，http：//www.docin.com/p-335001395.html&s=6EF05C83141DF298E238BD96CE8BF388，2016年12月13日。

《国务院关于积极推进"互联网+"行动的指导意见》（国发〔2015〕40号），http：//www.gov.cn/zhengce/content/2015-07/04/content_10002.htm，2016年12月10日。

《国务院关于支持云南省加快建设面向西南开放重要桥头堡的意见》（国发〔2011〕11号），http：//www.gov.cn/zwgk/2011-11/03/content_1985444.htm，2016年12月13日。

《数字图书馆推广工程体验区亮相2015年中国图书馆年会》，http：//www.nlc.gov.cn/dsb_zx/gtxw/201512/t20151221_111160.htm，2016年11月15日。

《物联网》，https：//zh.wikipedia.org/wiki/%E7%89%A9%E8%81%94%E7%BD%91，2016年12月10日。

《中国互联网络发展状况统计报告》（2016年7月），http：//www.cnnic.cn/gywm/xwzx/rdxw/2016/201608/W020160803204144417902.pdf，2016年11月15日。

2016年中国图书馆年会主题论坛：《公共图书馆发展的新理念、新经验、新视野》，http：//www.lsc.org.cn/c/cn/news/2016-11/08/news_9556.html，

2016年11月8日。

常红:《图书馆联盟绩效评价体系构建》,《图书馆学研究》2006年第3期。

陈俊珂、孔凡士:《中外教育信息化比较研究》,科学出版社2007年版,第48页。

陈信、赵益民、柯平:《东盟图书馆联盟发展现状及对我国的启示》,《图书情报工作》2014年第1期。

陈信、赵益民、张琼:《中国—东盟国际图书馆战略联盟探索》,《图书馆学研究》2013年第4期。

陈志亭:《我国面向西南开放的图书馆联盟战略环境研究》,云南大学硕士学位论文,2015年。

崔丽:《新加坡国家图书馆管理局的法人治理结构》,《图书与情报》2014年第3期。

崔萌:《论图书馆联盟中的文化融合机制》,《大学图书馆学报》2014年第3期。

戴龙基、张红扬:《图书馆联盟——实现资源共享和互利互惠的组织形式》,《大学图书馆学报》2000年第3期。

邸荣芬:《2013年〈文化蓝皮书〉发布会在京举行》,《出版参考》2013年第10期。

丁峰:《习近平:加快推进网络信息技术自主创新朝着建设网络强国目标不懈努力》,http://news.xinhuanet.com/politics/2016-10/09/c_1119682204.htm,2016年10月30日。

董琴娟:《中国图书馆联盟发展研究》,光明日报出版社2013年版。

杜氏清水、罗博:《越南国家图书馆与东盟国家数字资源共享实践与建议》,《图书馆学研究》2015年第6期。

范敏、朱亚玲:《基于区域图书馆联盟的信息资源共建共享——吉林省图书馆联盟共享策略及保障》,《图书馆学刊》2010年第11期。

范亚芳、郭太敏:《我国区域性图书馆联盟运行机制研究》,《图书馆工作与研究》2009年第3卷157期。

范亚芳、郦金花、王传卫:《图书馆联盟共建共享评价指标体系与方法研究》,《情报科学》2011年第5期。

[美]弗兰克·雷尼、[美]罗宾·梅森、刘伟:《不丹和尼泊尔高等教育机构中分布式教育的发展》,《教育观察(上旬刊)》2013年第8期。

参考文献

高凡：《网络环境下的资源共享——图书馆联盟实现机制与策略研究》，四川人民出版社2006年版，第202-204页。

古小松、杨超：《高慢低快：2012~2013年的东南亚经济——兼谈中国—东盟经贸关系》，《亚太经济》2013年第2期。

古邕梅：《论高校图书馆服务绩效评估体系的构建与实践》，《企业科技与发展》2013年第7卷第349期。

郭彩峰：《印度INDEST-AICTE联盟发展研究》，《图书馆学研究》2013年第11期。

国际图联：《国际图联趋势报告——2016新进展》，http://trends.ifla.org/files/trends/assets/trend-report-2016-update-zh.pdf，2017年8月1日。

国际图联管理委员会：《国际图联战略计划2016~2021》，http://www.ifla.org/files/assets/hq/gb/strategic-plan/2016-2021-zh.pdf，2017年7月28日。

国家发展改革委、外交部、商务部：《推动共建丝绸之路经济带和21世纪海上丝绸之路的愿景与行动》，http://news.xinhuanet.com/gangao/2015-06/08/c_127890670.htm，2016年10月20日。

国家科技图书文献中心：《关于我们》，http://www.nstl.gov.cn/NSTL/nstl/facade/aboutus.jsp，2017年10月16日。

国家统计局：《2015年国民经济和社会发展统计公报》，http://www.stats.gov.cn/tjsj/zxfb/201602/t20160229_1323991.html，2016年2月29日。

国家统计局年度数据，http://data.stats.gov.cn/easyquery.htm? cn=C01&zb=A0Q0501&sj=2015，2017年4月3日。

国家图书馆：《国家数字图书馆资源建设概况》，http://www.ndlib.cn/szzyjs2012/201201/t20120113_57990.htm，2017年9月20日。

国家语言文字工作委员会：《中国语言文字事业发展报告（2017）》，商务印书馆2017年版，第85页。

国务院办公厅：《国务院关于支持云南省加快建设 面向西南开放重要桥头堡的意见》，http://www.gov.cn/zwgk/2011-11/03/content_1985444.htm，2016年6月1日。

行政区划网：《印度—亚洲—世界政区》，http://www.xzqh.org/old/waiguo/asia/1025.htm，2011年3月1日。

胡臻、刘萍、伍利等：《图书馆联盟有效信息资源共享的博弈分析》，《管理观察》2008年第21期。

何继红、周建屏:《JALIS 特色资源整合平台建设研究》,《图书馆学研究》2011 年第 20 期。

贺庆:《博弈论视角下大学城图书馆联盟案例分析》,《吉林省教育学院学报(下旬)》2014 年第 10 期。

贺圣达、涂济民、张光平:《中国连接东南亚国际大通道建设中的科技问题》,中国书籍出版社 2005 年版,第 221 页。

华人经济年鉴编辑委员会:《华人经济年鉴 2012~2013》,中国华侨出版社 2013 年版,第 10 页。

黄晓斌、邓爱贞:《论数字图书馆联盟》,《新世纪图书馆》2004 年第 6 期。

黄筱瑾、刘金玲:《图书馆联盟经费运行模式研究》,《图书馆学研究》2013 年第 12 期。

姜勇:《基于文献计量的图书馆联盟研究综述》,《农业图书情报学刊》2014 年第 4 期。

蒋丽艳、蒋丽红:《图书馆联盟有效实施的博弈分析》,《图书情报知识》2004 年第 3 期。

蒋永福:《论图书馆理事会制度》,《图书馆》2011 年第 3 期。

金帆:《图书馆联盟知识管理战略规划研究》,《图书馆》2014 年第 6 期。

柯平:《图书馆战略规划研究的时代背景与理论视角》,《图书馆工作与研究》2010 年第 2 期。

孔繁超:《图书馆联盟风险防范体系的架构研究》,《国家图书馆学刊》2010 年第 1 期。

孔子学院总部、国家汉办:《关于孔子学院》《孔子课堂》,http://www.hanban.edu.cn/confuciousinstitutes/eode_10961.htm,2016 年 10 月 20 日。

赖朝新:《中美图书馆联盟比较研究》,硕士学位论文,四川大学,2005 年,第 12 页。

李国新:《中国图书馆法治环境构建》,《图书馆建设》2006 年第 5 期。

李浩:《省级公共图书馆的科学定位与和谐发展》,《新世纪图书馆》2009 年第 2 期。

李华:《云时代的图书馆联盟》,《新世纪图书馆》2011 年第 8 期。

李家清:《我国图书馆联盟进展及发展策略》,《情报资料工作》2007 年第 2 期。

李秋实:《天津高校图书馆联盟建设实践》,《晋图学刊》2007 年第 3 期。

李湘萍:《2012中国—东盟文化论坛商讨亚洲图书馆交流合作》,http://www.caexpo.org/gb/news/zdnews/9th/2012whlt/hynews/t20120918_103343.html,2016年10月20日。

李雪萍、饶奕辉:《图书馆联盟信息资源建设思考》,《内蒙古科技与经济》2012年第20期。

李垣、谢恩等:《个人关系、联盟制度化程度与战略联盟控制——针对中国企业联盟实践的分析》,《管理科学学报》2006年第9卷第6期。

李卓卓、韩静娴、王芳:《共享经济视角下的图书馆信息资源共享模式的优化》,《图书情报工作》2016年第60期。

梁丽君、高波:《印度图书馆信息资源共享模式研究》,《图书情报工作》2010年第15期。

林芳:《印度图书馆联盟研究》,《图书馆杂志》2007年第12期。

林章武、傅文奇:《博弈论视角下图书馆联盟应对数据库商的制衡策略》,《图书馆学研究》2011年第13期。

刘光容、王真:《图书馆联盟的组织结构与管理制度研究》,《情报理论与实践》2007年第3期。

刘光容:《解读图书馆联盟的组织模式与运行机制》,《情报杂志》2007年第6期。

刘强:《"一带一路"战略的意义、机遇与挑战》,http://politics.people.com.cn/n/2015/0402/c70731-26789933.html,2016年9月20日。

刘圣君、屈宝强:《我国图书馆联盟研究的文献计量分析》,《情报科学》2011年第3期。

刘延莉:《利益相关者视角下的图书馆联盟发展探讨》,《农业图书情报学刊》2016年第28期。

龙叶、白庆珉:《1989~2006年我国图书馆联盟研究的文献计量分析》,《现代情报》2008年第4期。

马世杰:《中国与东盟国家信息学主题共现分析》,《河南图书馆学刊》2016年第36卷2期。

马嫕:《从中国—东南亚关系的发展看中国睦邻友好政策的演进》,《太平洋学报》2011年第10期。

莫少强:《建立珠三角数字图书馆联盟实现跨系统文献资源共建共享——广东省推进跨系统文献资源共建共享的经验和今后设想》,《图书馆论坛》

2009年第12期。

农立夫:《越南:2015年回顾与2016年展望》,《东南亚纵横》2016年第2期。

潘晨光:《中国人才发展报告(2014)》,社会科学文献出版社2014年版,第9页。

潘淑清,邓攀:《基于博弈论的图书馆联盟风险防范》,《科技广场》2014年第9期。

裴成发,温芳芳:《国外图书馆联盟信息资源建设制度研究进展》,《图书情报工作》2015年第15期。

邱海峰:《中国与南亚合作呈现五大亮点》,《人民日报(海外版)》2016年5月6日第2版。

邱燕燕:《我国图书馆联盟建设的现状与思考》,《图书与情报》2004年第6期。

屈宝强:《图书馆联盟资源共享绩效评估研究》,科学技术文献出版社2015年版,第98-99页。

山东省政府驻新加坡经贸代表处:《新加坡国家概况》,http://www.shandongbusiness.gov.cn/index/content/sid/261848.html,2013年5月8日。

生修雯:《联盟管理与联盟绩效的交互关系——基于图书馆的分析》,《新世纪图书馆》2013年第4期。

石海玉、王芳芳、肖莉明:《虚拟网络环境下的图书馆组织——华盛顿研究图书馆联盟》,《图书馆杂志》1999年第5期。

史广林:《助力文化走出去——云南首次在海外开设华文书局》,http://www.chinanews.com/qxcz/2011/10-25/3413679.shtml,2011年10月25日。

世界人口网:《新加坡人口数量2015》,http://www.renkou.org.cn/countries/xinjiapo/2016/4935.html,2016年3月16日。

世界银行:《马来西亚》,http://data.worldbank.org.cn/country/malaysia?view=chart,2017年3月3日。

世界银行:《尼泊尔》,http://data.worldbank.org.cn/country/nepal?view=chart,2017年3月3日。

世界银行:《新加坡》,http://data.worldbank.org.cn/country/singapore,2017年3月3日。

世界银行:《印度》,http://data.worldbank.org.cn/country/%E5%8D%B0[%E5%BA%A6,2017年3月3日。

宋芙兰：《试论发展图书馆联盟的意义和对策》，《现代情报》2006年第8期。

宋乐平：《中小城市异质性图书馆联盟资源共建共享的博弈分析》，《图书馆》2012年第2期。

宋小华、涂湘波：《网络环境下图书馆联盟浅论》，《图书馆学研究》2004年第3期。

苏宏然：《A公司进入印度市场的战略选择及实施策略研究》，学位论文，上海交通大学，2012年。

苏小波：《美国图书馆联盟的法律保障及启示》，《图书情报工作》2010年第13期。

孙秀丽：《基于社会学视角的图书馆联盟的控制研究》，《情报杂志》2008年第2期。

谈大军、高波、贾素娜：《1998~2007年我国图书馆联盟研究综述》，《情报理论与实践》2010年第4期。

唐虹、朱云芝：《网络环境下图书馆联盟协同管理研究》，《图书馆工作与研究》2012年第11期。

唐虹：《图书馆联盟协同管理研究》，湖南大学出版社2012年版，第110页。

田凯：《中国非营利组织理事会制度的发展与运作》，《经济社会体制比较》2009年第2期。

王东波：《数字图书馆联盟及中国特色数字图书馆联盟建设策略》，《新世纪图书馆》2004年第1期。

王惠英：《我国图书馆联盟研究进展与未来展望》，《图书情报工作》2013年第16期。

王纪坤：《图书馆联盟持续成长的协同机制构建》，《图书馆》2014年第5期。

王娟：《关于图书馆管理法治相关问题的思考》，《图书馆工作与研究》2008年第9期。

王丽华：《图书馆联盟运行机制研究》，世界图书出版公司2012年版。

王连美、高小行等：《参考图书馆绩效评估——新加坡国家图书馆的实践》，《第四届上海国际图书馆论坛》2008年版。

王南：《图书馆联盟数字资源建设研究》，《图书情报工作》2005年第12期。

王萍萍：《2016年全国居民收入稳步增长居民消费进一步改善》，http://www.stats.gov.cn/tjsj/sjjd/201701/t20170120_1456174.html，2017年1月20日。

王士录：《大湄公河次区域五国文化发展的体制机制研究》，云南人民出版社 2011 年版。

王士录：《东盟各国科技发展的现状与趋势》，《东南亚南亚研究》2004 年第 3 期。

王艳龙：中国与南亚东南亚国家跨境旅游合作达成"昆明共识"，http：//www.chinanews.com/gn/2016/06-15/7905532.shtml，2016 年 6 月 15 日。

王宇丹：《越南驻华使馆在京举行招待会庆祝中越建交 60 周年》，http：//www.gov.cn/jrzg/2010-01/18/content_1513538.htm，2010 年 1 月 18 日。

王真：《图书馆联盟建设研究》，天津大学出版社 2011 年版。

王志兰：《浅议图书馆联盟现状与发展》，《内江科技》2013 年第 6 期。

魏秀杰：《试析图书馆服务战略联盟》，《图书馆理论与实践》2009 年第 9 期。

谢春枝、燕今伟：《图书馆联盟绩效评价的研究实践及思考》，《图书情报知识》2007 年第 2 期。

新华网：《关于加快构建现代公共文化服务体系的意见（全文）》，http：//news.xinhuanet.com/zgjx/2015-01/15/c_133920319.html，2015 年 1 月 15 日。

徐玲、裴淑敏：《构建网络环境下图书馆联盟资源共建共途径》，《科技资讯》2014 年第 18 期。

徐引篪、霍国庆：《现代图书馆学理论》，北京图书馆出版社 1999 年版，第 357-362 页。

许军林：《地市级区域图书馆联盟建设研究》，西南交通大学出版社 2011 年版，第 185-187 页。

燕今伟：《图书馆联盟的构建模式和发展机制研究》，《中国图书馆学报》2005 年第 4 期。

杨萍：《图书馆有偿服务问题摭谈》，《河南图书馆学刊》2013 年第 1 期。

杨婷：《习近平抵达新加坡开始对新加坡进行国事访问》，http：//news.xinhuanet.com/politics/2015-11/06/c_1117067655.htm，2015 年 11 月 16 日。

杨艳红、靳红：《现代图书馆联盟建设研究》，《情报资料工作》2006 年第 6 期。

姚晓霞、冯英、陈凌：《信息资源共建共享可持续发展的运作机制研究》，《大学图书馆学报》2008 年第 1 期。

叶宏：《论图书馆联盟的运行机制》，《图书馆》2007 年第 2 期。

印度驻华大使馆：《印度概况》，http：//www.indianembassy.org.cn/Chinese/DynamicContentChinese.aspx? MenuId=70&SubMenuId=0，2013 年 1 月 6 日。

于良芝:《图书馆情报学概论》,国家图书馆出版社 2016 年版,第 271-273 页。

余江、夏风:《共建资源共享成果——上海市文献资源共建共享协作网十年综述》,《图书馆杂志》2005 年第 3 期。

袁静:《图书馆联盟不稳定性的理论基础解析》,《图书情报工作》2010 年第 23 期。

袁静:《图书馆联盟服务质量提升的策略研究》,《情报资料工作》2010 年第 5 期。

云南省东南亚南亚西亚研究中心:《越南语言文化》,http://ymuseasarc.ynni.edu.cn/YueNan/contentusyhz113.html,2014 年 11 月 23 日。

翟伟、周伟:《近 10 年我国图书馆联盟发展现状与对策研究》,《图书馆建设》2012 年第 6 期。

张甫、吴新年、张红丽:《国内区域图书馆联盟建设与发展研究》,《情报杂志》2011 年第 8 期。

张惠兰:《尼泊尔电子媒体的发展》,《南亚研究》2002 年第 2 期。

张路路、黄崑:《基于演化博弈的图书馆联盟影响因素研究》,《图书馆理论与实践》2015 年第 6 期。

张学福:《图书馆联盟共建共享机制研究》,《中国图书馆学报》2008 年第 1 期。

张蕴岭:《中国—东盟对话 25 年:讲信修睦,合作共赢》,http://study.ccln.gov.cn/fenke/zhengzhixue/zzzgwj/335508.shtml,2016 年 12 月 10 日。

张忠民:《新加坡图书馆事业发展见闻和启示》,《农业图书情报学刊》2006 年第 12 期。

赵东:《论图书馆联盟》,《图书情报工作》2008 年第 S1 期。

赵莉莉:《图书馆联盟的文化研究》,《科技情报开发与经济》2008 年第 4 期。

赵林英:《高校图书馆参与地方非物质文化遗产保护的现状与对策研究》,《科技情报开发与经济》2011 年第 21 卷 31 期。

赵乃瑄、包平:《新加坡图书馆:特色与启迪》,《新世纪图书馆》2008 年第 5 期。

赵益民、陈志亭:《跨境图书馆联盟建设的创新路径与理论视角》,《图书馆理论与实践》2015 年第 6 期。

赵益民、詹越、柯平:《基于生态竞争的公共图书馆定位研究》,《国家图书馆学刊》2008年第4期。

赵益民:《图书馆战略规划流程研究》,国家图书馆出版社2011年版,第157页。

赵宇、张芊:《高职图书馆的自动化发展》,《企业导报》2011年第17期。

郑盛丰、庞革平:《中国—东盟自由贸易区正式启动》,《人民日报》2010年1月1日第2版。

中共中央办公厅、国务院办公厅:《关于实施中华优秀传统文化传承发展工程的意见》,http://news.xinhuanet.com/politics/2017-01/25/c_1120383155.htm,2017年9月20日。

中国高等教育文献保障系统:《了解CALIS》,http://www.calis.edu.cn,2017年10月16日。

中国高校人文社会科学文献中心:《CASHL常见问题》,http://www.cashl.edu.cn,2017年10月17日。

中国高校人文社会科学文献中心:《项目概况》,http://cashl.edu.cn/portal/html/article19.html,2017年11月14日。

《中国国民经济和社会发展第十三个五年规划纲要》(全文),http://www.china.com.cn/lianghui/news/2016-03/17/content_38053101.htm,2016年8月20日。

中国政府网:《中华人民共和国国民经济和社会发展第十三个五年规划纲要》,http://www.miit.gov.cn/n1146290/n1146392/c4676365/content.html,2016年3月18日。

中华人民共和国国务院新闻办公室:《南亚首家"中国图书中心"在尼泊尔成立》,http://www.scio.gov.cn/zxbd/tt/zdgz/Document/1536663/1536663.htm,2016年12月23日。

中华人民共和国商务部:《越媒称越南科技水平与本地区相比差距大》,http://www.mofcom.gov.cn/,2017年3月8日。

中华人民共和国商务部综合司:《推动共建丝绸之路经济带和21世纪海上丝绸之路的愿景与行动》,http://zhs.mofcom.gov.cn/article/xxfb/201503/20150300926644.shtml,2016年6月10日。

中华人民共和国外交部:《尼泊尔国家概况》,http://www.fmprc.gov.cn/web/,2017年3月8日。

中华人民共和国驻尼泊尔联邦民主共和国大使馆:《尼泊尔文化基本信息》,

http：//np.china-embassy.org/chn/wh/t363616.htm，2007年9月10日。

中华人民共和国驻尼泊尔联邦民主共和国大使馆经济商务参赞处：《尼泊尔政府批准未来三年经济社会发展规划》，http：//np.mofcom.gov.cn/article/jmxw/201701/20170102498719.shtml，2017年1月10日。

周慧芳：《区域图书馆联盟资源共享运行机制浅析》，《河南图书馆学刊》2011年第31卷第1期。

周健：《马来西亚的图书馆和信息网络》，《情报资料工作》1994年第3期。

周玮：《互联网飘书香 图书馆进口袋——数字图书馆推广工程建设五年间》，http：//news.xinhuanet.com/newmedia/2016-01/19/c_1117826097.htm，2017年7月15日。

朱晓华：《在合作中生存发展——论图书馆联盟》，《图书情报工作》2004年第7期。

朱晓文、张明亮、朱红："临近交互作用模型的跨文化性"，Paper Delivered to Proceedings of 2010 International Conference on Psychology，Psychological Sciences and Computer Science（PPSCS 2010），Sponsored by International Science and Engineering Center，Hong Kong，Huazhong University of Science & Technology，China，Howard University，2010.

"Financial Statements Year Ended March 31，2012"，http：//www.sols.org/aboutsols/reports/Financial_statements/SOLS_Financial_Statements_March_31_2012.pdf，2012（9）.

"SOLS Financial Statements.Annual Report Fiscal Year"，http：//oplin.org/sites/default/files/AnnualReport，2012.

"Triangle Research Libraries Network Cooperative Collections"，http：//www.trln.org/coop.html#general，2012年9月.

Aditya Tripathi，Jawahar La，Chapter 4-Library Consortia Models，ph.D，Library Consortia，2016.

Ahmed M. H.，Suleiman R. J.，"Academic Library Consortium in Joudan：An Evaluation Study"，Journal of Academic Librarianship，Vol.39，No.2，2013，pp.138-143.

Albee Barbara，Chen Hsin-Liang，" Public Library Staff's Perceived Value and Satisfaction of an Open Source Library System"，The Electronic Library，Vol.32，2014，pp.390-402.

Ana Maria Balenbin Fresnido, Oseph Marmol Yap, "Academic Library Consortia in the Philippines: Hanging in the Balance", Library Management, Vol.35, No.1/2, 2014, p.15.

Arnold Hirshon, "Library, Consortia, and Change Management", The Journal of Academic Librarianship, Vol.25, No.2, 1999, pp.124-126.

Arnold Hirshon, "The Development of Library Client Service Programs and the Role of Library Consortia", Library Consortium Management, Vol.1, No.3/4, 1999, p.59.

Arora J., Trivedi K., "UGC-INFONET Digital Library Consortium: Present services and Future Endeavours", Library & Information Technology, Vol.30, No.2, 2010, pp.15-25.

Basri E., "Resource Sharing among Business School/Institute Libraries in Jakarta, Indonesia: By Passing Competitor Issues", Congress of Southeast Asian Librarians (CONSAL) XV. Bali, Indonesia, 2012.

Bostick S. L., "The History and Development of Academic Library Consortia in the United States: An Overview", The Journal of Academic Librarianship, Vol.27, No.1, 2001, pp.128-130.

China SSC Network, "Singapore", http://www.ecdc.net.cn/newindex/chinese/page/sitemap/reports/IT_report/chinese/04/07.htm., 2017-10-19.

David A. Wright, "Library Consortia: Do the Modelswork", Resource Sharing & Information Networks, Vol.8, No.1/2, 2005, pp.49-60.

David Ball, "Public Libraries and the Consortium Purchase of Electronic Resource", he Electronic Library, Vol.21, No.4, 2002, pp.301-309.

Demas S., Miller M. E., "Rethinking Collection Management Plans: Shaping Collective Collections for the 21st Century", Collective Management, Vol.37, No.3, 2012, pp.168-187.

Dung N. X., The National Library of Vietnam in the International Integration Process, China-ASEAN Cultural Forum, 2012.

Edit Csajbó K., PéTer Szluka, Lívia Vasas, "Library Consortia in Hungary", The Journal of Academic Librarianship, Vol.38, No.6, 2012, pp.335-339.

Golnessa Galyani Moghaddam, V. G. Talawar, "Library Consortia in Developing Countries: An Overview", Program, Vol.43, No.1, 2009, pp.94-104.

参考文献

Gulati A., "Use of Information and Communication Technology in Libraries and Information Centres: An Indian Scenario", The Electronic Library, Vol. 22, No.4, 2004, pp.335-350.

Hafsah Mohd, Rosnah Yusof, Rohaya Umar, "Initiatives Towards Formation of Academic Library Consortium in Malaysia", Library Management, Vol.35, No.1/2, 2014, pp.102-110.

Harvinder Kaur:《数字时代信息技能计划：马来亚法律大学图书馆的经验》,《管理创新与图书馆服务第三届上海国际图书馆论坛论文集》2006年版，第465-470页。

HIRSHON A., "International Library Consortia: Positive Starts, Promising Futures", Journal of Library Administration, Vol.35, No.1/2, 2001, pp.147-166.

http://trends.ifla.org/files/trends/assets/trend-report-2016-update-zh.pdf，2017年8月1日。

http://www.trln.org/coop.html#general，2012年9月。

Jagdish Arora, "Indian National Digital Library in Engineering Science and Technology (INDEST): A Proposal for Strategic Cooperation for Consortia-based Access to Electronic Resources", The International Information & Library Review, Vol.35, No.1, 2003, pp.1-17.

Katherine A. Perry, "Where Are Library Consortia Going Results of a 2009 Survey", Serials, Vol.22, No.2, 2009, pp.122-130.

Kopp J. J., "Library Consortia and Information Technology: The past, the Present, the Promise", Information Technology and Libraries, Vol.17, No.1, 1998, pp.7-12.

Lam V., "Issues in Library Development for Vietnam", Journal of Asian Libraries, Vol.8, No.10, 1999, pp.371-379.

Lam V., "A National Library Association for Vietnam", Journal of New Library World, Vol.102, No7/8, 2001, pp.278-282.

Libraries of ASEAN University Network, "About AUNILO" (Winter 2013), http://aunilo.Org/.

Linggawati, Henny dan Arlinah Imam Rahardjo, "Virtual Library: A Challenge to a New Paradigm of a Learning Support System to Create Life-long

Learners", In The 4th Symposium Distance Education and Open Learning, Surabaya 1998.

Madhusudhanm, "Use of UGC-INFONET E-joumals by Research Scholars and Students of the University of Delhi", http://www.emeraldinsight.com/Insight/ viewIPDF.jsp? contenttype=Article&Filename=html/Output/Published/EmeraldFull-TevtArticle/Pdf/2380260304.Pdf.

Maitrayee Ghosh, SCBiswas, VKJJeevan, "Strategic Cooperation and Consortia Building for Indian Libraries: Models and Methods", Library Review, Vol.17, No.9, 2006, pp.608-620.

Marisa Scigliano, "Measuring the Use of Networked Electronic Journals in an Academic Library Consortium: Moving beyond MINES for Libraries? in Ontario Scholars Portal", Serials Review, Vol.36, No.2, 2010, pp.72-78.

Melih Kirlidog, Didar Bayir, "The Effects of Electronic Access to Scientific Literature in the Consortium of Turkish university libraries", The Electronic Library, Vol.25, No.1, 2007, pp.102-113

Mercedes Echeverría, Sonsoles Jiménez, "Interlending and Document Supply in the Context of Spanish Library Consortia", Interlending & Document Supply, Vol.39.No.4, 2011, pp: 109-110.

National Library Board Singapore, "About NLB", http://www.nlb.gov.sg/About/AboutNLB.aspx.

Nepal BSLA Programme Commences with First Workshop, 2015, http://www.ifla.org/news/nepal-bsla-programme-commences-with-first-workshop? og=4962.

OCLC Research Headquarters, "OCLC Announces Strategy to Move Library Management Services to Web Scale", http://www.oclc.org/us/en/news/releases/200927.htm, 2009-08.

Olorunsola A., Adeleke A. A., "Electronic Journals in Nigerian University Libraries: The Present Situation and Future Possibilities", Library Review, Vol.60, No.7, 2011, pp.588-598.

Opening Address by IFLA President SinikkaSipil? November 15, 2016, http://www.ifla.org/node/9778。

Preston, Carrie A., "Cooperative e-Book Cataloging in the OhioLINK Library

Consortium", Cataloging & Classification Quarterly, Vol.49, No.4, 2011, pp.257-276.

Principles on Public Access in Libraries, November 152016, http://www.ifla.org/node/10781.

Revitt M., Guthro C., "Together We Are Stronger: A Cooperative Approach to Managing Print Collections", http://library.ifla.org /77/.

Richard Sayers, " A Smart Place in the Sun: Future-proofing the Queensland Government Libraries Consortium", Library Management, Vol.25.No.6/7, 2004, pp.283-292.

Rob Kairis, "A Subject-based Shared Approval Plan for Consortia Purchasing of U.S. University Press Books", Library Collections, Acquisitions, and Technical Services, Vol.36, No.1/2, 2012, pp.30-38.

Saal-Baridi (Al-Baridi, Saleh A. U.), "Survey of Selected US Academic Library Consortia: A Descriptive Study", Electronic Library, Vol.34, No.1, 2016, pp.24-41.

Saleh A., Al-Baridi, "Survey of Selected US Academic Library Consortia: A Descriptive Study", The Electronic Library, Vol.34, No.1, 2016, pp.24-41.

Shachaf P., "Nationwide Library Consortia Life Cycle", Libri, Vol.53, No.2, 2003, pp.94-102.

Singapore Government, "Factually", https://www.gov.sg/.

Sue Mcgillvray, Amy Greenberg, Lucina Fraser, Ophelia Cheung, "Key Factors for Consortial Success: Realizing a Shared Vision for Interlibrary Loan in a Consortium of Canadian Libraries", Interlending & Document Supply, Vol.37, No.1, 2009, p.11.

Vina REN, "Vina REN Presentation", (Summer 2013), http://www.gdlnap.org/uploads/files/pdf/WBVINAREN__Compatibility_Mode_.pdf.

索 引

B

巴基斯坦 1, 2, 65, 72, 85, 96, 99, 103, 108, 154, 155, 168, 218, 231, 232

编目标准 56, 62, 171, 172, 198

标准化 62, 63, 86, 95, 107, 113, 129, 202, 212

博物馆 10, 64, 70, 89, 91, 116, 120, 153, 174, 175, 181, 187

博弈论 31, 32, 37, 39, 260, 261, 262

不丹 1, 2, 16, 60, 65, 70, 72, 159, 219, 232, 258

C

成员馆 19, 20, 21, 25, 26, 27, 28, 31, 34, 35, 38, 40, 42, 46, 47, 50, 62, 63, 88, 89, 91, 92, 93, 113, 114, 116, 118, 122, 124, 126, 127, 128, 131, 137, 138, 139, 140, 141, 147, 150, 152, 158, 160, 161, 163, 167, 168, 169, 171, 172, 173, 174, 175, 176, 177, 179, 180, 181, 182, 183, 184, 185, 186, 187, 189, 190, 191, 192, 195, 196, 198, 200, 201, 203, 204, 205, 206, 208, 209, 210, 211, 212, 213, 214, 215, 217, 218, 219, 220, 223

出版商 58, 91, 153, 172, 209

传统文化 5, 9, 70, 160, 161, 170, 219, 266

创新机制 50, 177, 178, 179, 195, 197, 224

创新驱动 116, 138, 217, 224, 227

D

档案馆 153, 174, 175, 245

电子资源 21, 22, 23, 24, 25, 27, 31, 38, 39, 53, 54, 59, 80, 105, 171, 182, 186, 209, 210

东帝汶 1, 72, 73, 152, 154

东南亚 1, 2, 3, 4, 5, 7, 8, 9, 10, 12, 13, 14, 16, 17, 37, 41, 50, 51, 52, 54, 57, 58, 59, 60, 61, 62, 63, 64, 65, 66, 72, 73, 74, 76, 78, 79, 80, 81, 82, 83, 84, 85, 87, 89, 95, 96, 97, 98, 99, 100, 101, 102, 103, 104, 106, 108, 109, 111, 112, 113, 114, 115, 116, 117, 118, 119, 120, 121, 122, 127, 131, 132, 136, 137, 138, 140, 141, 142, 143, 144, 146,

· 273 ·

146, 147, 148, 149, 150, 151, 152,
153, 154, 155, 156, 157, 158, 159,
160, 161, 162, 163, 164, 165, 168,
170, 174, 175, 181, 182, 186, 187,
189, 190, 193, 194, 195, 196, 197,
199, 200, 201, 202, 204, 205, 206,
207, 208, 209, 211, 212, 213, 214,
215, 216, 217, 218, 219, 220, 221,
222, 223, 224, 225, 227, 229, 231,
248, 259, 260, 261, 262, 264, 265

对外开放　1, 5, 7, 9, 12, 14, 15, 40,
61, 65, 108, 109, 138, 221, 224,
226, 229

多元文化　2, 5, 8, 9, 10, 13, 15, 17,
63, 102, 104, 111, 132, 135, 145,
150, 159, 160, 161, 181, 182, 196,
219, 222, 223, 229

F

发展战略　7, 12, 22, 74, 75, 77, 82,
94, 100, 111, 116, 125, 138, 143,
170, 193, 203, 218

发展中国家　1, 22, 23, 24, 38, 62,
64, 73, 77, 85, 95, 96, 97, 98,
137, 140, 206, 207, 213, 216, 218,
219

非营利组织　64, 120, 125, 263

菲律宾　1, 10, 16, 51, 52, 54, 55,
57, 60, 72, 73, 96, 100, 115, 137,
152, 154, 155, 159, 162, 168, 189,
210, 232

风险防范　29, 30, 32, 128, 260, 262

佛教　1, 16, 50, 66, 67, 152, 159

服务创新　27, 178, 196

服务机制　19, 26, 34, 35, 36, 37, 38,
50, 177, 178, 185, 187, 188, 224

G

改革开放　1, 4, 82, 96, 104, 106, 119,
200, 218

高层互访　109, 149, 187, 196

高校图书馆　5, 20, 22, 27, 38, 42,
45, 46, 47, 49, 54, 63, 67, 68, 79,
80, 86, 90, 92, 105, 117, 120, 121,
184, 185, 186, 193, 202, 224, 225,
231, 232, 233, 236, 237, 238, 239,
240, 241, 243, 244, 245, 246, 247,
259, 260, 265

公共图书馆　11, 23, 26, 38, 43, 45,
49, 54, 56, 63, 67, 74, 77, 79, 80,
81, 84, 86, 88, 95, 98, 103, 104,
105, 106, 107, 121, 143, 144, 152,
159, 162, 186, 188, 202, 212, 224,
232, 233, 236, 237, 240, 241, 243,
244, 245, 246, 247, 257, 260, 265

公共图书馆法　86, 95, 107, 202

公共文化服务保障法　86, 107, 170

公共文化服务体系　4, 64, 87, 89, 91,
94, 102, 139, 170, 193, 224, 225,
264

公益性　119, 139, 145, 163, 189, 193,
198, 203, 213, 223

公约　175, 201

共建共享　11, 22, 23, 24, 28, 32, 33,
34, 37, 40, 42, 44, 45, 46, 47, 48,
71, 84, 87, 88, 93, 98, 111, 113,
114, 117, 118, 131, 138, 141, 150,
151, 153, 158, 159, 170, 172, 175,

索 引

191，211，213，217，222，258，261，263，264，265

共享机制　22，32，33，37，93，189，265

共享理念　11，107，137，171，174，223

馆际合作　31，51，82，92，98，198，199，205，212

馆际互借　5，21，25，26，31，34，46，47，48，49，51，54，61，69，105，128，130，148，149，150，173，174，175，187，214，214

管理机制　19，24，27，34，35，37，38，39，44，50，62，122，127，145，177，178，179，189，190，192，212，224，256

管理绩效　35，183，226，255

管理模式　25，38，73，117，119，127，129，137，142，225

国际关系　1，2，3，4，5，12，39，63，85，114，115，138，165，190，218，223，229

国际惯例　1，118，121，175

国际合作　4，75，119，132，152，162，164，216，218

国际环境　1，138，147，218，229

国际接轨　106，122，127，199

国际社会　75，101，102，138，199，204

国际图联　4，67，106，122，137，152，169，199，200，201，217，224，259

国际组织　62，122，137，139，174，201，206，219

国家汉办　154，155，260

国家科技图书文献中心　43，45，87，117，211，259

国家数字图书馆　11，23，162，211，259

国家图书馆　11，25，28，29，34，37，45，51，52，53，56，57，58，67，68，71，74，75，77，79，80，81，83，95，105，107，109，118，119，120，127，128，130，144，147，151，152，162，163，175，176，186，188，189，190，193，196，206，207，209，212，216，218，224，231，232，233，237，238，240，241，244，246，247，255，258，259，260，263，265，266

国情　12，14，41，63，65，94，118，140，141，144，152，174，175，190，195，204，205，224

H

行业联盟　14，24，28，45，120，130，162

合作关系　5，14，47，64，85，96，98，101，139，179，189，200，211，216

合作伙伴　49，85，96，152，163，168，192，218

合作机制　11，33，50，99，100，109，171，177，178，179，183，184，222，223

合作模式　32，37，103，120，190

合作协议　20，28，74，100，109，141，169，175，176

合作意愿　61，64，129，140

和平发展　1，4，95，132，218，223，229

核心竞争力　27，85，90，93，177，183，197，210，217

华侨　2，9，10，78，115，154，159，

237,260
华人 2,3,7,9,10,16,41,68,70,78,79,83,86,95,107,114,115,131,144,154,157,159,219,260,266,267
华文信息资源保障体系 13,14,15,115,135,153,154,155,156,157,223
伙伴关系 2,3,27,85,96,152,163,164,168,175,192,203,218,229

J

机读目录 52,80,105
绩效评价 35,36,37,38,127,141,258,264
激励机制 35,128,177,184,191,192,196,201,208
技术支持 25,59,60,153,172,210,219,220
价值观 2,3,25,29,39,40,170,197,203,204,206,229
价值认同 16,159
柬埔寨 1,8,9,57,60,72,73,83,97,104,108,136,152,154,181,232,233
交流合作 1,4,5,7,8,9,15,21,25,28,39,51,64,101,103,109,118,119,121,123,131,136,140,142,147,148,151,153,163,164,165,167,168,175,176,206,217,218,219,222,223,226,261
教育合作 96,100,104,164,223,225
经费保障 169,212,213,214
经费来源 46,47,62,157,158,173,186,187

经济合作 3,74,85,97,98,103,104,107,162,219
经济效益 34,43,99,193,194
经济一体化 1,2,67,72,73,76,103,106,108,154,159,205,218,219
均等化 86,95,107,202

K

开放获取 189,211,214
科技成果 81,164,223
科学规划 28,204,225
孔子课堂 8,100,104,154,155,158,260
孔子学院 8,100,101,104,132,151,154,155,156,157,158,159,260
跨境联盟 5,39,40,85,118,119,139,144,150,179,180,194,196,199,203,222,225,226
跨行业协作 15,150,153,223

L

老挝 1,57,60,72,73,83,103,109,136,152,154,181,207,208,224,233
理事会 23,38,45,48,50,87,117,121,122,123,124,125,126,127,128,129,168,169,182,184,190,191,192,222,255,260,263
利益共同体 1,84,98,138,161,190,216
利益相关者 4,27,90,91,146,261
联合编目 34,46,47,49,51,61,62,

63,130,148,149,150,151,171,175,187

联合目录 21,24,31,34,41,47,48,49,51,52,69,72,130,173,195,196,215,219

联合虚拟参考咨询 149,151,187,188

联机计算机图书馆中心 10,21,211

联盟运行 29,35,37,39,61,62,144,146,151,176,177,178,179,187,190,192,202,204,206,211,214,258,263

联盟组织 5,13,14,15,49,59,87,88,91,93,116,128,152,160,168,171,180,190,199,214

M

马尔代夫 1,65,72,103,219,23

马来西亚 1,10,16,25,51,52,53,57,58,60,72,73,74,75,77,79,80,82,83,85,96,100,102,105,108,119,122,152,154,155,157,159,162,181,189,224,233,236,267

孟加拉国 1,5,64,65,72,100,154,155,162,168,236,237

缅甸 1,9,57,60,72,73,83,96,99,100,103,108,136,152,154,155,162,168,200,219,237

面向西南开放 7,8,9,11,12,13,14,15,16,17,65,74,79,97,101,102,104,105,106,107,108,109,111,112,113,114,115,116,121,122,123,124,127,128,129,130,131,132,133,135,136,137,138,

140,141,143,145,146,148,163,167,168,169,170,171,173,174,175,176,177,178,179,180,181,182,183,184,185,186,188,189,190,191,192,195,196,199,201,202,203,204,208,209,210,213,214,216,217,219,220,221,223,225,257,258,259

民意支持 111,133,223

民族文化 2,4,5,7,14,70,132,136,153,170,181,182,183,187,196,215,219,223

命运共同体 1,84,98,138,161,216,229

目标体系 13,15,36,135,221

睦邻友好 85,115,201,216,261

N

南亚 1,2,3,4,5,7,8,9,10,12,13,14,16,17,37,41,50,51,52,54,57,58,59,60,61,62,63,64,65,66,69,70,71,72,73,74,76,78,79,80,81,82,83,84,85,87,89,95,96,97,98,99,100,101,102,103,104,106,108,109,111,112,113,114,115,116,117,118,119,120,121,122,127,131,132,136,137,138,140,141,142,143,144,145,146,147,148,149,150,151,152,153,154,155,156,157,158,159,160,161,162,163,164,165,168,170,174,175,181,182,186,187,189,190,193,194,195,196,197,199,200,201,202,204,

205, 206, 207, 208, 209, 211, 212, 213, 214, 215, 216, 217, 218, 219, 220, 221, 222, 223, 224, 225, 227, 229, 231, 248, 259, 260, 261, 262, 264, 265, 266

尼泊尔 1, 16, 60, 65, 66, 67, 68, 70, 71, 72, 103, 155, 159, 218, 237, 258, 262, 265, 266, 267

P

评估标准 124, 178, 179, 194, 227
评估机制 50, 177, 178, 179, 192, 195, 224

Q

桥头堡 7, 9, 85, 97, 103, 115, 148, 181, 201, 216, 257, 259
区域文化 10, 111, 132, 178, 204, 222
区域性 3, 30, 32, 43, 45, 46, 54, 55, 56, 63, 81, 105, 158, 172, 177, 200, 217, 258
全球化 10, 54, 85, 100, 163, 199, 216, 217, 219

R

人才交流 132, 165, 172, 209
人才培养 57, 196, 209, 219
人工智能 118, 151, 226
人力资源 4, 23, 24, 27, 34, 39, 42, 44, 68, 108, 111, 125, 143, 163, 173, 182, 190, 194, 196, 200, 204, 208, 224, 227

软实力 1, 5, 85, 91, 94, 100, 109, 132, 198, 199, 200, 218, 229

S

少数民族 2, 80, 96, 157, 215
社会化 185, 201, 225
社会效益 12, 34, 43, 63, 141, 180, 185, 193, 194
社会职能 128, 131, 132, 135, 136, 146, 176, 181, 222
使命 15, 27, 86, 106, 109, 127, 131, 135, 136, 138, 146, 160, 165, 184, 223
世界银行 66, 67, 68, 76, 77, 213, 214, 219, 262
数据库商 22, 32, 49, 91, 153, 189, 261
数字化 5, 11, 24, 33, 43, 58, 93, 130, 131, 133, 136, 137, 138, 169, 172, 173, 195, 200, 207, 211, 214
数字图书馆 10, 11, 23, 33, 42, 43, 44, 45, 46, 47, 48, 54, 57, 58, 68, 78, 82, 83, 104, 107, 108, 160, 162, 163, 169, 172, 186, 207, 208, 211, 212, 243, 257, 259, 260, 261, 263, 267
数字资源 11, 35, 45, 46, 48, 58, 59, 83, 172, 214, 215, 258, 263
斯里兰卡 1, 16, 61, 64, 65, 72, 99, 103, 108, 152, 154, 155, 156, 159, 218, 237, 238, 239

T

泰国 1，5，9，10，52，57，58，60，72，73，83，96，97，98，100，109，152，153，154，157，158，162，168，215，219，224，239，240

特色数据库 10，11，75，90，118，153，187，189，214，215，217

特色资源 10，11，53，90，109，118，139，160，161，174，178，195，196，197，214，215，224，260

天主教 16，152，159

图书馆联盟 4，5，7，8，9，10，11，12，13，14，15，16，17，19，20，21，22，23，24，25，26，27，28，29，30，31，32，33，34，35，36，37，38，39，40，41，42，43，45，46，47，48，49，50，51，53，54，55，56，58，59，60，61，62，63，64，65，66，67，68，69，71，72，73，74，75，76，77，78，79，80，81，82，83，84，85，86，87，88，89，90，91，92，93，94，95，97，98，100，101，102，104，105，106，107，108，109，111，112，113，114，115，116，117，118，120，121，122，123，124，126，127，128，129，130，131，132，133，135，136，137，138，139，140，141，142，143，144，145，146，147，148，149，150，151，152，153，156，157，158，159，160，162，163，164，165，167，168，169，170，171，172，173，174，175，176，177，178，179，180，181，182，183，184，185，186，187，188，189，190，191，192，193，194，195，196，197，198，199，200，201，202，203，204，205，206，207，208，209，210，211，212，213，214，215，216，217，218，219，220，221，222，223，224，225，226，227，229，245，255，258，259，260，261，262，263，264，265，267

图书馆事业 4，5，6，8，12，52，57，59，60，66，68，72，73，74，75，76，77，78，80，81，82，83，85，86，87，88，91，92，95，97，101，102，103，104，106，109，114，116，117，119，122，127，131，141，143，145，146，177，179，181，182，188，189，197，202，203，206，207，215，217，222，223，224，225，229，255，265

图书馆网络 5，9，21，22，31，52，53，54，57，58，66，69，71，74，75，78，80，82，105，108，162，163，171，189，202，220

图书馆协会 4，14，26，31，51，54，55，57，59，67，78，79，81，105，106，119，152，162，199，200，211

W

Web 2.0 89，108，210

外交关系 66，67，74，75，85，95，96，97，102，218

外交政策 2，66，67，75，102

网络化 42，53，60，93，136，169，175，207

网络基础设施 118，160，206，207，208，224

文化背景 2，24，40，50，59，195

文化建设 31，37，84，85，94，101，

102，103，139，204
文化认同 2，16，161，165
文化推广 165，223
文化战略 1，94，109，190
文莱 1，10，53，57，60，72，73，83，152，154，240
文献传递 21，31，34，47，48，51，54，61，62，63，69，105，128，130，149，150，151，174，175，186，187，188，189，196，215
问卷调查 14，33，60，61，62，64，112，113，142，180，186，187，213，214，221，247
物联网 118，151，210，211，226，257

X

协同创新 37，116，190，222，225，227
协同机制 17，128，150，205，221，225，263
新加坡 5，10，52，57，59，60，61，72，72，73，74，76，77，79，81，82，83，85，95，96，97，102，105，106，107，108，109，119，122，127，152，154，155，157，162，168，175，176，188，193，208，209，211，215，224，240，241，243，258，262，263，264，265
信息安全 111，114，115，132，175，223
信息化 35，42，53，58，74，77，78，80，81，132，163，169，170，173，189，206，207，219，258
信息技术 4，17，20，23，24，27，42，49，55，58，65，70，71，72，74，77，81，82，83，88，89，107，108，117，139，142，143，144，150，158，160，173，175，186，187，189，210，219，220，222，223，258
信息交互 59，136，160，223
信息中心 10，46，47，57，82，119，158，159，207
信息资源 10，11，13，14，15，17，20，21，22，23，24，28，30，31，32，34，37，38，42，43，44，45，46，48，54，56，57，58，66，68，69，72，75，78，81，82，83，84，88，90，91，105，111，112，114，115，116，118，119，131，132，133，135，136，138，139，141，145，149，150，152，153，154，155，156，157，158，159，160，161，163，170，171，172，173，174，175，180，182，185，186，187，189，194，195，199，206，210，211，213，214，215，217，223，227，258，259，261，262，264

Y

亚投行 106，162
一带一路 5，8，13，15，40，63，75，84，85，97，98，102，108，109，111，114，115，119，133，135，137，138，139，150，159，161，162，163，164，165，175，181，216，223，227，261
伊斯兰教 16，58，152，159，162
印度 1，2，3，5，8，10，16，23，38，51，52，53，54，57，58，59，60，61，64，65，66，67，68，69，70，71，72，73，74，79，83，85，95，96，97，99，100，102，104，105，106，107，108，

115，119，142，152，153，154，155，156，157，159，161，162，168，171，176，193，204，207，211，218，243，244，245，246，247，259，261，262，263，264

印度教 1，16，66，67，152

印度尼西亚 2，8，10，16，52，53，57，58，59，60，72，73，83，95，100，152，154，155，159，162，211，245，245，247

愿景 4，15，27，77，84，97，108，114，127，135，136，146，147，160，161，163，165，168，180，182，190，192，200，203，204，259，266

阅读推广 64，120，200，215

越南 2，16，55，56，57，59，60，72，73，75，76，77，78，80，81，82，83，96，100，102，103，105，109，122，137，152，154，157，162，207，208，211，224，247，257，258，262，264，265，266

云计算 10，89，90，108，118，151，181，186，215，220，226

运行机制 13，15，29，35，37，42，50，79，87，103，113，141，167，176，177，178，179，190，191，192，205，221，223，258，261，263，264，267

运行经费 38，61，62，87，92，142，144，145，187

Z

战略定位 7，12，13，15，16，135，140，144，145，146，190，200，223

战略方案 12，13，16，135，147，148，149，150，16，223

战略管理 12，13，14，15，16，84，135，141，146，147，150，217，221，222，225，226，227，255，257

战略规划 4，7，13，15，16，17，25，93，121，122，124，131，133，135，137，139，140，141，142，143，146，147，173，180，184，203，204，208，209，213，214，218，221，223，225，260，266

战略合作 5，12，13，14，85，96，98，100，103，145，163，192，208，218，223

战略环境 13，64，65，74，79，97，102，105，106，107，108，109，143，189，197，210，221，222，225，226，227，258

战略伙伴 2，3，203，218

战略目标 12，13，15，16，91，98，112，113，116，120，123，125，130，135，136，138，139，140，141，143，146，167，179，180，184，191，193，195，223

战略实施 7，13，15，16，125，132，141，145，146，147，167，176，208，221，222，223，224，225，226

战略思想 12，13，14，161，216，217，225

战略资源 15，135，140，141，142，143

战略组织 7，13，111，221，222，225

知识产权 19，37，38，39，40，81，115，128，132，171，172，175，200，201，214，215，223

知识共同体 14，15，16，17

知识共享 40，93，136，162，223

知识管理　35，93，162，163，201，260
知识资源　20，37，38，40，93，163
殖民统治　51，74，75，95，195，207
纸质资源　21，22，27，172
制度保障　15，137，192，197，198，203，205
制度环境　86，198，199，201，224
制度建设　15，86，123，129，138，151，167，168，169，170，172，173，174，176，199，202，223
智库　132，153，163，223，227
中国高等教育文献保障系统　42，43，44，129，266
中华文化　3，5，8，9，100，101，154，156，158，181，222，225，229
专业人才　24，118，140，142，160，163，173，208，223

资源共享　4，8，9，10，11，20，22，23，24，27，29，30，31，32，35，36，37，38，40，41，42，43，46，47，48，49，50，51，53，55，59，62，63，66，68，69，70，71，76，82，83，84，88，92，93，101，105，106，112，137，139，140，144，150，153，156，157，160，162，171，173，174，175，177，181，182，184，185，186，189，190，198，199，200，203，210，211，212，214，215，216，258，259，261，262，265，267
宗教　1，2，58，59，66，67，116，133，151，152，159，187，195，196，209
组织文化　19，36，40，141，171，197，204，220，226

后 记

本书是国家社科基金西部项目"我国面向西南开放的图书馆联盟战略研究"(编号 12XTQ001)的主要研究成果。

项目自 2012 年立项,经历了一个较为漫长的研究过程。其间,"一带一路"倡议的提出,拓展了研究视野,将最初促进文化交流与繁荣的构想提升到促进文化、利益和命运共同体构建的新高度。笔者在主持项目研究的同时,还于 2013 年获得中国博士后科学基金面上一等资助(编号 2013M540073),开展了关于跨境图书馆联盟战略规划体系的研究,进行了更加深入的思考和探索。

这些项目的研究,旨在响应我国对外开放的发展战略,系统回答我国面向西南开放的图书馆联盟建设中的战略性问题。具体而言,一是梳理国内外图书馆联盟研究的相关成果;二是考察我国及南亚、东南亚各国的图书馆联盟发展历程;三是剖析我国面向西南开放的图书馆联盟战略环境;四是在理论分析和现状考察的基础上,提出我国面向西南开放的图书馆联盟的战略组织体系、战略规划体系和战略实施体系,为联盟建设提供全局性的解决方案。

为了得到可靠的论据,项目组必须面对南亚、东南亚各国复杂的历史文化背景和现实国情。除了广泛的网络调查,研究人员还亲赴泰国、老挝、越南、新加坡、马来西亚、斯里兰卡等国进行实地考察,收集了超过 200 个图书馆及行业组织的资料。同时,还向南亚、东南亚地区所有 18 个国家的 70 余个图书馆发放问卷近 500 份,对各国图书馆界与我国组建跨境图书馆联盟的意愿进行了深入调查。这些第一手资料和实证数据是本书的一大特色,也是研究结论的有力支撑。

在本书稿完成之前,已形成一批阶段性的研究成果,包括专著《云南省图书馆事业战略管理研究》(云南人民出版社 2015 年版),以及发表于核心期刊的文章:《跨境图书馆联盟建设的创新路径与理论视角》《战略管理视野下的图书馆管理实施策略探赜》《国外主要国家图书馆的管理决策与实施研究》《国家图书馆业务管理机制:历史、现状与哲学思考》《国家图书馆业务管理组织结构的演进研究》《国外主要国家图书馆理事会制度的政策法律保障体系》《中国—东盟国际图书馆战略联盟探索》《东盟图书馆联盟发展现状及对我国的启示》《基于知识图谱的国际图书馆联盟研究可视化分析》《基于平衡计分卡的图书馆战略管理绩效评估路径研究》以及 *Library Strategic Environment in the Public Cultural Service System in China: A Case Study of Yunnan Province* 等。这些前期的思想积累,为本书稿的撰写奠定了坚实的基础。

书稿的撰写凝聚了众人的智慧。摘要、前言和第一章由赵益民执笔;第二章由崔浩、宣宁、周宁馨、马梦丹执笔;第三章由陈信执笔;第四章由周宁馨、马梦丹、宣宁、崔浩执笔;第五章由刘莉、付方雅静执笔;第六章由陈晶晶、普蕊、张薇执笔;第七章由王琪、应海平、范文静执笔;第八章和结语由赵益民执笔。任智慧、林欢、陈梓奕、邓成越参与了参考文献的整理工作。全书由赵益民设计结构、整理附录、组织校对,并负责统稿。

书稿在申请第七批《中国社会科学博士后文库》出版资助时,荣幸地得到国家图书馆汪东波先生和南开大学柯平教授的大力推荐,溢美之辞令笔者汗颜之余,更增奋进的动力,在此深表谢意。

书稿最终入选《中国社会科学博士后文库》,要感谢中国社会科学院学部委员黄长著先生等专家的支持与帮助,还要感谢文库编辑部宋娜主任的辛勤付出。

往前回溯,研究的顺利开展,还受到很多专家、学者的悉心指导,云南省社会科学院王士禄研究员,云南大学杨勇教授、肖迎教授,云南师范大学朱曦教授、周智生教授,云南省红河州图书馆赵正良馆长等,都在不同时段、从不同角度推进了研究进程,提出过颇具价值的意见,在此特别鸣谢。

另外,还要感谢项目组的所有成员,没有他们的前期工作,很难想象本书能最终完稿。虽然很多成员没有参与书稿的撰写,但他们的贡献不仅体现在其他的阶段性成果中,即使在包含本书在内的后续研究中,也值得尊重。

需要说明的是,本书入选《中国社会科学博士后文库》,但并非笔者博

后 记

士后在站期间的主要研究成果。博士后出站报告《国家图书馆业务管理机制研究》已于2018年4月由中国社会科学出版社出版。尽管如此，没有国家图书馆提供的博士后研究机会，也就没有今日本书的入选出版。对博士后合作导师周和平先生，以及国家图书馆研究院等部门的各位老师，笔者至今心存感激。

国际形势纷繁复杂，图书馆事业的战略发展环境也持续变化。跨境图书馆联盟的理论研究和实践探索任务艰巨，本书为此迈出了一小步，但还有很长的路要走。书中提及若干研究的局限和不足，但实际上还有很多疏漏、偏误和缺失。本书的作者在感谢帮助、支持者的同时，对研究过程和研究结论中的所有过失负责。

在本书即将付梓之时，笔者也将踏上赴美访学的道路。对于后续研究的开展，乃至拓宽我国图书馆联盟建设的理论视野，这是一个很好的机会。

《周易》有云，"凡益之道，与时偕行"。东西方文化的思想碰撞、学术前沿的密切跟踪、交流合作的桥梁搭建，都需要有人为之付出努力。希望包括联盟建设在内的图书馆管理理论研究成果日益丰硕，管理实践探索道路前景光明。

我们深感重任在肩，不敢懈怠、砥砺前行。

赵益民
2018年7月20日于昆明

专家推荐表

第七批《中国社会科学博士后文库》专家推荐表 1

推荐专家姓名	汪东波	行政职务	馆长助理 研究院院长
研究专长	图书馆管理、图书馆学基础理论	电话	
工作单位	国家图书馆	邮编	100081
推荐成果名称	我国面向西南开放的图书馆联盟战略研究		
成果作者姓名	赵益民		

（对书稿的学术创新、理论价值、现实意义、政治理论倾向及是否达到出版水平等方面做出全面评价，并指出其缺点或不足）

本书响应"一带一路"倡议，在国家文化战略的指引下，以我国面向南亚、东南亚的跨境图书馆联盟为研究对象，探索我国面向西南开放的图书馆联盟的组织结构与系统职能，涵盖从愿景使命到目标定位的战略规划体系，涉及制度建设、运行机制、保障措施的开放模式与实施策略。研究选题具有一定的理论价值和显著的现实意义。

在目前我国的图书馆联盟研究中，鲜有针对跨境联盟的成果。本书稿作者在国家图书馆开展博士后研究，主持中国博士后科学基金面上一等资助项目"跨境图书馆联盟战略规划体系研究"和相关的国家社科基金项目，书稿系这些项目的主要研究成果，强化了当前学术研究的薄弱环节。经过长期的调研，作者考察了南亚、东南亚地区所有18个国家的200余个图书馆及行业组织，收集了大量的第一手资料和实证数据。在充分论证的基础上，在三个方面有所创新：一是设计了内外结合、横向发展的开放式图书馆联盟组织架构；二是构建了我国面向西南开放的图书馆联盟战略规划体系；三是构建了我国面向西南开放的图书馆联盟战略实施体系。最终结论可供图书馆事业发展决策参考。

尽管研究受到各国复杂国情的影响，缺乏典型案例的分析，跨境联盟的建设方案也有待实践的检验，但总体而言，研究逻辑清晰、论证合理、结论可靠，达到了较高的学术水平，也达到了出版水平。

特此推荐出版。

签字：汪东波

2017年12月18日

说明：该推荐表由具有正高职称的同行专家填写。一旦推荐书稿入选《博士后文库》，推荐专家姓名及推荐意见将印入著作。

第七批《中国社会科学博士后文库》专家推荐表 2

推荐专家姓名	柯平	行政职务	图书情报专业学位中心主任
研究专长	图书馆管理、公共文化服务	电　话	
工作单位	南开大学	邮　编	300071
推荐成果名称	我国面向西南开放的图书馆联盟战略研究		
成果作者姓名	赵益民		

（对书稿的学术创新、理论价值、现实意义、政治理论倾向及是否达到出版水平等方面做出全面评价，并指出其缺点或不足）

　　该书稿选题具有十分重要的理论意义与现实主义。书稿从组织架构、战略管理、开放路径等角度，立足于西南开放的国家战略，通过国内外相关研究，构建了我国面向西南开放的图书馆联盟战略体系以及战略实施体系。理论研究深入，模式构建具有科学性，策略研究具有指导性和应用价值。书稿研究目标明确、整体架构合理，分析有理有据，研究针对性强，体现了较高的学术水平和严格的学术规范，具有创新价值。

　　当然，由于境外调研的局限，涉及国外的部分相对薄弱。

　　该书稿已达到出版水平，建议出版。

签字：柯平

2017 年 12 月 19 日

说明：该推荐表由具有正高职称的同行专家填写。一旦推荐书稿入选《博士后文库》，推荐专家姓名及推荐意见将印入著作。

经济管理出版社 《中国社会科学博士后文库》 成果目录

第一批《中国社会科学博士后文库》(2012年出版)

序号	书名	作者
1	《"中国式"分权的一个理论探索》	汤玉刚
2	《独立审计信用监管机制研究》	王 慧
3	《对冲基金监管制度研究》	王 刚
4	《公开与透明：国有大企业信息披露制度研究》	郭媛媛
5	《公司转型：中国公司制度改革的新视角》	安青松
6	《基于社会资本视角的创业研究》	刘兴国
7	《金融效率与中国产业发展问题研究》	余 剑
8	《进入方式、内部贸易与外资企业绩效研究》	王进猛
9	《旅游生态位理论、方法与应用研究》	向延平
10	《农村经济管理研究的新视角》	孟 涛
11	《生产性服务业与中国产业结构演变关系的量化研究》	沈家文
12	《提升企业创新能力及其组织绩效研究》	王 涛
13	《体制转轨视角下的企业家精神及其对经济增长的影响》	董 昀
14	《刑事经济性处分研究》	向 燕
15	《中国行业收入差距问题研究》	武 鹏
16	《中国土地法体系构建与制度创新研究》	吴春岐
17	《转型经济条件下中国自然垄断产业的有效竞争研究》	胡德宝

第二批《中国社会科学博士后文库》(2013年出版)

序号	书　名	作　者
1	《国有大型企业制度改造的理论与实践》	董仕军
2	《后福特制生产方式下的流通组织理论研究》	宋宪萍
3	《基于场景理论的我国城市择居行为及房价空间差异问题研究》	吴　迪
4	《基于能力方法的福利经济学》	汪毅霖
5	《金融发展与企业家创业》	张龙耀
6	《金融危机、影子银行与中国银行业发展研究》	郭春松
7	《经济周期、经济转型与商业银行系统性风险管理》	李关政
8	《境内企业境外上市监管若干问题研究》	刘　轶
9	《生态维度下土地规划管理及其法制考量》	胡耘通
10	《市场预期、利率期限结构与间接货币政策转型》	李宏瑾
11	《直线幕僚体系、异常管理决策与企业动态能力》	杜长征
12	《中国产业转移的区域福利效应研究》	孙浩进
13	《中国低碳经济发展与低碳金融机制研究》	乔海曙
14	《中国地方政府绩效评估系统研究》	朱衍强
15	《中国工业经济运行效益分析与评价》	张航燕
16	《中国经济增长：一个"被破坏性创造"的内生增长模型》	韩忠亮
17	《中国老年收入保障体系研究》	梅　哲
18	《中国农民工的住房问题研究》	董　昕
19	《中美高管薪酬制度比较研究》	胡　玲
20	《转型与整合：跨国物流集团业务升级战略研究》	杜培枫

经济管理出版社《中国社会科学博士后文库》成果目录

第三批《中国社会科学博士后文库》（2014年出版）

序号	书　名	作　者
1	《程序正义与人的存在》	朱　丹
2	《高技术服务业外商直接投资对东道国制造业效率影响的研究》	华广敏
3	《国际货币体系多元化与人民币汇率动态研究》	林　楠
4	《基于经常项目失衡的金融危机研究》	匡可可
5	《金融创新及其宏观效应研究》	薛昊旸
6	《金融服务县域经济发展研究》	郭兴平
7	《军事供应链集成》	曾　勇
8	《科技型中小企业金融服务研究》	刘　飞
9	《农村基层医疗卫生机构运行机制研究》	张奎力
10	《农村信贷风险研究》	高雄伟
11	《评级与监管》	武　钰
12	《企业吸收能力与技术创新关系实证研究》	孙　婧
13	《统筹城乡发展背景下的农民工返乡创业研究》	唐　杰
14	《我国购买美国国债策略研究》	王　立
15	《我国行业反垄断和公共行政改革研究》	谢国旺
16	《我国农村剩余劳动力向城镇转移的制度约束研究》	王海全
17	《我国吸引和有效发挥高端人才作用的对策研究》	张　瑾
18	《系统重要性金融机构的识别与监管研究》	钟　震
19	《中国地区经济发展差距与地区生产率差距研究》	李晓萍
20	《中国国有企业对外直接投资的微观效应研究》	常玉春
21	《中国可再生资源决策支持系统中的数据、方法与模型研究》	代春艳
22	《中国劳动力素质提升对产业升级的促进作用分析》	梁泳梅
23	《中国少数民族犯罪及其对策研究》	吴大华
24	《中国西部地区优势产业发展与促进政策》	赵果庆
25	《主权财富基金监管研究》	李　虹
26	《专家对第三人责任论》	周友军

第四批《中国社会科学博士后文库》(2015年出版)

序号	书 名	作 者
1	《地方政府行为与中国经济波动研究》	李 猛
2	《东亚区域生产网络与全球经济失衡》	刘德伟
3	《互联网金融竞争力研究》	李继尊
4	《开放经济视角下中国环境污染的影响因素分析研究》	谢 锐
5	《矿业权政策性整合法律问题研究》	郗伟明
6	《老年长期照护:制度选择与国际比较》	张盈华
7	《农地征用冲突:形成机理与调适化解机制研究》	孟宏斌
8	《品牌原产地虚假对消费者购买意愿的影响研究》	南剑飞
9	《清朝旗民法律关系研究》	高中华
10	《人口结构与经济增长》	巩勋洲
11	《食用农产品战略供应关系治理研究》	陈 梅
12	《我国低碳发展的激励问题研究》	宋 蕾
13	《我国战略性海洋新兴产业发展政策研究》	仲雯雯
14	《银行集团并表管理与监管问题研究》	毛竹青
15	《中国村镇银行可持续发展研究》	常 戈
16	《中国地方政府规模与结构优化:理论、模型与实证研究》	罗 植
17	《中国服务外包发展战略及政策选择》	霍景东
18	《转变中的美联储》	黄胤英

经济管理出版社《中国社会科学博士后文库》成果目录

第五批《中国社会科学博士后文库》(2016年出版)

序号	书 名	作 者
1	《财务灵活性对上市公司财务政策的影响机制研究》	张玮婷
2	《财政分权、地方政府行为与经济发展》	杨志宏
3	《城市化进程中的劳动力流动与犯罪：实证研究与公共政策》	陈春良
4	《公司债券融资需求、工具选择和机制设计》	李 湛
5	《互补营销研究》	周 沛
6	《基于拍卖与金融契约的地方政府自行发债机制设计研究》	王治国
7	《经济学能够成为硬科学吗？》	汪毅霖
8	《科学知识网络理论与实践》	吕鹏辉
9	《欧盟社会养老保险开放性协调机制研究》	王美桃
10	《司法体制改革进程中的控权机制研究》	武晓慧
11	《我国商业银行资产管理业务的发展趋势与生态环境研究》	姚 良
12	《异质性企业国际化路径选择研究》	李春顶
13	《中国大学技术转移与知识产权制度关系演进的案例研究》	张 寒
14	《中国垄断性行业的政府管制体系研究》	陈 林

第六批《中国社会科学博士后文库》(2017年出版)

序号	书　名	作　者
1	《城市化进程中土地资源配置的效率与平等》	戴媛媛
2	《高技术服务业进口技术溢出效应对制造业效率影响研究》	华广敏
3	《环境监管中的"数字减排"困局及其成因机理研究》	董　阳
4	《基于竞争情报的战略联盟关系风险管理研究》	张　超
5	《基于劳动力迁移的城市规模增长研究》	王　宁
6	《金融支持战略性新兴产业发展研究》	余　剑
7	《清乾隆时期长江中游米谷流通与市场整合》	赵伟洪
8	《文物保护经费绩效管理研究》	满　莉
9	《我国开放式基金绩效研究》	苏　辛
10	《医疗市场、医疗组织与激励动机研究》	方　燕
11	《中国的影子银行与股票市场：内在关联与作用机理》	李锦成
12	《中国应急预算管理与改革》	陈建华
13	《资本账户开放的金融风险及管理研究》	陈创练
14	《组织超越——企业如何克服组织惰性与实现持续成长》	白景坤

经济管理出版社《中国社会科学博士后文库》成果目录

第七批《中国社会科学博士后文库》(2018年出版)

序号	书　名	作　者
1	《行为金融视角下的人民币汇率形成机理及最优波动区间研究》	陈　华
2	《设计、制造与互联网"三业"融合创新与制造业转型升级研究》	赖红波
3	《复杂投资行为与资本市场异象——计算实验金融研究》	隆云滔
4	《长期经济增长的趋势与动力研究：国际比较与中国实证》	楠　玉
5	《流动性过剩与宏观资产负债表研究：基于流量存量一致性框架》	邵　宇
6	《绩效视角下我国政府执行力提升研究》	王福波
7	《互联网消费信贷：模式、风险与证券化》	王晋之
8	《农业低碳生产综合评价与技术采用研究——以施肥和保护性耕作为例》	王珊珊
9	《数字金融产业创新发展、传导效应与风险监管研究》	姚　博
10	《"互联网+"时代互联网产业相关市场界定研究》	占　佳
11	《我国面向西南开放的图书馆联盟战略研究》	赵益民
12	《全球价值链背景下中国服务外包产业竞争力测算及溢出效应研究》	朱福林
13	《债务、风险与监管——实体经济债务变化与金融系统性风险监管研究》	朱太辉

《中国社会科学博士后文库》
征稿通知

为繁荣发展我国哲学社会科学领域博士后事业,打造集中展示哲学社会科学领域博士后优秀研究成果的学术平台,全国博士后管理委员会和中国社会科学院共同设立了《中国社会科学博士后文库》(以下简称《文库》),计划每年在全国范围内择优出版博士后成果。凡入选成果,将由《文库》设立单位予以资助出版,入选者同时将获得全国博士后管理委员会(省部级)颁发的"优秀博士后学术成果"证书。

《文库》现面向全国哲学社会科学领域的博士后科研流动站、工作站及广大博士后,征集代表博士后人员最高学术研究水平的相关学术著作。征稿长期有效,随时投稿,每年集中评选。征稿范围及具体要求参见《文库》征稿函。

联系人:宋 娜 主任

联系电话:01063320176;13911627532

电子邮箱:epostdoctoral@126.com

通讯地址:北京市海淀区北蜂窝 8 号中雅大厦 A 座 11 层经济管理出版社《中国社会科学博士后文库》编辑部

邮编:100038

经济管理出版社